# 格差の自動化

## Automating Inequality:
### How High-Tech Tools Profile, Police, and Punish the Poor

by Virginia Eubanks

デジタル化が
どのように貧困者を
プロファイルし、
取締り、処罰するか

ヴァージニア・ユーバンクス
ウォルシュあゆみ［訳］
堤未果［解説］

人文書院

もくじ

序章　危険信号　7
1　救貧院からデータベースへ　23
2　アメリカの「心の故郷」で行われた福祉給付審査の自動化　53
3　天使の街のハイテクホームレス事情　111
4　アレゲニー郡のアルゴリズム　166
5　デジタル上の救貧院　227
終章　デジタル上の救貧院を打ち壊すには　261

謝　辞　282
解　説（堤未果）　287
訳者あとがき　291
注　300
典拠と手法　321

救貧院がよくある施設だったことは、このように20世紀初頭の絵葉書に侮辱的な描かれ方をしたり、また理想化されたり怪奇めいた姿でしばしば現れていることからも分かる。上段のものはオトカーの筆による反カトリック主義を謳ったカード。移民たちが生き残り競争の果てに行き着く先は精神科施設か救貧院のどちらかしかないと示唆している。翻って下段のウィスコンシン州リーズバーグのソーク郡立救貧農場の写真は不気味な雰囲気をたたえている。著者所蔵。

――ソフィーへ

# 序章

# 危険信号

二〇一五年一〇月、本書を書き始めて一週間経った頃、私の一三年来のパートナー、心優しく才能豊かなジェイソンが私たちの住むニューヨーク州のトロイという街の近所の店から徒歩で帰宅途中、四人の男に襲われた。彼は最初に殴られる直前、誰かにタバコをねだられたことを覚えている。その後は断片的な記憶しかなかった。ヒスパニック系の酒店の折りたたみ椅子で目覚め、店の主人から「しっかりしろ」と励まされ、警察官に幾つか質問されたこと、それから救急車で搬送される間の光と音を切れ切れに思い出せる程度だった。

彼が覚えていないのはおそらく幸いだった。ジェイソンは顎に複数の骨折を負い、両方の眼窩と片方の頬骨も折れていた。彼を襲った男たちはそんな風に彼を痛めつけた後、財布にあった三五ドルを奪って逃げた。退院した時の彼の頭はまるで歪んで腐ったカボチャのようだった。腫れが引き、顔面の再建手術が受けられるようになるまで二週間待たなくてはならなかった。一〇月二三日、形成外科医が六時間かけてチタンのプレートと小さな骨接合用のネジでジェイソンの頭蓋骨と顎の骨を再建して繋ぎ合わせる修復手術を行った。

ジェイソンの視力と聴力が損なわれなかったのは驚きだった。強い痛みはあったものの、彼は比較的元気な様子を見せた。歯は一本抜けただけだった。周りの人々が応援に駆けつけてくれた。スープやスムージーがひっきりなしに我が家に届けられた。友人たちは健康保険の自己負担金、休職中の給与の補填、そして事件の損害と治療のためのその他の予期せぬ出費に充てる募金を計画してくれた。襲われた後の数週間、恐怖と心配はあったが、それでも私たちは恵まれていると思った。

手術の数日後、私は彼の鎮痛剤を取りに薬局へ足を運んだ。薬剤師は私に処方箋はキャンセルされていると告げた。薬局のコンピューターシステムによれば、私たちは健康保険に加入していないことになっていた。

パニックに陥った私は健康保険会社に電話した。自動応答システムが指示する通りの操作をしてしばらく待たされたあと、やっとカスタマーサービスの担当者と話すことができた。私は処方箋の保険の適応が拒否されたことを説明した。その担当者の女性は感じが良く、心配してくれているようだった。彼女はシステム上の、私たちの保険給付の「開始年月日」が空白になっていると言った。それはおかしい、と私は答えた。ジェイソンの救急処置室での治療は支払われていたのだから。その時点では開始年月日は入力されていたはずだ。それ以後、私たちの保険に何が起こったのだろう？

その女性は、多分これは間違いだろう、システム上の誤作動だろうと請け負った。彼女は末端部署でデータベースを操作するという魔法を使い、処方箋のための保険による補償は元通りになった。その日のうちに私はジェイソンの鎮痛剤を手に入れた。しかし保険給付が一時的になくなったことは私の心に重く影を落としていた。私たちは九月に保険証を受け取った。一〇月八日の救急処置室の医師たちと放射線科医による処置は保険会社によって支払われていた。なぜ開始年月日が抜けているなんてことがあり得たのだろうか？
私は保険会社のウェブサイトで私たちの保険の給付履歴を調べてみた。胃が締め付けられるように痛んだ。一〇月一六日以前の医療費の補償範囲の支払いはされていた。しかしその一週間後の手術の費用は——六万二千ドル以上だった——すべて支払いを拒否されていた。私は保険会社にもう一度電話した。自動応答システムの指示通りの操作をしたあと、またしばらく待たなければならなかった。私はパニックに陥るだけでなく怒りを感じていた。電話に出たカスタマーサービスの担当者は「システムによれば」私たちの保険プランはまだ開始されていない、だから保険による補償が適応されなかったのだと何度も繰り返した。保険が無い間の請求の支払いはすべて拒否されることになる。

考えるほどに、無力感が募ってきた。ジェイソンが強盗に遭う数日前、私は新しい仕事に就いた。それに合わせて健康保険会社も変えた。ジェイソンと私は結婚していないので、ジェイソンは私のドメスティック・パートナーとして保険プランに加入していた。私たちは、新しい保険に加入してわずか一週間後に何万ドルという多額の医療費の補償を請求したことになる。開始年月日が抜けていたのは単にコールセンターの係がキーを打ち間違えたからだとも考えられた。だが私は本能的に、アルゴリズムによって私たちが保険詐欺の調査対象に挙げられ、保険会社は身元照会が完了するまで私たちに対する保険給付を差し止める措置を取ったのではないかと思った。コンピューターからの危険信号が私たち家族の保険給付を止《と》めたのである。

デジタル時代の幕開けと共に、財政、雇用、政治、医療そして福祉などの事業制度における決定作業は劇的に変化した。四〇年前、雇用、住宅ローン、保険、クレジット、または行政サービスが得られるかどうかなど、私たちの人生を左右するほとんどすべての主要な決定は人間が行っていた。人間を、よりコンピューターのように考えさせる保険数理的な判断基準が使われることはしばしばあったが、それでもまだ決定は人間の裁量に任されていた。今日、私たちはその決定権の多くを精巧な機械に譲ってしまっている。適性、資格があるかどうかをコンピューターが審査する自動システム、サーチエンジンにおける検索結果の順位を決定するランキングアルゴリズム、そしてリスク予測モデルなどが、どの地域が警察の巡回対象になるか、どの家庭が必要な援助が受けられるか、誰が求職過程で最終選考に残るか、どの人物が詐欺の捜査対象になるかをコントロールしている。

医療保険関連の詐欺は深刻な問題である。ＦＢＩによれば、それが健康保険会社の社員、保険の契約者、納税者に与える損失は一年でおよそ三〇〇億ドル近くに上《のぼ》るが、その大部分は契約者ではなく、医療を提供する側による不正である。私は保険会社が不正請求を識別するため、またその危険を事前に予測するためのツールを自由に使うことを責めているわけではない。しかし、そのツールが赤信号を発することが人間に与える影響は、特にそれが人の生命を左右する極めて重要な医療行為が受けられないことにつながれば、悲惨になり得る。まさにもっとも助けが必要な時、愛する人が衰弱し、痛みに苦しんでいる時に健康保険が使えないという状況は、私たちを逃げ場のない、絶望的な気持ちに追い込む。

保険会社を相手に悪戦苦闘しながら、同時に私は、腫れのために目も開けられず、再建手術を受けた顎と眼窩の焼け付くような痛みに苦しむジェイソンの看護もしなければならなかった。私は痛み止め、抗生物質、抗不安薬の錠剤をすり潰し、彼の飲むスムージーに混ぜた。トイレに行く彼に付き添った。彼が襲われた夜に着ていた服を見つけ、勇気を振り絞って血がこびりついたポケットを探《さぐ》った。フラッシュバックにうなされて目を覚ました彼を慰めた。友人や家族から降り注ぐように寄せられた援助は嬉しかったが、私は疲労困憊していた。

カスタマーサービスには何度も何度も電話をした。責任者を電話口に出してもらうよう頼んだが、コールセンターのどの人間も自分たちの上司と話すことができるのは私の雇用主だけだと言った。ようやく私が勤め先の人事部のスタッフに助けを求めると、人事部は素早い行動に出た。その結果、何日も経たないうちに、私たちの健康保険の給付資格は「元に戻った」。私は胸を撫で下ろした。おかげで破産の恐怖に苛まれることなく、その後の診察や治療を受け続けることができた。しかし、どういう理由かわからないまま給付資格を失っていた月の間の治療代の補償の請求は依然として却下された。本来受けられるはずの補償を受けるために、丹念に一つ一つの請求ごとに対処しなければならなかった。未払いの請求書の多くは集金代行会社に送られた。あの忌々しいピンクの封筒に入った督促状が届くたび、医師、保険会社、集金代行会社に順番に電話をしていくという手順を一から始めなければならなかった。開始年月日が抜けていたという些細なエラーの後始末に、たっぷり一年はかかった。

私たち家族が経験したこのような保険会社との苦闘が人為的なミスの不運な結果だったのかを私が知ることは決してできないだろう。しかし、私たちが医療保険関連の詐欺を見つけるためのアルゴリズムによって調査の対象に挙げられたと信じるに足る理由はある。私たちのケースは医療費の不正請求にもっとも共通する特徴を備えていた。新しい保険プランに加入してまもなく請求が行われたこと、そのうちの多くが深夜に受けた医療行為に対する請求だったこと、ジェイソンの処方箋に痛みを和らげるための鎮痛剤オキシコドンなどの規制薬物品目が含まれていたことなどがその特徴だった。また、私たちの家族形態が因習的な婚姻関係に基づいておらず、彼が私の被扶養者としてプランに登録されていたことが疑問を呈したことも挙げられる。

保険会社は、問題の原因はデータベース上に二、三の数字が入力されていなかったという技術的なミスだと繰り返し言った。しかし、それこそが私たちがアルゴリズムによってターゲットにされたことを物語っているのである。そのデジタルノイズの中には一種のパターンが感じ取れる。電子の目があなたに気付き、視線を向けているのである。だが、あなた自身は何が厳密に適切ではないのかを特定できない。あなたの何かがコンピューターの危険信号を発動させたとしても、それをあなたに知らせる義務はシステムを使用している側にはないのだ。デジタル上の詐欺を防止するシステムの内部の詳細を公開することを会社に強制する、情報公開法のような法的な束縛はない。信用調査《クレジット》のようなよく知られる例外を除き、私たちは自分たちの人生の重要な機会の決定に使われている測定法、アルゴリズムやモデルなどがどんなものであるのかを知ることを著しく制限されているのである。

私たちの世界には、私の家族を医療費の不正請求の調査の対象に選び出したシステムのような情報の番人が縦横に存在している。これらのデジタル上の警備員たちは私たちの情報を集め、私たちの行動を推測し、私たちが必要とするものへのアクセスをコントロールしている。そのなかで私たちの目に明らかなのは、街の通りのあらゆる場所に設置された監視カメラや、私たちの移動経路を記録する携帯電話のＧＰＳ、政治的な抗議運動を空から監視する警察のドローンなどだ。しかし、私たちの情報を集め、私たちの行動をモニターしている多くのデバイスは私たちが察知できない、目には見えないコードの断片なのである。それらはソーシャルメディアでのやり取りの中に埋め込まれ、行政サービスの申請システムの中を流れ、私たちが試したり購入したりするすべての商品を覆い包んでいる。それらは私たちの社会生活の非常に奥深くに編み込まれているため、大抵の場合、私たちは監視され、分析されていることにさえ気付かないのだ。

　私たちはこのデジタルデータが支配する新しい体制に生きているが、それをどのように体験するかは個人により異なる。私が、この自分の家族の体験を乗り切ることができたのは情報へのアクセス、自由になる時間、専門職を持つ中産階級の人々がしばしば持っていて当然だと捉えてしまっている、自分で自ら取るべき道を選択するという自己決定の概念があったからだ。そして、自分たちが詐欺対策の調査の対象に挙げられたのではないかとすぐに気付くことができるほどの、アルゴリズムによる決定作業についての知識を持ち合わせていた。仕事のスケジュールも融通が利いたので、トラブルを解決するため保険会社に電話で問い合わせることに何時間も費やすことができた。私の勤務先も私の家族の福利に配慮し、支援してくれた。自分たちに医療保険の受給資格があるということを私たちは決して疑わなかった。その結果、ジェイソンは必要な治療を受けることができたのである。

　私たちはまた、物質的にも非常に恵まれていた。友人たちが集めてくれた募金は一万五千ドルにもなった。ジェイソンが仕事に戻れるように手伝ってくれる人を雇うこともでき、募金の残りは保険の自己負担金の支払い、休職のため失った収入の補填、ますます嵩んでいく食費や治療代に充てた。友人たちの好意の賜物だったその資金を使い果たしたあとは、自分たちの貯金を使った。次に住宅ローンの支払いをストップした。最後には、新しいクレジットカードを申し込み、また五千ドルほど支払いを滞納することになった。ジェイソンが襲われたことと、それに続く保険にまつわるトラブルから被った金銭的、精神的な被害から立ち直るにはまだある程度の時間がかかるだろう。しかし長い目で見れば私たちは幸運な方だった。

　コンピューターがデジタル上で決定を行うシステムによりターゲットとされてしまった場合、すべての人がこのようにうまく乗り切れるとは限らない。私たちが享受したような物的資源や周りからの援助を得られない家族もいるだろう。ターゲットにされたことも分からない、もしくはそうなってしまった時にそれに対抗するためのエネルギーや専門知識を持ち合わせない人も多いに違いない。ここでおそらく一番重要なのは、ジェイソンと私が対象となったデジタル上の精細なスクリーニングは多くの人にとって日常的に起こっている出来事であり、一度きりの日常の逸脱ではないということだ。

その有名な小説「一九八四年」でジョージ・オーウェルは一つだけ間違いを犯している。ビッグ・ブラザーはあなたを見張っているのではなく、私たちすべてを見張っているのである。ほとんどの人々は個人としてではなく、ある社会集団に属するがゆえに、デジタル上のスクリーニングの対象となる。その社会集団とは、有色人種、移民、評判の良くない宗教団体、性的なマイノリティ、貧困層などで、またその他にも、抑圧され、搾取されている人々は、社会的により恵まれたグループに属する人々よりもモニターされ追跡されるリスクを背負いやすい。

社会の主流から取り残されたグループは、公的な補助金を申請する際や警察により治安の取締りを強化されている地域を歩く際、健康保険に加入する際、または国境を通過する際などに、より精密なデータを収集される可能性に直面する。そのデータが何らかの容疑や、あるいはさらなるスクリーニングのための調査に使われる場合、それは彼らの社会の弱者としての立場を強調する働きをする。顧みられることに値しないと見られているこれらの社会集団は懲罰的な公共政策、またより厳しい監視を適用するために選び出され、その悪循環はさらに続くのである。それは言うなら、そのような社会集団全体に対して危険信号が出されているようなものであり、一つの反応がもう一つの反応を呼ぶ不当な堂々巡りの繰り返しである。

例を挙げると、共和党所属のメイン州知事であったポール・ラページは、二〇一四年、自州の、貧困家庭向け一時援助金プログラム（Temporary Assistance to Needy Families/TANF）からわずかな額の補助金を受け取っている家庭を誹謗した。その補助金はEBTカード（Electronic Benefits Transfer cards）と呼ばれるカードを通じて給付されるが、いつどこで補助金が引き出されたかがデジタル化された記録として残る仕組みになっている。ラページが率いる州の行政府は連邦と州の機関により収集されたデータを掘り起こし、貧困家庭向け一時援助金プログラム（ＴＡＮＦ）の受給者がその補助金をタバコ屋や酒屋のＡＴＭや州外から引き出したという三六五〇件の例を記したリストを作成した。その後、そのデータはグーグルドキュメントを通じて一般に公開された。

ラページが問題視したその補助金の引き出し件数は、該当期間中に引き出された一一〇万件の〇・〇二パーセントに過ぎず、さらにそのデータはどこで補助金が引き出されたかを示しているだけで、どのように補助金が使われたかを示すものではない。しかし知事は公共のデータを開示することにより、ＴＡＮＦの受給家庭が補助金を酒類や宝くじ、タバコの購入に充て、納税者が納めた税金を詐取していると仄かした。州議員や専門職を持つ中産階級の大衆は、ラページが根拠の希薄なデータから紡ぎ出したこの誤解を生みやすい話を率先して信じた。

メイン州の州議会は、ＴＡＮＦからの補助金の受給家庭に、州が彼らの支出状態を監査することが円滑に進むよう、彼らが使った現金の領収書を一二カ月保存することを義務付ける法案を提出した。民主党議員たちは、州の検事総長に例のラページのリストを補助金の詐欺を調査し告発するため使用するよう迫った。州知事は、ＴＡＮＦの補助金の受給者が州外のＡＴＭから補助金を引き出すことを禁止する法案を提出した。それらの法案はみな遵守不可能なもので、明らかに憲法に違反しており法的強制力もなかったが、ここではそんなことは問題ではなかった。これらはパフォーマンス的な政治だった。このような法律制定は実際の運用を意図しているのではなく、福祉制度に押された烙印を浮き彫りにし、公共援助プログラムを利用するのは犯罪を犯すような、怠惰で浪費的な人々、麻薬などの中毒者なのだという文化的通念を助長することを意図していた。

ラページがEBTカードのデータを利用して貧困層、労働者階級の人々の行動を追跡し、彼らの意思決定を侮辱したことは、私には驚きにあたらなかった。二〇一四年の時点で、私はテクノロジーと貧困との関係についての考察と著作をすでに二十年間続けていた。コミュニティ・テクノロジー・センターで教えたり、草の根運動の主宰者が持つシステム上の正当な権利についてのワークショップを開催したり、低所得者用の住宅に住む女性たちと彼女たちが参加できる設計プロジェクトを主宰したり、また、何百人もの福祉や児童保護サービスの受給者やケースワーカーに、テクノロジーを利用した行政サービスにまつわる彼らの経験がどんなものだったかをインタビューしてきた。

研究中の最初の十年間は、アメリカにおいて新しい情報テクノロジーが経済的正義と政治的活力に及ぼす影響について、私はいささか慎重でありつつも、まだ楽観的な見方をしていた。調査を行い、研究を体系化していくなかで、私は、私の住む街、ニューヨーク州トロイの貧困層、労働者階級の女性たちが、他の学者や政策立案者たちが思い込んでいるように「テクノロジーに無知」な人々ではないことに気付いた。データベースシステムは、特に低賃金の職場や、刑事司法制度、公的扶助制度においてなど、彼女たちの生活の至るところにある。早くから、私は多くの傾向が問題を含んでいると見ていた。二〇〇〇年代初めでさえ、ハイテク関連の経済成長はこの街の経済的な格差を大きくしていたし、コンピューター上の徹底的な監視体制は低所得家族のための公営住宅プログラムや公共の扶助プログラムに組み込まれるようになっていた。また、政策立案者たちは貧困層や労働者階級の人々の洞察力を見くびり、彼らの窮状を故意に無視していた。だが、私の研究に協力してくれた人々は情報テクノロジーが自分たちの経験を人々に知ってもらい、他者との繋がりを媒介し、多くの問題を抱えたコミュニティを力づけるのに役立つだろうという希望的な観測を口にしていた。

二〇〇〇年代後半の世界的金融不況以降、ハイテクツールが貧困層と労働者階級のコミュニティに与える影響に対して私が持っていた危惧はますます強まった。過去一〇年間の間、急速に増大した経済不安と合わせて、予測アルゴリズム、リスクモデル、適性や資格の自動審査システムなど、公共サービスにおける高度なデータベース技術の使用は同じように急速に拡大していった。公共プログラムの運営をデータ駆動型に切り替えるための大々的な投資は、効率性や経費節減の必要性、真に援助を必要としている人々を助けるため、などの理由により正当化される。しかし、これらのツールの導入期間は、貧困層の人々を助けるための公共プログラムがこれまでで一番不評だった時期と重なる。これは単なる偶然ではない。貧困対策のためのテクノロジーは中立的ではないのだ。それらのテクノロジーは、私たち国民全体に広がる、経済不安を引き起こすのではないかという懸念と貧しい人々への憎しみで形作られている。そしてそうやって形作られたテクノロジーが貧困への政治的対処や、貧しい人々の経験を形作っているのだ。

この新しいデータ体制を提唱する人々は、決定権がコンピューターに委ねられることが貧困層と労働者階級の人たちに及ぼす影響力をほとんど理解していない。このようなシステムによって、恩恵を受けるよりもその標的とされているという認識を持つ社会の経済的序列の下位に位置付けられる人々はこんな近視眼的な考え方には同調しない。例えば、二〇〇〇年代の初めのある日、私は、生活保護を受けている若い母親と話し、コンピューター・テクノロジーに関連した彼女の体験談を聞いていた。話がEBTカードに及んだ時、その女性ドロシー・アレンはこう言ったのだ。「とてもいいシステムだわ。追跡手段として（福祉事業側から）使われていること以外はね」。私がショックを受けた様子を見せたのだろう。彼女は自分の担当のケースワーカーが彼女の受ける補助金の使途記録を定期的にチェックしていることを説明してくれた。貧しい女性たちはコンピューターによる監視システムの実験対象になっている、とドロシーは言った。そしてこう付け加えた。「今、私たちに起こってることに注意しておいた方がいいわよ。次はあなたたちの番だから」。

ドロシーの洞察は予見的だった。彼女が話してくれたような侵襲的なデジタル上での精細なスクリーニングは今日では社会階級の枠を超えて日常茶飯事になっている。コンピューターが追跡や決定を行うシステムは治安の取締り、政治の予測、マーケティング、信用調査、刑事訴訟における判決、事業経営、金融、そして公共プログラムの管理運営において、日常的なものとなった。そのようなシステムがより高度になり身近になるにつれ、それらが人々を支配しようとする圧力だとか、操作的だとか、懲罰的だなどと形容されるのを耳にするようになった。新しいテクノロジーがコミュニケーションを円滑にし、色々な機会を生み出すというような話はますます聞かれなくなった。今日、私が耳にするのは、この新しいデータ体制が貧困層と労働者階級の人々の機会を狭め、彼らの政治的な組織化を解体し、彼らの行動を制限し、彼らの人権を貶めるというような話が大部分だ。二〇〇七年以降、このように多くの人々の希望や夢を変えてしまうまでになるには何があったのだろうか？　デジタル革命は、どのようにして多くの人々にとっての悪夢になったのだろうか？

これらの問いに答えるために、二〇一四年、私はコンピューターが人々を分類し、モニターするシステムがアメリカの貧困層と労働者階級の人々に与える影響についての体系的な調査に乗り出した。私は調査の対象として三つの話を選び出した。一つめはインディアナ州が福祉制度における受給資格の判定過程を自動化しようとした件、二つめはロサンゼルスのホームレスの人々向けの電子登録システム、三つめはペンシルベニア州アルゲニー郡が採用した、どの児童が将来虐待や育児放棄の犠牲となるかを予測するというリスク予測モデルについてである。

これら三つの話は、インディアナ州の貧困家庭向け一時援助金プログラム、補助的栄養支援プログラム（Supplemental Nutrition Assistance Program/SNAP）、メディケイド（Medicaid: 低所得者向け医療扶助制度）、ロサンゼルスのホームレスの人々のための福祉サービス、アルゲニー郡の児童福祉制度など、社会福祉制度や公的扶助プログラムのそれぞれ異なった局面を提示している。それらはまた地理的にも分散している。私はまずアメリカ中西部の長閑《のどか》な風景が広がるティプトン郡で調査を始め、その後一年かけてロサンゼルス南部のサウスセントラル地区近隣とスキッド・ロウ地区で調査を行い、最後に、ピッツバーグの周囲の貧困地域に住む家族に話を聞いた。

私がこの三つの話を選んだ理由は、これらが、自動化されたコンピューター上の決定が過去十年間の間にどれだけ急速に倫理的、技術的に複雑さを増したかを物語っているからだ。二〇〇六年のインディアナ州の福祉援助の受給資格の審査過程の合理化はかなり単純なものだった。システムは、オンラインでサービスの申請を受付け、収入やその他の個人情報を調査、確認し、給付レベルを決める。一方、私が調査した、統合登録システムと呼ばれるロサンゼルスのホームレスの人々のための電子登録システムはその七年後に導入された。それはコンピューター化されたアルゴリズムを使って、入居可能な公営住宅の中からシステムに登録されているホームレスの人々に最適な物件を見つけるというものだ。三つめのアルゲニー・ファミリー・スクリーニング・ツール（Allegheny Family Screening Tool）と呼ばれるシステムは二〇一六年の八月にスタートした。統計モデルを使ってリスク予測のスコアを決め、それをもとにホットライン上で児童虐待や育児放棄の調査の対象とするかどうかの決定を審査する。

私はそれぞれの調査を、それらのシステムがもっとも直接的な影響を与えた家庭への援助に緊密に関わっている組織に連絡を取ることから始めた。それから三年間に亘って、私は一〇五に及ぶインタビューを行い、家庭裁判所で裁判を傍聴し、児童虐待のホットラインのコールセンターを見学し、公文書を調べ、情報公開法に基づいて行政記録の公開を請求し、裁判資料を読み漁り、何十ものコミュニティ・ミーティングに参加した。貧困家庭からの目線を出発点とすることは重要だと考えていたが、そこに止《とど》まることはしなかった。私は、新しいデジタル上の貧困救済のインフラを施政側と受給者側の両側から理解しようと、ケースワーカー、運動家、政策立案者、プログラムの運営者、ジャーナリスト、学者、警察官から話を聞いた。

その結果、得たのは驚くべき発見だった。国中の貧困層、労働者階級の人々が貧困対策のためのデジタル上の新しいツールの標的となり、その結果、生命を脅かされるような状況に直面しているのである。自動化された資格審査システムはそのような人々がその生存と繁栄に必要とする公共の援助を受けることを妨げている。複雑な統合データベースはデータの機密性やプライバシーの保護のための対策をほとんど講じることなく、彼らのもっとも個人的な情報を収集し、その見返りとしておよそ何の利便も彼らにもたらしていない。リスク予測モデルやアルゴリズムが彼らをリスクのある投資対象だとか、問題のある保護者であるというレッテルを貼っていく。福祉サービス、法執行機関、あるいは近隣監視のためのシステム、それらが複雑に絡まり合い、広範囲に広がって彼らのすべての行動を浮き立たせ、行政、商業そして公共の機関の精細な調査にその情報を提供している。

このようなシステムは国中の社会福祉事業の中に息を呑むほどの速さで組み込まれつつあるが、それが与える影響について政治的な議論がなされることはほとんど、あるいはまったくない。受給資格の審査の自動化は今やほとんどすべての州の公共扶助サービスを提供する福祉事業所において標準的なシステムになっている。コンピューターにより調整管理された申請システムは、アメリカのホームレス問題に関する省庁間協議会（United States Interagency Council on Homelessness）やアメリカ合衆国住宅都市開発省（U.S. Department of Housing and Urban Development）によって提唱されており、ホームレス対策の福祉サービスを運営するのに推奨されるシステムである。アレゲニー郡のファミリー・スクリーニング・ツールの場合、その使用が開始される以前に、すでにカルフォルニア州において新たに幼児虐待を予測するリスクモデルを開発する交渉がシステムの開発者たちとの間で始められていた。

これらの新しいシステムは非白人系の低所得層にもっとも破壊的、また致命的な影響を与えている。だが、それらは肌の色の違いを超えて、貧困層、労働者階級全体にも影響を及ぼしている。ハイテクな手段によるスクリーニングによりもっとも重い負担を担《にな》わされているのは福祉援助サービスの受給者、ホームレスの人々、それに貧困家庭だが、このますます増加している、適性、受給審査の決定の自動化により影響を受けているのは彼らだけではない。これらのシステムが広く一般的に使用されることは、私たちすべてに関わる民主主義そのものの質に影響を及ぼしている。

資格や適性の決定の自動化は社会のセーフティ・ネットを壊し、貧しい人々を犯罪者として扱い、差別を助長し、私たちのもっとも根本的な国民的価値観を損なうものである。それはまた、私たちが何者なのか、どうありたいのかという共通の社会決定を、システムの構造上の問題にすり替えてしまっている。デジタル上の資格決定のツールのなかでも、もっとも無差別的なものは政治的な説明責任と透明性がほとんど求められない、いわゆる「あまり人権の顧みられない環境」で試されているが、最初に貧困層に対してデザインされたシステムは、ゆくゆくはすべての人間に対して使用されるのである。

アメリカの貧困層、労働者階級の人々は長い間、彼らのプライバシーを侵す監視体制、深夜の強制捜査、懲罰的な公共政策の対象となってきた歴史があり、それらはすべて貧困がもたらす汚名と苦難を増長させてきた。一九世紀には、彼らは郡が管轄する救貧院に隔離されていた。二〇世紀には、彼らはケースワーカーによって調査され、裁判では犯罪者扱いをされてきた。現代において、私たちはデータベース、アルゴリズム、リスクモデルを駆使し、デジタル上の救貧院とも言うべきシステムを作り出した。それは、必ずやそのシステム以前に存在していたすべての貧困対策方法の及ぼす領域と影響を超えるだろう。

その出現以前の貧困対策における技術革新的な方法と同じく、デジタル上で人々を追跡し、決定を自動化しコンピューターに任せるシステムは、専門職を持つ中産階級の大衆の目から貧困を隠し、また非人間的な選択をするのに必要な倫理的な距離を国民の前に提供している。その非人間的な選択とは、誰が食料を手に入れ誰が飢えるのか、誰が住宅を与えられ誰がホームレスのままでいるのか、そしてどの家庭が州の権限により離散させられるかという選択である。デジタル上の救貧院はアメリカの長く続く伝統の一部なのである。私たちは貧困そのものを根絶するという共有の責任を逃れるために、貧困に喘ぐ人々に個別に対処するという方法を取っているのだ。

# 1
# 救貧院からデータベースへ

「こんなに散財して、俺を救貧院に送るつもりなのか！」

今日《こんにち》、私たちのほとんどは救貧院をイメージ上の存在としてのみ言及する。しかし、救貧院はかつて現実に存在する、非常に恐れられた施設だった。その最盛期には、救貧院は絵葉書や流行歌の題材となった。地域のコミュニティが中心となり、慈善を施そうという市民や、物見高い見物人を対象に見学ツアーが企画された。今でも国中の市や町の通りに、過去にそこにあった救貧院にちなんだ名前を擁しているところがある。メイン州のブリストルとミシシッピー州のナチェズにはプア・ファーム《救貧農場》・ロード、オハイオ州メアリーズビル、ノース・キャロライナ州グリーンビルにはカウンティ《郡》・ホーム・ロード、ヴァージニア州ウィンチェスターとカリフォルニア州サン・マテオにはプア・ハウス《救貧院》・ロードがある。中にはその過去を隠すために改名されたところもある。ヴァージニア・ビーチのプア・ハウス・ロードは現在プロスペリティ《繁栄》・ロードと呼ばれている。

私の住む街、ニューヨーク州トロイの救貧院は一八二一年に創設された。収容者の殆どは病人、老人、小さな子供であるという理由から肉体労働が無理な状態だったが、健康な収容者は一五二エーカー（約六一・五ヘクタール）の広さの農場や付近の採石場で働き、それがレンセラー・カウンティ《郡》・ハウス・オブ・インダストリー《勤労あるいは産業》という施設の名前の由来となっている。ジョン・ヴァン・ネス・イェーツがニューヨーク州より委託され、「貧民の救済と措置」と題した一年間かけた公式調査を一八二四年に行ったが、そのなかでトロイの例を挙げて、州は郡ごとに救貧院を作るべきであると主張している。彼の意図通り、それから一〇年以内にニューヨーク州内には五五軒の郡営の救貧院が建てられた。

「低予算で、人道的に」救済を提供するという楽観的な予測とは裏腹に、救貧院は貧しい労働者階級の人々に恐怖を呼び起こす施設であり、その恐怖は根拠のあるものだった。一八五七年、議会による調査により、ハウス・オブ・インダストリーと呼ばれるこのような貧しい人々を収容し働かせる施設が、精神疾患を抱える人々を長い時で六カ月もの間、縦約一三七センチ、横約二一三センチの個室に閉じ込めていたことが発覚した。彼らは寝具として藁しか与えられておらず衛生的な設備もなかったため、冬の間は尿と藁が体に張り付いて凍り、「それらを除去するには解凍するしかなかった」。このような待遇は収容者に恒久的な障害を残した。

「一般的な救貧院の状態はあらゆる面において劣悪である」と一八五七年二月のトロイ・デイリー・ホイッグ紙は伝えている。「貧困者の世話が最低価格を提示した入札者に任せられるという請負制度に大いに原因がある。［中略］制度そのものが完全に腐敗しきっている」。郡の貧民管理の責任者、ジャスティン・E・グレゴリーは週に一人当たり一ドルで貧困者の世話をするという条件で入札し、ハウス・オブ・インダストリーの経営の契約を勝ち取った。契約の一部として、彼には収容者の労働力を無制限に使う自由が与えられていた。その年、救貧院の農場は、飢えに苦しむ収容者の栽培した野菜を売り、二〇〇〇ドルの収益をあげた。

一八七九年、ニューヨーク・タイムズ紙はその第一面で「救貧院の組織グループ」がハウス・オブ・インダストリーの収容者の亡骸《なきがら》を郡の医師に解剖に使用する目的で売っていたと報道している。一八八五年、管理不行き届きのかどで調査が行われた際、レンセラー郡の貧困対策局にて二万ドルが不正に着服されていることが分かった。このため救貧院の管理人のアイラ・B・フォードが辞職に追い込まれた。一八九六年、その後任であったカルヴィン・B・ダンハムも、彼自身の金銭上の不祥事が露見し、自死した。

一九〇五年、ニューヨーク州の慈善委員会はハウス・オブ・インダストリーに蔓延する性的虐待を明らかにする調査を開始した。看護師のルース・シリンジャーが男性の医療従事者、ウィリアム・ウィルモットが繰り返し女性患者をレイプしようとしたと証言している。収容者たちは身体が麻痺したメアリー・マーフィーはずっとウィルモットにより虐げられていたと主張した。「彼らは廊下を歩く足音を聞くと、またウィルモットがやって来ていると言いました」。シリンジャーの証言は続く。「そして翌朝行ってみると、その女性患者の両脚が大きく広げられたままでした。麻痺があるので彼女は自分では動かせないのです」[1]。

この施設の管理人でありウィルモットの上司であるジョン・キッテルはそれに対し、収容者にかかる管理費を減らすという彼の経営方法のおかげで郡は「年に五、六〇〇〇ドル」も得をしていると抗弁している。ウィルモットは罪に問われず、一九一〇年までこのような状態を改善する方策は取られなかった。トロイの救貧院の運営は一九五四年まで続けられた。

救貧院が物理的には取り壊されたとしても、その遺産は現代の貧困者を閉じ込め罠に掛ける、審査決定をコンピューターによる自動化に委ねるシステムに根強く息づいている。決定の自動化、データ・マイニング、予測分析などを備えた現代の貧困対策のためのシステムはハイテクの極みであるが、過去の救貧院との間に著しい関連性を持っている。私たちの新しいデジタルツールは貧困を懲罰的、道徳的に捉える見地から生まれ、そしてハイテクを駆使し貧困者に対する封じ込めと調査を行うシステムを生み出した。デジタル上の救貧院は貧困者が公的援助にアクセスすることを阻止し、彼らの労働力、支出、性的指向、子供の育成を規制し、彼らの未来の行動を予測し、命令に従わない者を罰し、犯罪者として扱う。その過程においてデジタル上の救貧院は、「(援助を受ける)資格のある」貧困者と「資格のない」貧困者を分ける、さらにいっそう細かい道徳的分別を行い、そのように分類することにより国民全体として相互扶助を怠っていることを正当化しているのである。

この章ではどのように私たちがこの状態に至ったのか、どのように煉瓦と漆喰で作られた救貧院がその後継ともいうべきデータベース上のデジタル化された救貧院へと変容していったのかを年代順に説明していく。一九世紀の郡営の救貧院から、現代のデジタル化された救貧院への国民的変遷を辿る旅は、貧困を排除し緩和しようとする人々と、貧困者を責め、収監し、罰する人々との間に非常に長く続く論争を浮き彫りにするだろう。

アメリカの最初の救貧院は一六六二年ボストンに設立されたが、貧困者を公共施設に収容することが国の主要な貧困対策になるのはもっと後の一八二〇年代だった。その要因となったのが、壊滅的な影響をもたらした一八一九年の経済恐慌だった。一八一二年の米英戦争に続いて法外な規模の金融投機が行われた一時期が過ぎ、その後第二合衆国銀行が危うく破綻の危機に陥った。事業の倒産が相次ぎ、農作物の価格は急落し労働賃金は八〇パーセントも下落し、資産価値も急激に落ち込んだ。当時のアメリカの自由民である成人男性の四分の一にあたる、五〇万人のアメリカ人が失業した。しかし、政治評論家たちは貧困層の受ける苦しみよりも「極貧層」の増加と公共扶助の負担を心配していた。特に救貧院外の援助、つまり公共施設の境界の外側にいる貧困者に与えられる食料、燃料、医薬品、衣服、その他の日常必需品などが負担になると心配されていた。

多くの州が「貧困問題」についてのレポートを委託した。マサチューセッツ州ではユニテリアン派の富裕で有力な一族に連なるジョサイア・クインシー三世がその任務を任された。クインシーは人々の困窮を軽減したいと心から願っていたが、貧困の原因は経済ショックではなく個人的な悪癖だと信じていた。彼は貧困には二つの部類があるという考えでその矛盾を解消した。彼は一八二一年に無力な貧困者は「老齢、あるいは幼齢であったり、病身、または身体的に衰弱した状態のため全く労働ができない」が、一方、能力のある貧困者はただ労働を避けている、と書き記している。[2]

クインシーによれば、貧困問題は救貧院などの施設外の援助そのものが原因となっており、無力な者と能力のある者の区別を付けることなく援助が供給されていることによる。彼はこのような無差別な施しが「社会の労働階級」の勤勉さと質実さを奪い、恒久的に自立できない貧困者の階級を作っていると見ていた。彼の提案する解決法は「[救貧院のような]公共施設に入所するという条件に従う場合を除き、公共の機関により支給されるすべての援助物資」を断つというものだった。[3]

これは当時のエリート層を魅了した考え方だった。オハイオ州には少なくとも七七、テキサス州には七九、ヴァージニア州には六一の救貧院が建設された。一八六〇年までにマサチューセッツ州には州の住民五六〇〇人に一軒という割合にあたる二一九の救貧院が建てられ、ちょうどその頃ジョサイア・クインシーは長く満ち足りた政治家としてのキャリアを終え、引退生活を楽しんでいた。

当初から救貧院は相反する目的を持っており、そのために収容者は酷い苦難を味わい、維持費用は鰻登りに上がっていった。救貧院は老齢者、虚弱者、病人、身体障がい者、孤児、精神障がい者の世話をする幾分ボランティア的な施設だったわけだが、その一方で施設内の過酷な状況が、働くことのできる貧困層の人々が援助を求めて入所することを妨げていた。さらに労働可能な貧困者の入所を阻む命令が貧困者の世話をする施設の機能を著しく低下させていた。

入所すると収容者は貧困者の誓いを立て、（白人男性であれば）それまで享受していた基本的な市民権を剝奪されることになる。収容者は投票、結婚することや役職につくことはできなかった。当時の改革論者が、貧しい子供たちは富裕な家庭との繋がりを通して貧困から抜け出すことができるという考えを持っていたため、家族は離散の憂き目に遭った。子供たちは親から引き離され、見習いや召使として年季奉公に出されるか、孤児列車に乗せられて開拓地の農場に自由労働者として送られていった。

救貧院は、運営する側には私的な利益を得るあらゆる機会を提供した。救貧院の管理者の給料の一部はその土地と収容者の労働力を無制限に使用できることで賄われていた。そのため、多くの救貧院では日々の作業が副業となり得た。管理者は救貧院の入居者に販売用として余分な農作物を栽培させたり、利益を上げるため余分な洗濯物や繕い物をさせたり、召使や農場労働者として彼らを貸し出すようなこともできた。

一部の救貧院は比較的良好な状態だったが、大部分は過密状態で換気が悪く、不潔で夏期は耐えがたいほど暑く、冬期は致命的となるぐらい寒かった。医療と衛生設備は不十分で、収容者は水、寝具、衣服などといった基本的な供給物資を欠いていた。

運営側は経費節減のために頻繁に手抜きをしたが、それでも救貧院の運営は明らかに高くついた。救貧院の支持者たちが力説する効率の割合を実現するには肉体労働の可能な人々の労働力が不可欠だったが、労働できる人々の入所を阻む命令のため、実質的には必ずと言っていいほど、ほとんどの収容者が労働できない状態だった。一八五六年には、ニューヨーク州の救貧院のおよそ四分の一の入居者が子供たちだった。あとの四分の一は精神障がい者、視覚障がい者、聴覚障がい者、発達障がい者で占められていた。残りのほとんどは高齢者、病人、身体障がい者、産後の貧しい母親たちだった。

その内部の忌まわしい状態にもかかわらず、救貧院は——大部分はそのような状態であるが故に——収容者の間にコミュニティとしての連帯感を育成した。収容者は共に働き、運営側の怠慢や虐待に耐え、病人を看病し、お互いの子供の世話をし、人々がひしめきあう大部屋で寝食を共にした。多くは救貧院を農作物の栽培期の合間や労働市場の停滞期をしのぐため周期的に利用した。

救貧院はアメリカにおいて肌の色の違いを超えて人種統合された最初の公共施設の一つだった。一八九九年に出版された『フィラデルフィアの黒人』（*The Philadelphia Negro*）で、その著者W・E・B・デュボイスはアフリカ系アメリカ人がフィラデルフィア市の救貧院の入居者のなかで大きな比率を占めているのは、彼らが、もっぱら白人が務めていた貧困者の監督官から施設外の援助を拒否されているからであると述べている。コネチカット州からカリフォルニア州まで、各地の救貧院の日誌にはブラック、ニグロ、カラード、ムラート（白人と黒人の混血）、中国人、メキシコ人と形容されている入居者たちが散見される。救貧院における人種的、民族的な統合は白人の生粋のエリートたちにとっては腹立たしいことだった。歴史家のマイケル・キャッツが書いているように、「一八五五年にニューヨークのある批評家は収容者たちが階級、人種、年齢、気質の違いを超えて、同じ食物、テーブル、宿舎を分かち合っている、と苦言を呈していた」[4]。

救貧院は債務者監獄でも奴隷を収容する施設でもなかった。放浪、アルコール依存、社会規範に反した性行為、物乞いなどで逮捕された者が強制的に収監されることはあったが、多くの人々の入所の選択は表向きは自由意志によるものとされた。救貧院は、それぞれの身内が養育できない子供たち、不遇な境遇に落ちた放浪者、高齢者、身寄りのない者、家族に見捨てられた者、夫と死別した女性、夫を持たない母親、病人、障がい者、解放された奴隷、移民、その他経済的序列の末端に生きる人々にとっては生存のための最終手段だった。大部分の入居者にとって救貧院の滞在期間は一カ月以内だったが、高齢者や身体障がい者の場合は滞在が何十年にも及ぶことがしばしばあった。一部の救貧院では入居者の死亡率が年に三〇パーセントにも上った。[5]

救貧院の支持者たちは支持する根拠として、救貧院は世話を提供するだけでなく、倹約や勤勉といった道徳的価値観を入所者に植え付けることができると主張した。現実には、救貧院は恐怖を引き起こし、死を早める施設でさえあった。社会福祉の歴史を専門とするウォルター・トラットナーは、当時のアメリカのエリート層は「貧困は貧困者が滅びることによりある程度排除できる、またそうなるべきであると信じていた」と書いている。例えば、一九世紀の社会哲学者ナサニエル・ウェアは「人道的かどうかという問題はさておき、このような厄介者たちは全員抹殺した方が社会にとっては得策である」と説いた。[6]

残酷な内部状況と高い維持費にもかかわらず、郡営の救貧院は一八七三年に起こった経済恐慌によりその運営が脅かされるまで国の貧困対策の主要な形態であり続けた。南北戦争後の好況はいわゆる「金ぴか時代」の腐敗の影響を受けて破綻した。頻繁な投機が銀行の倒産を相次いで起こし、金融パニックがもう一つの悲惨な恐慌に繋がった。鉄道工事は三分の一減少し、国内の工業溶鉱炉の半分が閉鎖され、何十万もの人が失業した。賃金は下落し、不動産市場は暴落し、数多くの差し押さえや立ち退きがそれに続いた。地方自治体や一般の人々が無料食料供給所、無料宿泊所などを作り、現金、食料、衣服そして石炭を支給し、その苦境に対処しようとした。

一八七七年の鉄道労働者の大々的なストライキはボルチモア・アンド・オハイオ鉄道の労働者たちが、会社の株主たちは一〇パーセントの配当金を手にしているというのに、自分たちの賃金はまたもや——一八七三年の水準に比べると半分にまで——下げられると知った時から始まった。鉄道労働者たちは列車から降り、機関車を切り離し、貨物列車が操車場を経由するのを阻止した。歴史家のマイケル・ベルシルスはその著書、『一八七七年：アメリカに暴力が溢れた年』(*1877: America's Year of Living Violently*) において、銃剣とガトリング銃で武装した警察と民兵がストを解散させるために送り込まれると、炭坑夫と運河労働者が鉄道労働者を助けるために立ち上がった様子を描写している。最終的に五〇万に上る労働者——港湾労働者、荷船の船長、炭坑夫、製錬工、工場の生産ラインで働く作業員、缶詰工場作業員など——が、アメリカ史上最初の全国的なストライキに参加するためにそれぞれの仕事場を放棄した。

ベルシルスはシカゴではチェコ系とアイルランド系という本来なら民族的に敵対する移民同士がお互いを応援しあったと伝えている。ウェスト・ヴァージニア州のマーティンズバーグでは白人と黒人の鉄道労働者が協力して操車場を閉鎖した。ニューヨーク州のホーネルズビルでは労働者の家族がエリー鉄道の線路のレールに石鹸を塗った。ストのバリケードを解体させるためにやって来た列車が登り坂にさしかかった時、ブレーキが効かず、町の方向へと滑って戻ってしまった。

不況はドイツ、オーストリア＝ハンガリー帝国、大英帝国にも影響した。それに対処するため、ヨーロッパ諸国の政府は近代的な社会保障制度を導入した。しかしアメリカにおいては、中流階級の評論家たちが階級闘争と「共産主義の大波」の恐怖を煽った。[7] 一八一九年の恐慌の時と同じく、白人の経済的エリートたちはますます闘争的になる貧困層と労働者階級に対し福祉制度を攻撃することで対抗した。彼らは、地方自治体が運営する公共の宿泊所において、正当な援助とはどのぐらいのものなのかをどのように判定しているのか？　労働者に仕事をさせようとするなら、なぜ同時に無料の食料を差し出すのか？　などと問うた。その結果、新しい種類の社会改革——科学的慈善運動——が貧困者に対する公共援助への全面的な攻撃を始めることになった。

科学的慈善運動は、援助を受ける資格のある貧困者と援助を受ける資格のない貧困者を区別するため、より厳格な、データを駆使した方法をとることを提唱した。詳細な調査は、貧困者を道徳的に区別し社会的にコントロールするためのメカニズムなのである。それぞれの貧困家庭が、解決すべき「ケース」となる。慈善組織協会はその初期の数年の間、都市警察を使って扶助の申請の内容を調査させることまでした。このようにしてケースワークという観念が生まれた。

ケースワーカーは貧困者は、信用できる証言者ではないと決め込んだ。彼らは貧困者から聞いた話を警察、近隣に住む人々、地元の店の主人、聖職者、学校の教師、看護師、そしてその他の援助組織に問い合わせて確認した。一九一七年に出版されたケースワークの手順を説明するテキスト、『社会判断』（*Social Diagnosis*）のなかで、著者のメアリー・リッチモンドはこう書いている。「［ケースワーカーが］その決定をするための証拠の信頼性の判断には裁判で争っている相手側の弁護士が提示した法的証拠に対する調査と同じぐらいの厳格さと精細さが必要である」。[8] 科学的慈善運動は原則として、貧困者を刑事被告人として扱うものとしたのだ。

科学的慈善運動の活動家たちは、援助にふさわしい白人の貧困者とふさわしくない白人の貧困者の間には遺伝的な違いがあるという理由から、扶助の申請の綿密な調査を勧めている。彼らにとって、援助にふさわしくない貧困者に援助を与えることは、彼らが生き残り、遺伝子学的にみて劣った子孫を残すということに他ならない。この時期の中流階級の改革論者たちは科学的なアプローチをとるソーシャルワーカー、フレデリック・アルミーと同じように、社会的診断は必要であると考えていた。なぜなら「雑草は花と同じ培養土で育てられるべきではないからである」[9]。

この運動における遺伝に焦点をおく姿勢は、当時非常に人気があった優生学の運動に影響されたものだった。フランシス・ゴルトン卿により始められたイギリスにおける優生学の一派は、その「高貴な性質」を保つため、エリートの計画的な繁殖を奨励していた。しかしアメリカでは、優生学の専門家は彼らが貧困者の負の特徴と見ていた知性の低さ、犯罪行為、節度のない性的指向を排除することに早々に彼らの関心を向けた。

優生学は貧困者にとっての最初のデータベースを作り上げた。カーネギー研究所が資金を出したニューヨーク州コールド・スプリング・ハーバーの研究室に始まり、それぞれの州立の優生学の記録所がバーモント州からカリフォルニア州にかけて広がり、社会科学者が貧しい人々の性生活、知性、習慣、行動に関する情報を集めるため、アメリカ全土に散らばった。彼らは長い質問表に答えを記入し、写真を撮り、指紋を採取し、頭囲を測り、子供の数を数え、家系図を描き、「愚鈍」、「精神薄弱」、「娼婦」、「依存的」などという形容で研究日誌を埋めた。

優生学は一八八〇年代のアメリカを大波のように席巻した白人優越主義の重要な構成要素だった。ジム・クロウ法が制度化され、白人種を「外界の脅威」から守るため制限を課した移民法が議会を通過した。さらに、アルバート・プリディー博士が「南部における、無能で無知、無価値の反社会的白人層」と形容するような人々に臨床的なスポットライトをあて、内部から民族浄化を図る目的にも優生学は利用された。優生学と科学的慈善運動は共に、何十万という家族を対象としたケーススタディを収集した。ブルックリン慈善協会の事務局長だったジョージ・バゼルはそのような研究を、「すべての人間の血統を知力、発育状態、長所、短所によって分類し、その特徴ごとに索引を作りファイリングできるようラベルをつける」[10]ようなものだと説明している。

この運動は当時のエリートが抱いていた白人の貧困に対する不安と移民の増加に対する恐れ、それにアフリカ系アメリカ人は生まれつき白人よりも劣っていると信じる人種差別的な考えを融合させた。好評を博す優生学の理論が繰り返し発表され、そのような優越意識を増長させた。アフリカ系アメリカ人は優生学上のヒエラルキーからは完全に締め出され、その頂点には北ヨーロッパ人を祖先に持つ裕福な白人が収まり、その他のすべての人種は優越性が証明できない被疑者として扱われた。ステート・フェアと呼ばれる州の催事では優生学的なイベントが開かれたが、優生学的に優れている家系を選ぶというコンテストでの勝者は決まって雪花石膏のような白い肌の持ち主だった。公庫を食い潰すと表現されるような経済的な苦境に陥っている人々は、しばしば優生学的に「退化」した遺伝系列とみなされ、そのような人々は常に肌の色が浅黒く、額が狭く、横長の顔立ちであると決め付けられた。

このような風潮のなか、科学的慈善運動と優生学が、生殖に対する制限を広く普及させる事態を招いたのは、おそらく避けられないことだった。本人の望まない断種手術が合法であるとしたバック対ベル訴訟では、最高裁判所判事オリバー・ウェンデル・ホームズが以下の有名な言葉を残している。「その退化した子孫が犯罪を犯すか自らの愚行のために飢えて死ぬかを待つよりも、明らかに社会に適合しない人々が子孫を残すことを社会が防ぐ方が全世界にとっては有益である。強制的な予防接種を支持する原則は、このような人々の卵管を結束することにも適用される」[11]。第二次世界大戦中、ナチスドイツの残虐行為が知られるようになり、このような手術は支持されなくなるが、結果的に優生学は、アメリカにおいて六万人以上の貧困層と労働階級の人々に強制的な断種手術を強いた。

断続的に人種統合されていった救貧院とは対照的に、科学的慈善運動はアフリカ系アメリカ人の貧困を白人の貧困とは別問題だと見ており、社会歴史家のマーク・ピールによれば、彼らは「幾分故意的に一九世紀後半のアメリカ人が『ニグロ・プロブレム』と呼んだ問題を無視していた」[12]。このように、この運動は非常に少数の「ふさわしい」白人の貧困者に取るに足りないほどの援助を提供したに過ぎなかった。彼らは調査に関してのテクニックと当時の最先端のテクノロジーを使い、援助に値するとする白人以外のすべての人間に対し、彼らが援助を得ることを阻んだ。それが上手くいかない場合は、制度を利用して道徳的に彼らの慈善にふさわしいほど純粋でない人々、あるいは自活できるほど健康でない人々を救貧院に送り込んだ。

科学的慈善運動は、ケースワーカー、援助を受ける際の調査、優生学的な記録やデータを検索、利用できるシステムなど、これら多くの新しい発明の上に成り立っていた。また弁護士や学者、医師たちが当時、経験的にもっとも高度な科学だと信じるものを利用した。科学的慈善運動は、その支持者たちが非論理的な感情に左右されたやり方、もしくは腐敗に満ちた政治の絡んだやり方だと信じる過去の貧困対策のアプローチとは一線を画すため、自分たちのアプローチは実証に基づいたものだと主張した。だが、運動の唱えるハイテクツールや科学的根拠を駆使したシステムは、実際には貧困層と労働者階級の人々を無力化し、彼らの人権を否定し、その自律性を侵害するためのシステムだった。救貧院が貧困層と労働者階級の人々を公共の援助から遠ざける機構だとすれば、さしずめ科学的慈善運動はエリート層がそれらの人々への公的援助を否認し、その否認が根拠があるものだという見せかけを作ることのできるテクニックだった。

科学的慈善運動は、その出現の前に救貧院がそうであったように、二世代にわたって貧困対策を支配した。しかしこの影響力を誇った運動も大恐慌を生き残ることはできなかった。恐慌の最悪期には、推定一三〇〇から一五〇〇万人のアメリカの労働者が職を失い、全国的な失業率は二五パーセントに迫り、一部の都市では失業率が六〇パーセントを上回った。大恐慌以前は安定した中流家庭だった多くの人々がこの時初めて公共の扶助に頼ることとなった。常に曖昧だった、援助に値する貧困者と値しない貧困者の間の境界は、このような全国的な危機の前に払拭されてしまった。

一九三〇年、三一年と大恐慌の勢いが増していくにつれ、科学的慈善運動はその限界を超えて広がっていった。パンを求める行列はますます長くなり、それまでの住居からの立退きを強制された家族が共同アパートや市営の宿泊所にひしめき合い、地域ごとの緊急援助プログラムは援助を求める人が殺到して破綻した。貧困層と労働者階級の人々はますます悪化を辿る状況を訴えてデモを行い、お互いを助け合うため結集した。

何千という失業した労働者たちが徒党を組んで食料品店を襲い、炭鉱夫は石炭を奪い密売した。パン、スープ、キャベツを手に入れるために人々は長蛇の列に並んだ。フランシス・フォックス・パイヴンとリチャード・クローワードは共著書『貧困者を規制する』（*Regulating the Poor*）のなかで、各地の救済機関の前でピケを張り、大声で叫び、各機関がその前で待っている群衆に補助金か支援物資を分け与えない限りその場を立ち去ることを拒否した人々がいたことを伝えている。人々はまた家賃不払ストを敢行し、住宅の差し押さえや強制退去に抵抗し、止められたガスや電気の供給を復旧させようとした。一九三二年、四万三〇〇〇人の「ボーナス行進」の参加者たちは首都ワシントンの議会議事堂近くの空き地やポトマック川の河原で野営するという抗議運動を行った。

フランクリン・D・ローズヴェルトはこの市民暴動の波に乗って大統領選に勝利し、大統領に選出された。彼は大々的な援助施設外の支援を開始した。それが連邦緊急救済局（Federal Emergency Relief Administration/FERA）であり、生活必需品や現金を必要とする家庭に支給するプログラムだった。彼の政権はまた、市民保全部隊（Civilian Conservation Corps/CCC）、民間土木工事局（Civil Works Administration/CWA）などの新たな連邦雇用プログラムを設立した。それらは、失業した人々をインフラ整備のプロジェクトや公共施設の建設、政府行政機関、医療、教育、芸術などに携わる仕事に就かせるプログラムだった。ニューディール政策がそれまでの私的な慈善に頼る傾向を逆行させ、一九三四年初頭には、連邦政府による連邦緊急救済局、市民保全部隊、民間土木工事局といったプログラムは二八〇〇万人の職業支援や住宅支援を行うまでになった。これらのプログラムがこのように短期間でこれだけ多くの人々に多大な支援を行うことができたのは、充分な公的資金があった——連邦緊急救済局だけで最終的に四〇億ドルが費やされた——のと、科学的慈善運動のケースワーカーたちによって始められた詳細な調査を止《や》めたからである。

一八一九年と一八七三年の恐慌の際に、批評家たちは援助プログラムは人々の公的援助への依存性を強めることになると批判した。ローズヴェルト自身も連邦政府が直接援助の支給に関わることに対し懸念を持っていた。彼はすぐに中流階級による反発に屈服して、現金と生活必需品を支給するプログラムだった連邦緊急救済局を閉鎖し、その代わりとして公共事業促進局（Works Progress Administration/WPA）を創設した。ローズヴェルト陣営のなかには連邦政府内に福祉省を創設すべきであると主張する声もあったが、その反対を押し切り、彼の政権は援助を支給するよりも就職を奨励することに重点を置く方針に切り替えた。

ニューディール政策による法令は疑いなく何千もの人々の命を救い、何百万もの人々が極貧状態に陥るのを防いだ。新しい労働法は組合の隆盛に繋がり、確固とした白人の中流層を作り出すことに貢献した。一九三五年に制定された社会保障法（Social Security Act）は失業、老齢、一家の稼ぎ手が亡くなるなどのケースに対し現金が支給されるという原則を定め、それも個人の道徳的な品性を問わず権利としてその支給が保障されることとした。しかし同時にニューディール政策は人種、ジェンダー、階級間の分裂を生み、今日に至るまで私たちの社会の不平等を作り出し続けている。

ローズヴェルト政権は白人至上主義に屈服したが、それは複数の意味で現代にも苦い結果をもたらしている。市民保全部隊は、連邦政府による職業支援関連の仕事に占める黒人の割合が就業可能な仕事の一〇パーセントであることを上限とした。北部の都市部ではアフリカ系アメリカ人の失業率が八〇パーセントだったにもかかわらず、である。一九三四年の連邦住宅法（National Housing Act）は人種による居住区の隔離と住宅ローンの制限を助長し、黒人居住区の負担をさらに倍加した。全国労働関係法（ワグナー法：Wagner Act）は労働者の団結権を認めているが、労働組合の人種隔離を許していた。もっとも重要なことは、南部の州が社会保障法を支持しないのではないかという恐れがあったため、農業労働者と家事労働者が明らかに雇用保障の対象から除外されていたことである。この「南部の州への譲歩」のためにアフリカ系アメリカ人の労働者の大多数が——そして少なくない数の貧しい白人の小作農民、分益小作人、家事労働者も――最低賃金、失業保障、老齢年金または団体交渉権を認められぬまま放っておかれた。

また、ニューディール政策のプログラムは男性の稼ぎ手を女性と家族を経済的に支える主要な媒体として祭り上げた。連邦政府による各保障は賃金、組合への加入、失業保険、そして年金に大いに関係していた。しかし、長期的な賃金所得、常勤やオールシーズンの仕事を奨励することにより、それらの保障は女性よりも男性の雇用パターンを優遇していた。ニューディール政策のもう一つの代表的なプログラムであった扶養児童扶助（Aid to Dependent Children――一九六二年以降は要扶養児童家庭扶助：Aid to Families with Dependent Children に代わられた）は、一家の稼ぎ手であった夫が死亡し、子供と共に残された未亡人を援助するものだったが、対象者の数は非常に限られていた。このように女性の経済的保障は妻、母親、未亡人としての役割に強固に結び付けられ、女性たちは経済的な依存の継続を余儀なくされた。

ニューディール政策における援助方針の構造は能力のある貧困者と無力な貧困者との間の区分けを再び確立させた。しかし、その内容はジョサイア・クインシーの筋書きを覆すものだった。能力のある貧困者とは白人男性の、一時的に失業した賃金労働者を意味するところは同じだったが、それ以前の一〇〇年もの間続いた貧困政策と違う点は、彼らが突然（援助を受ける）資格のある貧困者と見なされるようになり、再び労働力に参加するために連邦政府からの援助を受けられるようになったことだった。無力な貧困者は依然として、人種差別、片親であること、身体障がい、慢性疾患などの理由により、安定した雇用を得るのが長期的に難しい人々だった。だがそのような人々は、突然資格がないと見なされ、乏しく、かつ懲罰的で一時的な援助をしぶしぶ許されるにとどまった。

解雇された労働者、シングルマザー、高齢の貧困者、病人、そして障がい者は福祉史の専門家ブレミラ・ナダセンが「残り物を片付けるような」公的援助プログラムと呼ぶようなものに頼るしか道はなかった。[13] 失業者と貧困者、男性の貧困と女性の貧困、北部の白人男性の産業労働者とその他のすべての人々、それぞれの間の区別が二層に分かれた福祉制度を作り上げた。一方が社会保険、もう一方が公的扶助である。

公的扶助プログラムの提供する援助がより少ないのは援助のレベルを連邦政府ではなく州や自治体が定めているからだ。それらのプログラムは州や地域ごとのそれぞれの福祉機関の当局者が受給資格の条件を定めており、申請数を低く抑えようとする財政的な理由があったため、より懲罰的だった。また収入の制限や審査のための収入調査がプログラムの申請者と手当の受給者に対するあらゆる種類の監視や取締りを正当化したため、手続きもより煩雑だった。

社会保険と公的扶助の区別をつけるため、ニューディールを信奉する民主党議員たちは今日の経済的不平等の種を撒き、白人至上主義に屈し、貧困層と労働者階級の間に軋轢を生む原因を作り、女性の労働価値を下げた。万人に福祉手当を配当するプログラムを選択しなかったことにより、ローズヴェルトは科学的慈善運動の、申請者や受給者を調査、管理し、本来の目的から逸脱するシステムを復活させた。だが、そのテクニックは貧困層と労働者階級の全体に向けて広範囲に使用されるのではなく、新たに出現しつつあった新しい対象グループに選択的に適用されたのである。そのグループとは後に「ウェルフェア・マザーズ（福祉援助を受けている母子家庭の母親）」と呼ばれるようになる人々だった。

社会保障法により作られたすべてのプログラムはきちんと考え抜かれた公的扶助ではあったが、「残り物を片付けるような」と形容されたプログラムのなかでもっとも物議を醸した扶養児童扶助（ＡＤＣ）

は「福祉」の代名詞となった。それはゆくゆくは貧しい女性たちが中心となって始まり、非常に大きな成果を生んだ政治的運動の焦点となる役割を果たすが、それが無ければ扶養児童扶助も要扶養児童家庭扶助（ＡＦＤＣ）も歴史上の些細な事柄に留《とど》まるはずだった。開始後の最初の三五年間は、プログラムは中流階級の白人の未亡人という狭い対象に向けられたものだった。プログラムに申し込む家庭はほとんどなく、申し込んだとしてもその約半数は受給対象外とされた。

州と郡の設定したルールが、多数の、本来なら資格がある受給者、特に非白人系の女性をプログラムから締め出した。「雇用の可能な母親」に関するルールが家事奉公人と農場労働者を候補者から除外し、法律制定者側からはその賃金労働は子供の世話をするより重要だと見なされた。「育児に適した家庭」に関するルールが未婚の母親、離婚したりもしくは夫に捨てられたりレズビアンであった場合、その他、福祉事務所により性的に不道徳だと見なされた女性をすべて除外した。「代理父」に関するルールは公的扶助のプログラムから援助を支給されている女性と恋愛関係にある男性はその女性の子供の扶養費用を支払う義務があると定めていた。居住に関する制限により、州外に転居する場合には給付は認められなくなった。福祉は貧しい人々に、その人権――具体的には、身体的自主権、安全な労働環境、転居や政治参加の自由、プライバシー、そして自己決定権を放棄させ、それと引き換えにその家族に対する僅かな援助を約束していた。

受給資格に関する差別的な諸ルールはケースワーカーに、クライアントの恋愛関係を調査し、生活のあらゆる局面を追跡し、彼らの家を強制捜索することさえできる大きな裁量権を与えた。一九五八年、オレゴン州の白人の労働者階級の人々のコミュニティであった小さな町、スイート・ホームの警察と福祉事務所の職員が一連の合同捜査を計画し、真夜中から午前四時半の間に捜査が行われた。一九六三年一月のある寒い晩、カリフォルニア州アラメダ郡のケースワーカーたちが七〇〇人の福祉援助受給者の家庭に押し入り、愛人を隠していないかどうかを調べるため母親と子供たちをベッドから引っ張り出した。ロサンゼルス・タイムズ紙のハワード・ケネディによる記事は、捜索に関わった人々は自分たちが何者か名乗ることもなく、不必要に侮辱的な言葉を被害者たちに浴びせ、「家に入ることを断られると、ドアを壊すことさえした」と被害者たちが訴えたと伝えている。全米有色人種地位向上協議会（National Association for the Advancement of Colored People/NAACP）は、アラメダ郡の強制捜査は「主に要援助児童扶助（[Aid to Needy Children]）を受けている黒人とメキシコ系アメリカ人に向けて行われ、人種差別が関与している疑いがある」と非難した。[14]

扶養児童扶助や要扶養児童家庭扶助の受給者に対して行われた科学的慈善運動のような調査の復活はアメリカ国内の人種の分布パターンが変わってきたことと公民権運動の台頭への反動であり、それら二つの動きは共に扶助プログラムの人種構成を変化させた。一九四〇年から一九六〇年の間に、南部の白人優越主義者のテロリズムから逃れるためや、分益小作制度が解体したため、三〇〇万以上のアフリカ系アメリカ人が北部の都市部に移動した。そのうちの多くはより安全な住居、より条件のよい職、より大きな尊厳と自由を見つけることができた。しかし、雇用、住宅、教育における差別により非白人の失業率はいっそう高くなっていた。出稼ぎ労働者は家族を養うため公的扶助に助けを求めた。

同じ頃、公民権運動が、アフリカ系アメリカ人には平等な公共施設利用と政治参加が保障される道徳的権利があることを明確にしつつあった。公立学校の人種統合と選挙権の保護範囲の拡大を支持する論拠が、公的扶助の人種統合にも適応されるのは自然の成り行きだった。適正な福祉を求める母親の会（Mothers for Adequate Welfare）は福祉受給権のために活動した初期の市民グループで、一九六三年のワシントン大行進に参加した数人が集まってできたグループだった。歴史家のプレミラ・ナダセンによれば、それらの人々はワシントン大行進に啓発され、福祉給付を受ける黒人の母親として日常的に被っていた軽蔑や差別を跳ね返すことを決意し、故郷のボストンに帰って積極的に食糧配給プログラムを始めたという。[15] アメリカ各地の地域団体が、本来ならば要扶養児童家庭扶助の受給資格のある人々の少なくとも半数が扶助を受けられていないという当時の不公平な体制に異議を唱える運動に次々と加わり、それは全国的な運動へと発展していった。

　福祉権運動の運動員たちは受給資格についての情報を分かち合い、申請書を記入するのを手伝い、差別的な待遇やロビー活動に影響された議会、巧妙に作り上げられた政策そしてニューディール政策が手付かずのまま残した根拠のない思い込みによる前提などに抗議して福祉事務所の前で座り込みを行った。もっとも重要だったのは、運動のメンバーたちが母親業を仕事であると主張したことである。福祉権運動の諸グループは、望むならば女性にはあらゆる有給雇用が与えられる権利があることは支持したが、夫を持たず幼い子供を育てる母親が家の外で働くことを受給条件とするすべてのプログラムに積極的に反対した。

　福祉権運動の効果は絶大だった。それは三万人の会員を擁する全米福祉権協会（National Welfare Rights Organization/NWRO）を誕生させた。そして家具や通学用の衣服、その他の生活用品を得るための特別助成金が支給される動きに繋がった。運動はまた、配偶者や雇用の有無、人種に関わりなく、すべての貧困家庭に最低限の収入が保障されるための闘いの先鋒となった。黒人女性と配偶者を持たない母親を公的扶助の対象外とするのは憲法違反であるという認識に基づき、福祉権運動は差別的な受給資格条件を撤回させるために法的な手段に訴えた。

　キング対スミス訴訟（一九六八年）での勝訴は「代理父」に関するルールを覆し、個人的、性的なプライバシーの基本的権利が保障される結果を生んだ。シャピロ対トンプソン訴訟（一九六九年）では、最高裁は、居住地に関するルールは個人の移動の権利を侵害する違憲な制限である見解を支持した。ゴールドバーグ対ケリー訴訟（一九七〇年）では、公的扶助の受給者はしかるべき法手続きを経る権利があり、公正な審理がなされることなくその給付が止められることは認められないという原則が制定化された。これらの法的な勝利が、貧困者も中流階級の人々と同じ権利を享受すべきであるという真に革命的な前例を確立することになった。

要扶養児童家庭扶助は苦境に陥り、一九六九年、リチャード・ニクソン大統領は、それに代わるものとして貧困家庭に年収を保障する新しいプログラム、家族援助プログラム（Family Assistance Program/FAP）の導入を提案した。そのプログラムは四人構成の家族に対し最低一六〇〇ドルの年収を保障するものだった。両親の揃った低所得の家庭で、なおかつ要扶養児童家庭扶助の対象から外れた家庭に手当を給付するとした。賃金収入に対する一〇〇パーセントの罰金を廃止し、受給者は年収のうち七二〇ドル分を給付金を減額されることなく収納できることになっていた。

しかし、ニクソンの提示した最低収入保障額は四人家族が最低生活水準を保つには少な過ぎる額だった。全米福祉権協会はそれに対抗して四人家族に保障される最低収入額を五五〇〇ドルに設定した適正収入保障法案（Adequate Income Act）を提案した。ニクソンのプログラムには受給者の就労が受給条件に組み込まれており、幼い子供を抱えた配偶者を持たない母親にとっての障害となっていた。保守派と急進派の両方の不評を買った家族援助プログラムは成立せず、要扶養児童家庭扶助にかかる負担はますます増大した。

社会運動に鼓吹され、より多くの家庭が公的扶助の申請をするようになった。一連の訴訟における勝訴により法的にも保護されるようになり、受給を拒まれるケースは減っていった。受給資格の制限が撤廃され、要扶養児童家庭扶助の規模は膨れ上がっていった。数字そのものがその勢いを物語っている。一九六一年には三二〇万人だった要扶養児童家庭扶助受給者の数は一九七一年にはおよそ一〇〇〇万人に増加していた。連邦政府のプログラムのための支出額は（一九七一年当時のドル価値で）一〇億ドルから一〇年足らずのうちに三三億ドルに増加した。運動の最も大きな恩恵を被ったのは貧困層の子供たちで、一九六六年には貧困児童の四分の一が要扶養児童家庭扶助の援助を受けていたが、一九七三年までにプログラムは五分の四以上の児童が援助を受けるまでに拡大した。

全米福祉権協会のメンバーはそのほとんどが貧しいアフリカ系アメリカ人女性だったが、福祉権運動は中流階級の共感を得ることになり、さらに彼女たち自身も長期的目標に到達するには人種間の組織作りが肝要であると認識していた。その貧困に陥る脆弱性を持つ偏重的傾向を反映して、一九六七年の時点で、アフリカ系アメリカ人は要扶養児童家庭扶助の登録簿の五〇パーセントを占めていた。全米福祉権協会の初代の会長であるジョニー・ティルモンは、白人の福祉援助受給者たちは同じ受難に苦しむ人々であり、潜在的な同志だと理解していた。彼女は一九七一年のインタビューでこう説明している。「私たちに人種の違いを云々している余裕はありません。私は福祉援助を受けている白人の貧しい女性たちに、彼女たちが空腹の時、どんな気持ちでいるか話を聞きました。それは私が空腹の時に味わう気持ちと同じです[16]」。

だが、福祉権の活動家たちが人種統合と異人種間の連帯という未来を描いていたとしても、要扶養児童家庭扶助の拡大への反対が白人の中流層の敵対意識を誘い、運動の達成した成功を元に引き戻してしまった。福祉権運動に対する反動が高まってくるにつれて、貧困問題に関する報道はだんだんと批判的なものになっていった。政治学者のマーティン・ヒレンスはこう書いている。「貧困者にまつわる報道記事が同情的ではなくなると同時に、ニュースのなかの貧しい黒人たちのイメージは増加していった[17]」。福祉を利用した詐欺や不正にまつわる話には決まったように黒人のイメージが添えられた。一九六〇年代にアフリカ系アメリカ人の間の貧困は劇的に減少し、要扶養児童家庭扶助内のアフリカ系アメリカ人が占める割合も低減した。にもかかわらず、ニュース雑誌などの貧困に関する記事にアフリカ系アメリカ人が出てくる割合は一九六四年から一九六七年の間に二七パーセントから七二パーセントへと飛躍的に増加した。

一九七三年の景気後退と共に、福祉の維持費、不正利用、非功利性などに対するヒステリー的な反応が増長していった。ロナルド・レーガンと保守派の政治家たちに扇動され、要扶養児童家庭扶助に反対するある納税者は貧困者も憲法で保障されたすべての権利を持つべきであるという考えに異議を申し立てた。しかし、福祉権運動が手にした勝訴の結果は法制化され、差別的な受給資格のルールにより人々を公的援助の対象から排除することはもはやできなくなっていた。

選挙で選ばれた役職者や州の官僚は、法によってますます厳重に保護されるようになった受給者の権利と、福祉援助の支出を抑えるように求める圧力との間に板挟みになり、小手先でごまかすような政治的トリックを使った。援助をより効率的に支給することにより経費を削減できると謳った、広範囲を網羅する新しいテクノロジーを採用したのである。実際、このような技術システムは貧しい人々と彼らの法的権利の間に立ちはだかる壁のような役割を果たした。この瞬間、デジタル上の救貧院が誕生したのである。

コンピューターが福祉手当の受給者に対する精細な調査と監視を強化することにより公共支出を縮小

させる中立的な手段として普及したのは一九七〇年代初めのことだった。一九四三年、ルイジアナ州は大部分のアフリカ系アメリカ人女性が扶養児童扶助を受けることを阻んだ「雇用の可能な母親」に関するルールを定めた最初の州となった。その三一年後、ルイジアナ州はコンピューターで申請者の獲得賃金を照合するシステムを導入した最初の州となった。プログラムは福祉援助の申請者が自己申告した収入と、職業斡旋所の電子ファイルと失業補償手当のデータを照合するものだった。

一九八〇年代までに、コンピューターは福祉手当を受けている家庭の膨大な量のデータを収集、分析、保管、共有するようになっていた。アメリカ合衆国保健教育福祉省（Department of Health, Education, and Welfare/HEW）は福祉手当の受給者の氏名、社会保障番号、生年月日、その他の情報を国防総省（Department of Defense）、州政府、連邦政府の職員、民事及び刑事裁判所、地方自治体の福祉事務所、司法省（Deparment of Justic）と共有していた。新たな複数のプログラムが情報内の一致しない箇所を見つけるため、急速に膨れ上がった無数のケースファイルを調べていった。不正利用検知プログラムは入念にプログラミングされて使用開始された。異なる福祉プログラム間の各データベースは互いにリンクし合って共に受給者の行動や支出を追跡できるようになっていた。福祉援助の受給者の法的権利の拡大と公的扶助の支持の減少という二つの現象の対立はハイテクツールの波によって解消されたのである。

公的扶助プログラムは連邦政府により資金供給され各地方自治体によってコントロールされているため、福祉の運用に使用されるテクノロジーは州ごとに異なる。しかしここでニューヨーク州が辿った経緯を説明すれば、それが分かりやすい例になるだろう。ニューヨーク州は全米のなかでも最大規模の、そしてもっとも影響力を持った福祉権運動が展開され、さらにもっとも急速に要扶養児童家庭扶助の受給者が増加した州だった。一九六〇年代後半には全米の福祉援助の受給者の一〇人に一人はニューヨーク市の住人で、彼らは大体六〇から八〇の地元の福祉権運動のグループを組織するようになっていた。

一九六八年の春、ニューヨーク市の至るところで抗議運動が日常的に見られるようになり、福祉部署本部の前で三日間の座り込みストが行われ、ついには騎馬警官隊が出動して人々を立ち退かせる事態となったものもあった。このような耳目を集める活動に影響を受け、ケースワーカーたちも自分たちの役割は申請者を援助から遠ざけようとすることではなく、申請者の代弁者となることだと思い始めた。ランド研究所の『貧困者による抵抗』(*Protest by the Poor*)と題された一九七三年のレポートによれば、ブロンクスとブルックリンのケースワーカーたちは市の福祉サービスの部署に「殺到するクライアントの要望を処理するために官僚主義を改める」ことをしない限りストを決行すると迫ったという。[18]

一九六九年、ニューヨーク州は保健教育福祉省の主唱による、「公的扶助の運営のためのコンピューターによる管理情報システム」を発展、普及させる目的を持った全国的実証プロジェクト(Nationwide Demonstration Project)への参加を申し込んだ。当時の共和党所属のニューヨーク州知事、ネルソン・ロックフェラーはニクソンの家族援助プログラムの法案が議会を通過すると確信し、州の福祉問題は州や地方自治体の福祉にかかる費用を連邦政府が肩代わりすることにより解消すると信じていた。

一九七〇年、結局家族援助プログラムの法案は議会を通過せず、その後ロックフェラーはニューヨーク州の当時の現行の福祉制度が「時代遅れ」で州の財政に「途轍もない負担」となっていると認めながらも、「州内の貧困者に援助を供給するため最善の努力を続けるしか他に方法はない」と発言した。数カ月後、州議会での陳述で、福祉制度が抜本的に変わらなければ、「最終的にそれは財政を逼迫させ、私たちの社会を崩壊させるだろう」というますます募る懸念を明らかにした。その理由として、彼は

「現行の制度は人間の尊厳、自立、そして自己責任を培うよりも、人々が政府に永久に依存することを奨励しているからだ」と述べた[19]。

ロックフェラーは州内に一年以上居住することを受給条件の一つに定め、さらに現在の福祉手当の受給者が州外に引っ越すことに同意した場合、その移動費と現金給付が与えられるという「自発的な再定住計画」を提案した、州全体を対象とした福祉改革を発表した。彼の改革案は、福祉手当の受給者が受給を受けるにはどんな就労可能な仕事も引き受けなければならない、さもなくば福祉手当の受給を止められるという条件が含まれていた。またケースワーカーが、どの受給者が「雇用可能」か、そしてどのぐらいの助成金が支給されるかを自らの裁量で決めることが出来ないようにした。ロックフェラーはケースワーカーの最低給与保障額を撤廃し、ケースワーカーとしての仕事に就くのに必須とされる教育や学歴の制限を緩くした。また、「受給者が受給資格や付加給付を得ることを不当に助けた」ケースワーカーに対する罰則を強化した。

ロックフェラーはまた、新しい部署を設立し、その長となる福祉運営監査官に自らの選挙資金の責任者、ジョージ・F・ベルリンガーを任命した。一九七二年二月、その最初の年次報告書でベルリンガーは、行政上の管理の不手際のため、「悪病」のように「虚偽、不正、乱用」が蔓延し、市の福祉受給者簿を蝕《むしば》んでいると非難している。「大手術が必要であろう」と彼は記している。

ベルリンガーは州内のすべての福祉プログラム、さらにメディケイド（Medicaid: 低所得者向け医療扶助制度）、フードスタンプ（食品割引切符）の受給者向けの、一極集中型のコンピューターによる登録制度を提案した。それを計画した人々は、「濡れ手で粟」式の福祉援助を何としてもやめさせようとするロックフェラーの執念をこの新しいシステムのデザインに組み込んだ。州は、「福祉の運営の上で、本来資格のない受給者、管理ミス、詐欺などが存在することは記録からも明らかであり、それらを減らすため」、そして補助金の算出と受給資格審査を自動化し、各地方団体の決定に対し「州による監査を強化する」ことのできるデジタルツールを作るとして、ロス・ペローの電子データシステムを採用した。[20]その結果生まれた福祉管理システム（Welfare Management System/WMS）のデザイン、開発、導入には最終的に八四五〇万ドルの経費がかかった。

ニューヨーク州の福祉制度登録者の急速な増加は福祉管理システムがオンライン上に導入される一九七〇年代半ばに横ばいに転じた。その後、要扶養児童家庭扶助を受ける貧困者の個人の割合は急落し始めた。このパターンは他州でも次々に繰り返された。制限的な新しいルールとハイテクツールの組み合わせは福祉権運動で得た結果を覆していった。一九七三年にはアメリカの貧困線以下の生活を営む人々の約半数が要扶養児童家庭扶助の援助を受けていた。一〇年後、福祉制度の運営を司る新しいテクノロジーが導入されて以降、その割合は三〇パーセントに落ちた。現在ではその割合は一〇パーセント以下になっている。

一九九六年の個人責任と就労機会調整法（Personal Responsibility and Work Opportunity Reconciliation Act/PRWORA）はよく福祉制度を退化させた原因として挙げられる。この個人責任と就労機会調整法が貧困家庭一時扶助と共に要扶養児童家庭扶助に代わる援助プログラムとして設立され、家の外で働くことは受給の必須条件となった。貧困家庭一時扶助は受給者が一生涯のうちに公共援助が受けられる期間を、数少ない例外を除き、六〇カ月に制限し、厳しい就労条件を課し、四年制大学の学費援助を廃止し、規定に従わない場合に課せられる広範囲に及ぶ多数の罰則を含んでいた。

例えば、面接に遅れたり、指定されたボランテイア的な仕事の場に現れない、職業訓練に参加しない、必要な薬物検査を受けない、心理カウンセリングに参加しない、またはケースワーカーから指示された治療や職業訓練のための活動を行わないなど、そのような場合には処罰が科せられる。処罰として一定期間あるいは恒久的に給付が停止されることもある。

個人責任と就労機会調整法が公共援助の著しい縮小を招いたのは真実である。一九九六年から二〇〇六年の間に、およそ八五〇万人が福祉制度の登録簿から排除された。二〇一四年に現金給付を受けた成人の数は一九六二年に比べて減少している。一九七三年、五人に四人の貧困児童が要扶養児童家庭扶助からの援助を受けていた。今日、貧困家庭一時扶助からの援助を受ける貧困児童の数は五人に一人にも満たない。

しかし、福祉援助の登録簿を精査し登録者を削減するプロセスはビル・クリントンが「我々が知るかたちの福祉を終わらせる」と約束したずっと前から始まっていた。より侵略的な調査とますます正確さを増している追跡のためのテクノロジーは、福祉制度に買収や詐欺が蔓延しているという作り話に格好の材料を提供した。このような作り話がより懲罰的なルールと厳格な罰則を生み、それが今度は、受給者がルールを遵守しているかどうかをモニターするためのデータベーステクノロジーの利用が爆発的に増加する結果を招いたのである。一九九六年の連邦政府による改革は、その二〇年前、福祉権運動への抵抗がデジタル上の救貧院を誕生させた時に始められたプロセスを単に完成させたに過ぎない。

公共サービスの運営における、自動化やアルゴリズムを駆使するアプローチの支持者はしばしばこのような次世代のデジタルツールを「革新的」だと形容する。彼らは、ビッグデータは旧弊な官僚機構を一新し、進歩的な解決策をもたらし、情報の開示性を促進すると言う。しかし、特に貧困層と労働者階級を標的にしたプログラムに絞って見てみると、このデータ分析の新体制は革命というよりも進化である。それは一八二〇年代からあった道徳的、懲罰的な貧困対策の拡大と継続に過ぎないのである。

救貧院と科学的慈善運動の話は、社会が経済的危機に見舞われると貧困救済はより懲罰的に、また貧困者に対し批判的なものになっていくということを表している。貧困層と労働者階級の人々は、彼らの権利に課せられる制限に抵抗し、差別的な機構を排除するため、生存のため、お互いを助け合うために協力する。しかし、彼らは中流階級からの強い反動に繰り返し晒される。福祉扶助が慈善と名前を変え、相互援助が他者依存と書き換えられ、貧困者の状況の改善を元に押し戻そうとする新しい複数のテクニックが急速に普及するのである。

一九七〇年代以降、貧困層と労働者階級の人々の基本的な人権を否定する、福祉に対する反対運動は、十分な資金と幅広い支持を持ち、非常に大きな成果を上げ、着実に大きくなっていった。貧困者にまつわる誤解を招く言説、彼らは援助にふさわしくない、人を欺く、依存心の強い、不品行な少数派の人々であるというような話が運動によって捏造され、流布した。福祉制度を批判する保守派の人々は、アメリカ国民に対し、労働者階級と貧困層は限られた援助をめぐって反目し、ゼロサム・ゲームを戦わなくてはならないと考えるよう仕向ける非常に効果的な宣伝活動を引き続き行っていった。その水面下で静かに、プログラムの運営者やデータ科学者たちは、効率性を高め、不正を暴き、経費を抑えながら、より多くの人々をより人道的に助けると唱えるハイテクツールの利用を推し進めていった。デジタル上の救貧院は、合理化と給付金の低減を達成する方法と捉えられたが、その本当の目的は以前と変わらず、貧困者をプロファイルし、取締り、罰することだったのである。

# 2 アメリカの「心の故郷」で行われた福祉給付審査の自動化

インディアナ州ティプトン郡の、鉄道の線路と平行に走る細い小径沿いにあるスタイプ家へと続く道路へ曲がると、フェンスの支柱を噛んでいる小さな白いロバが目に入った。今回、インディアナ州中央部を案内してくれるガイド役を引き受けてくれたのは、六五歳の元新聞記者、マイケル・「ダン」・スキナーだった。一マイルほど走った後、スキナーは彼の母親が一九年前に購入したセダンのハンドルを切り、線路を越えてスタイプ家の私道へと車を乗り入れた。スタイプ家の大きな白い家は広大なトウモロコシ畑の真ん中に聳え立っていたが、この二〇一五年三月の晴れた日にはトウモロコシの茎は短く刈り取られ、溶けた雪でぬかるんだ地面の上で萎びていた。キムとケヴィンのスタイプ夫妻は、トウモロコシ畑の中で見失わないように子供たちを皆大きく育てなければならなかったと冗談を言った。七月になると、下の子供たちの背丈では、背の高いトウモロコシ畑の中にすっぽりと隠れてしまう。私が彼らを訪れたのは、キムとケヴィンに彼らの娘のソフィーについて話を聞くためだった。ソフィーはインディアナ州が実験的に福祉の受給資格の審査を自動化した際、メディケイドの給付資格を失ったのだった。

二〇一二年、私はインディアナ大学ブルーミントン校で新しいデータベースのテクノロジーが公共サービスにどのような影響を与えつつあるかについて講義を行った。講義の後、身なりの良い男性が手を上げ、この本を書き始めるきっかけとなった質問をしたのである。「あなたは」と彼は聞いてきた。「このインディアナ州でどんなことが起こってるのかご存知ですよね?」私はポカンと彼を見つめ、首を振った。彼は手短に以下の概要を教えてくれた。州の福祉給付の受給資格審査を民営化、自動化する一三億の契約が交わされ、その結果何千という人々が給付を失い、その後、その契約がインディアナ州最高裁判所で契約不履行にあたるかどうかを争う人々の注目を集める訴訟に発展したこと、などである。彼は私に自分の名刺を差し出した。金で印刷された文字は、彼が民主党所属のインディアナ州下院議員、マット・ピアースであることを教えてくれた。

その二年半後、福祉運用の自動化の研究のため、私はソフィー・スタイプの家を訪れることになった。ソフィー・スタイプは濃い茶色の髪と大きなチョコレートブラウンの瞳、脳性麻痺の人々によく見られる平らな額を持った、活発、陽気で意地っ張りな女の子だった。二〇〇二年、生まれて間もなくソフィーは発育不良と全般的発達遅滞、胎児と新生児に起こる脳の脳室周囲白質の損傷である脳室周囲白質軟化症と診断された。同時に、一万人から五〇〇〇人に一人の新生児に見られると言われている1p36欠乏症候群とも診断された。彼女の両方の耳はほとんど聞こえなかった。キムとケヴィンは、彼女は将来的に座ったり歩いたり話すことはできないだろうと告げられた。二歳になるまでのソフィーは大抵仰向けに横たわったままで、体を動かすことはほとんどなかった。

ソフィーの両親は、インディアナ州の障がいやリハビリに関するサービス機関が提供するプログラムで、発育遅延の幼児の援助を行うファーストステップス(First Steps)の係員に連絡を取った。そのプログラムを通してソフィーは治療と栄養補給のサービスを受け、家族はカウンセリングと支援を受けることができた。もっとも重要な変化は、彼女が胃に直接栄養を送るため胃瘻管を挿入する手術を受けたことだ。生まれてから二年間、彼女が口にする食べ物は非常に少なかった。胃瘻管から直接栄養が補給されるようになり、ソフィーは座ることができるようになった。

二〇一五年に私が彼らの家を訪れた時、ソフィーは一三歳だった。自分で移動することができるようになり、学校にも行っていた。アルファベットもすべて知っていた。医師たちは最初、ソフィーに手話を教えてもあまり役に立たないだろうとキムに言ったが、ソフィーは今や家族間で使う混成手話の三〇〇から四〇〇の単語を理解し、両親や友達と意思の疎通ができた。その日、一日学校で過ごしたソフィーは、帰宅して自分の部屋でオレンジとピンクのストライプのパジャマ姿で『エルモズワールド』を観ながらリラックスしているところだった。キム・スタイプが私とソフィーを引き合わせ、私たちはお互いに手を振った。

私はソフィーのピンクのテレビが気に入ったとソフィーに伝えてくれとキムに頼んだ。キムは笑って手話でソフィーに伝えてくれた。ブロンドの髪と薄いブルーの瞳を持ち金のリングを親指にはめ、一日中立ちっぱなしで過ごす人々が好むクロックスのサンダルを履いたキムは、「ソフィーは本当に偉いわ」と言った。「彼女の半分でも努力する子供がいたら、きっと成功して何百万ドルも稼ぐようになるでしょうね。そのぐらいソフィーは一生懸命努力したのよ」。

スタイプ家の人々は決して努力に無縁な人々ではなかった。金属製のパイプとビニールのシートで作られた温室では、ケヴィンが昔ながらのトマトやブロッコリー、レタス、パプリカ、いんげん豆、瓜や桃まで栽培していた。また、それらの野菜や果物を一年中楽しめるように、缶詰にしたり冷凍したりしていた。しかし、二〇〇八年は彼らにとってつらい年だった。ケヴィンが職を失い、それに伴い家族は健康保険も失った。ケヴィンとキムはインターネットで車のパーツを販売し、何とかして七人の子供を養っていこうとした。彼らの息子のマックスは、その少し前に1型糖尿病だと診断されたところだった。ソフィーの体調は非常に悪く、嘔吐が続いていた。

メディケイドによる補償がなければ、ソフィーにかかる医療費は彼らの家計を逼迫させていただろう。彼女のために調整された流動食は非常に高価だった。発達遅延の年長児用の特別なおむつも必要だった。ソフィーの胃瘻管は入れ替え手術のたびに一七〇〇ドルかかった。彼女の世話にかかる費用は一カ月六〇〇〇ドルを上回った。

問題が深刻化したのは二〇〇七年の終わり頃で、キムが、成人の低所得者に最悪の健康保険を提供するヘルシー・インディアナ・プラン（Healthy Indiana Plan）に申し込んだ時に始まった。子供たち五人はメディケイドによる補償を受けていたが、キムとケヴィンは何の健康保険にも加入していなかった。キムが自分たちのための健康保険の申請手続きを始めた途端、家族のうち四人が病気になった。キムは四人の看護をしながら手続きに必要なすべての書類を揃えるのは到底無理だと思った。

彼女はティプトン郡の家族福祉管理局（Family and Social Services Administration/FSSA）の事務所に行き、ケースワーカーに会い、申請を保留にしてほしいと頼んだ。ティプトン郡のケースワーカーは、家族福祉管理局のシステムが最近変わり、申請に関する決定は地元の事務所レベルでは行われないのだとキムに言った。キムは約六四キロメートル離れたマリオンにあるコールセンターのオペレーターと話さなければならなかった。キムがマリオンのコールセンターに電話をすると、彼女の申請は「対処されるでしょう」と言われた。ティプトン郡のケースワーカーもマリオンのコールセンターのオペレーターも、キムが申請のプロセスを止めることを明言した書類に署名しなければならないとは教えてくれなかった。

さらに彼らは、キムと夫のケヴィンが健康保険の手続きを途中で止めることが子供達の保険の補償にも影響するということも教えてくれなかった。

その後、家族は家族福祉管理局から一通の手紙を受け取った。それは六歳のソフィーに充てられており、彼女がプログラムの給付受給資格の「証明に協力しなかった」という理由で一カ月以内にメディケイドの受給資格を失うと記されていた。通知はぞっとするほど素っ気なく、あからさまに官僚的だった。それは以下のように記されていた。

送付年月日：二〇〇八年三月二六日
ソフィー・スタイプ様
MA D 01 (MI)
あなたのメディケイドの給付は二〇〇八年四月三〇日をもって打ち切られます。給付の停止は以下の理由からです。
——資格の証明に協力しなかった
——法律あるいは規制に則り、収入の証明に協力しなかった
470IAC2.1-1-2
重要：もし他の条件によりメディケイドの受給資格があると思われる場合、そして御自分のケースについて他の情報をお持ちの場合はこの通知の上記に掲載された電話番号に通知の日付から一〇日以内（郵送の場合は一三日以内）にご連絡下さい。

通知は二〇〇八年四月五日に届いた。投函されてから一〇日経っていた。一家が家族福祉管理局に連絡し、間違いを訂正するのに三日しか残されていなかった。

キムは素早い行動に出た。日曜日だったが、翌日の四月六日、状況を説明した長い手紙を書き、マリオンのコールセンターにファックスで送った。そのなかで、ソフィーの生存のためにはメディケイドが不可欠であること、ソフィーは他に何の保険にも入っていないこと、必要な医薬品、医療用品だけで月に数千ドル掛かることを強調した。ソフィーの薬は五日後になくなるはずだった。キムがマリオンのコールセンターに電話をかけると、ソフィーがメディケイドの受給資格を失うのは、キムが申請の途中だったヘルシー・インディアナ・プランの申請を止めると明言した書類にサインをしなかったためだと告げられた。キムはそんな書類のことは誰も教えてくれなかったと抗弁した。

すべてあとの祭だった。

インディアナ州によると、スタイプ家は受給資格決定の過程で受給者側がするべき協力を怠り、州法ではそれに対する処罰は医療給付の全面的な停止なのだという。その制裁措置は、自分たちのための健康保険を申し込もうとしていたキムとケヴィンに及び、またソフィーも今まで受けていたメディケイドの給付を止められるのだった。キムが、ではなぜ他の子供たちの給付は停止されないのかと尋ねると、返ってきたのは他の子供たちの給付も停止されるという答えだった。あとからまた四通の通知が送られてくるはずだった。

スタイプ家は、引退後に草の根活動のグループであるユナイテッド・シニア・アクション（United Senior Action）でインディアナ州の高齢者の声を代弁するべくボランティアとして働くダン・スキナーに連絡を取った。ユナイテッド・シニア・アクションには、二〇〇七年の初めからインディアナ州中央部全域の個人や組織からの相談の電話が寄せられるようになった。無料食料配給所の棚は空《から》になり、非営利の慈善団体、ユナイテッド・ウェイ・オブ・アメリカ（The United Way of America）には救急の医療援助の要請の電話が殺到するようになった。スキナーはまずハワード郡で何が起こっているのか独自の調査を始めた。市長執務室、地域老人福祉機関、カトリック教会の福祉サービス、高齢者センター、非営利団体メンタル・ヘルス・アメリカ（Mental Health America）などを訪ねた。そうして発見したのは、驚くほどの数の人々が申請手続きにおいて証明などに「協力しない」という理由で福祉給付を失っていることだった。

ソフィーのケースは特に酷いとスキナーは思った。「彼女はまだ六歳で、やっと容態が良くなりかけていたところだった。手話も覚えて、歩き始めたところだったんだ！」彼は続けた。「ソフィーはようやく少しずつ経口で食べ物を摂取できるようになっていた。経口で三〇〇〇〔原文ママ〕キロカロリーを摂取できるようになったら胃瘻管を取り除くと医師団から言われていたんだ。そんな時に受給資格の証明に協力しないなんて理由でメディケイドの受給資格を奪われた」。スタイプ家から連絡を受けた時には状況はすでに切迫しており、直ちに行動に出る必要があった、とスキナーは回想する。

ダンはインディアナ州の長期的な医療問題の改善に取り組む団体、ジェネレーションズ・プロジェクトの創設者であり責任者でもあるジョン・カードウェルに電話をした。そして二人は全米退職者協会（American Association of Retired Persons）と米国退職者同盟（Alliance for Retired Americans）から彼らの仲間を募り、コネを使ってロビー活動を始め、マスコミに働きかけて緊急の記者会見を開いた。ダンはソフィーと彼女の両親をライトバンに乗せてインディアナ州会議事堂へ連れていった。「ソフィーは小さなドレスを着ていたわ」とキムは思い出しながら言った。「当時のソフィーはよくむずかってたの。いつもどこか体の具合が悪かったから」。彼らは車椅子のソフィーとともに州知事の執務機関に入っていった。「テレビカメラを後ろに従えてね」とスキナーは言う。「彼らはまったく隙を突かれた状態だった」。

一瞬、建物内で州知事のミッチ・ダニエルズが一同のそばを通り過ぎた。「彼にその気があれば、はっきり言って、僕たちの方に歩いて来ることもできた」とスキナーは思い返しながら言った。「でもさっさと脇を通り過ぎたんだ。ミッチ・ローブ〔家族福祉管理局の局長〕が一緒だった。彼らは僕たちを見ながら足を止めずに通り過ぎた」。ケヴィン・スタイプが部屋の向こうに遠ざかったダニエルズに向かって、こっちに来て自分の家族と話をして欲しいと大声で呼びかけた。だが、知事と家族福祉管理局の局長が彼らに気付く様子はなかった。「こういうことと直接関わりたくないっていう態度だったね。ワンクッション置いて欲しいってことだよ」。ケヴィンが後から推論してみせた。「誰か他の人間に仲介役をさせたかったんだ」。スキナーたちはダニエルズ知事の厚生福祉部門の政策担当部長であるローレン・ミルズに面会を求め、ミルズは面会を了承した。次の日の午後四時、ソフィーはメディケイドの受給資格を取り戻した。

被害を受けているのはソフィーの家族だけではなかった。二〇〇六年、共和党所属知事ミッチ・ダニエルズは給付の申請を簡素化し、ケースワークを民営化し、不正を発見することを多国籍の民間企業に委託する福祉の改革プログラムを始めた。ダニエルズはそれまでにも長い間、公共扶助を目の敵《かたき》にしていた。一九八七年、ロナルド・レーガン大統領の政務及び部局間問題事務局（Political and Intergovernmental Affairs）の補佐官であったダニエルズは、要扶養児童家庭扶助（ＡＦＤＣ）を廃止しようとした政治家のなかでも一際注目を集めた存在だったが、彼らの試みは失敗に終わった。二〇年近くを経て、彼は今度はインディアナで貧困家族一時扶助（TANF）を撤廃しようとした。それは政策立案ではなく、ハイテクツールを通して実現したのである。

ダニエルズ知事が行政サービスにイエローページテストを適用したのは有名な話だ。もし製品やサービスがイエローページに掲載されていれば、行政がそれを提供するべきではない、と彼は主張した。とすれば、二〇〇四年、選出後まもなくダニエルズがインディアナ有料道路、自動車管理局、そして公共扶助プログラムなどの州の公共サービスの多くを民営化しようと積極的に動き始めたのも驚きには値しない。

ダニエルズはミッチ・ローブを家族福祉管理局の局長に任命した。インディアナポリス・スター紙の紙上で、ダニエルズは、その頃アフィリエーテッド・コンピューター・サービシズ株式会社（Affiliated Computer Services/ACS）の副社長だったローブを「我々のうちの幸福に一番縁遠い人々の利益のために全力を尽くし、同様に税金をもっとも効率的に利用することにも心血を注いでいる」と褒め称えている。ローブと彼の上司は彼らの遂行すべき最初の仕事として、ダニエルズが二〇〇七年、サウス・ベンド・トリビューン紙の社説で「家族福祉管理局として知られているとんでもない官僚制度」と形容した家族福祉管理局の監査を始めた。それ以前に監査報告書が二〇〇五年六月に発表され、家族福祉管理局の職員二人が横領、福祉運用上の詐欺、その他諸々《もろもろ》の容疑で逮捕された事件があった。そのうちの一人はインディアナポリスのグレーター・フェイス・ミッショナリー・バプティスト教会の教会指導者たちと結託し、彼女自身と他の教区民の架空アカウントを作り、六万二四九七ドル分のフードスタンプや他の福祉手当を着服していたという容疑をかけられた。被告の二人の家族福祉管理局での勤続年数は合わせて四五年だった。

ダニエルズがこれを政治的に利用しないはずはなかった。公の場でのスピーチや報道発表、報告書などで、知事は繰り返し、インディアナ州の福祉制度を「修復不能なほど破綻している」だの、「無駄と不正が多く、全米でも最悪な福祉制度」と謗《そし》り続けた。ミッチ・ローブは州の各所で、制度上において手違いの発生率が高いことやそのお粗末なカスタマーサービスを挙げ、制度は州の職員の力では修復できないほど破綻していると説いて回った。二〇〇六年の初め、ダニエルズの率いる州政府は貧困家族一時扶助、フードスタンプ、メディケイドの受給資格審査過程を外部委託し、自動化するという提案依頼書を発表した。依頼書のなかで州は非常に明白な目標を掲げていた。不正を減らし、経費を削減し、福祉制度の登録簿から受給者を消していくことだった。

「州は、適切でない方針と運営が一部の受給者の福祉に依存する行動様式を助長していると認識している」と提案依頼書には綴られている。「担当企業には、福祉援助の受給資格審査や他のプログラムを利用して、受給者の福祉援助への依存性を減らし、賃金労働へと移行させることによりこの問題を解決していくことが求められる」。さらに、州は就労可能な仕事を申請者に紹介することに対する奨励や支援は与えていないにもかかわらず、提案依頼書は受給資格に適合しないケースを発見したり資格申請を却下した場合には、家族福祉管理局が余分の報奨金を支払うことを提案していた。そして、もし担当企業が「申請者の、事実と異なる申告」を発見し申請過程からふるい落とすことにより、「資格に適合しないと判断されるケースの数を減らす」など、「優れた業績を達成した暁にはそれなりの報酬を払う」と約束していた。

その頃、インディアナ州の家族福祉管理局は医療、福祉サービス、心理カウンセリングやその他の支援を利用しようとする約一〇〇万人の援助を行っていた。二〇〇六年当時の家族福祉管理局は、予算はおよそ六五億五〇〇〇万ドル、職員の数は約六五〇〇人という、相当の規模を持つ組織だった。しかしそれでもその一五年前と比べると、かなり縮小されていた。一九九一年、インディアナ州の州議会は精神保健医療、社会福祉サービスなどの部署の合併、整理を行い、その機能の多くを外注に頼る決定を下した。福祉給付資格の決定の自動化が進められる頃には、家族福祉管理局内の公務員数は半減し、予算の九二パーセントは外部の事業者に仕事を委託することに使われていた。

福祉制度の推進者、申請者、運営者、そして施政側も、すべての人間が現行の制度には深刻な問題があるという点で意見が一致していた。家族福祉管理局は資格を査定したり申請者の収入を確認する日常的な管理作業にインディアナ州福祉受給資格審査システム（Indiana Client Eligibility System/ICES）という非常に時代遅れなシステムを利用していた。カスタマーサービスの質はよく言っても、安定して良いとは言い難いといった程度だった。二〇〇五年のアンケート調査では、申請者は、申請の受理には時間がかかり、電話のシステムがうまく機能することは滅多になく、ケースワーカーに連絡を取るのは難しかったと答えていた。アメリカ合衆国農務省（U.S. Department of Agriculture/USDA）の調査によると、フードスタンプの受給申請者はプログラムからの給付を得るまでに、最高四回も郡の事務所に出向かなくてはならなかったという。ただでさえ人手の不足している現場のスタッフは申請者や受給者からの要望やどんどん溜まっていくケースファイルの書類の山を処理することができずにいた。[1]

ダニエルズ指揮下の行政府は、直接対面式のケースワークから電子デバイスを使ったコミュニケーション方式に移行することにより、さらに秩序立った効率的な運営が可能だと主張した。それだけではない、と彼らは訴えた。書類整理やデータの収集を民営の事業者に任せることにより州のケースワーカーたちの負担を軽くし、その結果ケースワーカーたちはクライアントと緊密な距離を保ちつつ、援助が行えるというのである。ダニエルズとローブの主張は説得力があり、人々はそれに耳を傾けた。

しかし、家族福祉管理局の不手際に関してダニエルズが主張した他の点の多くには異論の余地があった。一例を挙げると、インディアナ州の福祉制度がアメリカで最悪であるとのダニエルズの主張は、州内の福祉に頼る人の数の減少についての記録のみを論拠としている。一九九六年の福祉改革以後の一〇年間の間、インディアナ州の公的扶助の受給者の数の減り方が他の州よりも緩やかだったのは事実である。しかしその何年も前にインディアナ州の福祉給付の受給者の登録簿にはすでに大幅な減少が見られていた。インディアナ州福祉受給資格審査システムが導入されてから連邦政府による福祉改革が実施されるまでの三年間の間に、インディアナ州の福祉扶助の受給件数は二三パーセント減少した。ダニエルズが知事に就任した時、インディアナ州内の貧困者のほんの僅かな割合——三八パーセント——の人々が貧困家族一時扶助からの給付を受け、また受給資格のある人の七四パーセントのみがフードスタンプを受け取っていた。ダニエルズを長とする行政府は州内の受給資格審査における誤りは手に負えないほど急増していると主張していたが、家族福祉管理局の報告によれば、インディアナ州のフードスタンプの受給過程における誤りが発生する割合は全国平均と変わらない。正誤差率——実際は受給資格のない人が扶助を受給する割合を意味する——は四・四パーセントだった。そして負誤差率——実際は受給資格がある人が給付申請したものの、間違って申請を却下された割合——は一・五パーセントだった。

この時入札したのは二社のみで、アクセンチュアＬＬＣ［有限責任会社］、もう一つはインディアナ州民自給自足連合会（Hoosier Coalition for Self-Sufficiency）と名付けられた複数の会社の連合だった。この連合はＩＢＭとローブの元の勤め先であるアフィリエーテッド・コンピューター・サービシズ株式会社が主導したものだった。アクセンチュアは途中で脱落した。この件については公聴会が一度だけ開かれたのみで、その後二〇〇六年一二月二七日、州知事は、ＩＢＭとＡＣＳの連合の会社との、期間は一〇年間、一一億六〇〇〇万ドルの契約に署名した。

この契約締結を祝したプレス・リリースで、ダニエルズは以下のように宣言した。「今日我々は、福祉の無駄を一掃し、インディアナ州のもっとも助けを必要としている人々に、福祉に頼る状況を抜け出し、就職と自己尊厳の世界へと羽ばたくためのより良い機会を提供すべく一歩を踏み出した。我々はこれから、このアメリカでも最低の福祉制度をそのサービスを受ける人々にとってより良いものに、納税者や制度のために働く人々にとってはより一層公平な内容のものにするのである[2]」。ダニエルズ側によると、この、制度を最新式にするという計画は、納税者の納めた税金を節約する一方で、助けを必要とする人々、老人、障がい者が扶助を受けやすくするという。福祉扶助の受給資格の審査過程を自動化し、対面式による申請をオンラインでの申請に変え、州の各所に一極集中型のコールセンターを設置し、ACSにより運営される民営のコールセンターに一五〇〇人の州職員を「移す」ことにより、それらを達成するというのである。

ダニエルズは二〇〇七年のサウス・ベンド・トリビューン紙の論説でこの自らの民営化のプランと自動化のシステムを絶賛している。「今の福祉制度は［中略］全く弁護の余地のないほど酷いものだ」と彼は書いている。「インディアナ州の納税者にとって、この改革は行政側の分だけでも、これから一〇年の間に五億ドルという非常に多額の節約を意味する。現在非常に高い割合で起こっている過失と詐欺の数が抑えられた場合に節約できる額は、おそらく一〇億ドルを超えるだろう[3]」。その年の三月までに家族福祉管理局の人員の七〇パーセントが契約先の民営会社の各部署に転属となった。一〇月にはこのインディアナ州の受給資格審査の自動化計画はインディアナ州中央北部内の選ばれた一二の郡で試験的に開始された。

その試験的運用の最初の九週間内に一四万三八九九人が通話料無料の電話番号に問い合わせをし、二八五八人がオンラインで給付申請を行った。不具合はすぐに発生した。「電話による面接の予約システムはまったくひどい代物だった」。インディアナ州の低所得者に法律業務の援助を提供する団体であるインディアナ・リーガル・サービシズ（Indiana Legal Services）のジェイミー・アンドレはそう回想する。「午前一〇時から一二時の時間帯に電話による面接が予定されていたとする。対象者は電話をどうにか見つけ、電話がかかってくるまで待っていなくてはならない。大体待っても電話はかかってこず、かかってきたとしても一一時四五分になってやっとかかってきて［面接は］明日に延期になったと言い渡されるだけという始末だった」。

面接に備えて仕事を休んで電話を待っていた場合、明日に延期と言われても次の日も仕事を休むわけにはいかない。受けることを必須とされた電話での面接の日時として、すでに過去となった日付を指定された通知を受け取った人々もいた。また、二〇一〇年のアメリカ合衆国農務省の報告書によると、あるフードスタンプ（二〇〇八年以降は補助的栄養支援プログラム／ＳＮＡＰと呼ばれる）の受給者はコールセンターへの電話に費やす時間があまりにも長くなり、コールセンターの番号を携帯電話の料金プランの「友人と家族」の番号として登録したとある。電話での面接を受けることができなかった場合、申請者は手続きに協力しなかったという理由で受給資格審査の対象から外される。アンドレは、「とにかく、とんでもなくひどいシステムだった」と言う。

民間のコールセンターの職員は電話をかけてくる人々が直面する状況の深刻さに対処するための適切な訓練を受けていなかった。また適用可能な規則について充分な情報を与えられてもいなかった。何人かの福祉の推進活動家によると、コールセンターのオペレーターが電話中に泣き出してしまったこともあったらしい。「制度が最新化されて最初に電話で話したオペレーターのことはよく覚えているよ」。テリー・ウェストはインディアナ州中央部で福祉活動家として一五年もの長い経験を持つ人物だ。「若い女性で〔中略〕まだ仕事にしろ何にしろ経験が浅いようだった〔中略〕申請が却下されたケースがあって、それについて一時間ほど話した。〔該当する規則を〕何度も読んで聞かせたんだが、三〇分ほど話したところで彼女は泣き始めてしまった。そして言ったんだ。『私、仕事の内容が分かってないんです』ってね。本当にそう言ったんだよ。『落ち着いて。僕はケースワーカーだったんだ。僕は、こういう場合どうすべきか、君の会社の方針マニュアルを読み上げているだけなんだよ』と言っても、彼女はただ泣くばかりだったね」。

何百万という自動車免許証や社会保障番号カードのコピー、その他の申請に必要な確認書類がグラント郡に設置された集中型の書類処理センターにファックスで送られたが、そのうちの多くが紛失したため、福祉活動家たちはそのセンターを「マリオンのブラック・ホール」と呼び始めた。紛失していく確認書類の数は――それらは「インデクシング」(indexing)と呼ばれる過程においてデジタル上のケースファイルにきちんと添付されるべきだったが、されていなかった――毎月指数関数的に増えていった。裁判資料によれば、二〇〇七年一二月に適切に整理されなかった書類の数は一万一〇〇〇件強だった。二〇〇九年二月までに二八万三〇〇〇件近くの書類が消失し、二四七三パーセントの増加となった。技術的な間違いの増加はシステムの利用者の数の増加を遥かに上回った。一件の書類の紛失が一人の給付申請の却下に繋がるとすれば、その結果は非常に由々しい事態になる。

給付資格の審査にかかる時間を短縮することを意図した勤務成績の測定基準が、コールセンターの職員が各申請を時期尚早に打ち切ってしまうという反意的な結果を招いていた。申請を却下し、もう一度新たに申請し直すことを勧めれば、申請者はまたさらに三〇日から六〇日の間審査の結果を待たなくてはならないが、そうすることで仕事の適時性を向上させることができる。運営上の混乱の原因の一部は単純な間違い、情報システムの統合問題、技術的な欠陥などだった。しかし、多くの誤りはそれがどんなに些細な、または単なる不注意から生じるものであっても、新しく定められた厳格な申請過程からの逸脱は故意的に必要な手続きの順守を拒否したとみなされる、融通のきかない規則の招いたものだった。

インディアナ州の貧困者と労働者階級の人々にこの資格審査の自動化がもたらした影響は悲惨だった。二〇〇六年から二〇〇八年の間にインディアナ州はフードスタンプ、メディケイド、給付金への一〇〇万以上の申請を却下し、自動化以前の三年間と比べると、却下率は五四パーセントも増加した。

ミッシェル・「シェリー」・バーデンはココモ出身の、穏やかな話し方をする若く真面目な女性だ。彼女はこの試験的な自動化が行われた際に福祉扶助を失った。シェリーは生後六カ月の時にてんかんだと診断された。大人になる頃には一日に多い時で五回もの大発作に見舞われるようになっていた。迷走神経の刺激装置――脳のペースメーカーのようなものである――を埋め込む手術を受けたのだが、制度の最新化が図られた頃、彼女自身の言葉によれば「気が狂うような気分の悪さ」に悩まされていた。二〇〇八年の四月の終わり、彼女は家族福祉管理局から再証明通知を受け取った。彼女は八日後にその返事として山のような用紙、その他の書類をファックスで送った。六月二五日、シェリーは六月一二日付けの、メディケイドによる扶助が「受給資格を証明する手続きに協力しなかった」という理由で五日後に打ち切られると記された手紙を受け取った。

その通知はいったん昔の住所に送られていたため、配達に余計な時間がかかっていた。パニックに陥ったシェリーはコールセンターに電話をかけた。ACSの社員は彼女に、オンライン上で申請の間違いを訂正するように言った。それは上手くいかず、彼女と恋人のジェフ・スチュアートは一体何が問題なのかを確かめるため、コールセンターに再び数回電話をした。「送られてきた手紙を読んで、どうすればいいのか、どこに行けばいいのか、誰に連絡すればいいのかを知ろうとしたよ」。彼は思い出しながら言った。「でも、電話しても埒が明かなかった。人間じゃなくてコンピューターと話しているみたいだった」。

七月一一日、コールセンターのオペレーターは彼女の電話をまだマリオンに残っていた数少ない州のケースワーカーの一人に繋いでくれ、シェリーが署名が必要だった用紙の一つに署名をしていなかったと教えてくれたが、どの用紙かは教えてくれなかった。この時すでに彼女の抗てんかん薬は残り少なくなっていた。彼女は月に八〇〇ドル近くかかるこの薬をどうにか無料で手に入れる方法を見つけられなければ、激しいてんかん発作、パニック障害、めまい、不眠、目のかすみに見舞われる危険性に直面することになり、また急に薬を止めることから死に至る危険も増すという状況に陥った。

彼女は慈善団体のユナイテッド・ウェイに助けを求め、数日分の緊急用の薬を手に入れることができた。ユナイテッド・ウェイのスタッフは、シェリーが「手続きに協力しなかった」という理由により決定を下された結果に対し、すぐに異議を申し立てるようアドバイスした。七月一四日、彼女は再びマリオンのオフィスに電話をし、異議の申し立てを申請したいと言った。しかし、決定に異議を申し立てることができる期間は三〇日間であり、六月一二日になされた決定に異議を申し立てる期限は過ぎていると告げられた。家族福祉管理局による決定に異議の申し立てを行うには遅過ぎた。シェリーは再申請をしなければならなかった。

新たな審査の決定には四五日かかる。彼女の薬はあと三日分しか残されていなかった。

州知事と家族福祉管理局は受給資格審査の自動化は申請者が過程にもっと関与することと、より公平な申請過程と時宜にかなった審査決定を可能にすると受け合った。現存のケースワーカーが中心となって申請を進めるシステムの問題点は、彼らの意見によれば二重構造になっているというのである。第一に、ケースワーカーは「福祉の専門家としてのノウハウを申請者や受給者を助けるために使うのではなく」手作業で書類の処理を行い、データを収集することにより多くの時間を費やしている。第二に、時代遅れのシステムは、ケースワーカーが外部の人間と共謀し、違法に給付を獲得し、納税者の納めた税金を詐取することを可能にしている。旧システムはケースワーカーが申請者やその家族と一対一の個人的な関係を構築しながら申請過程が済むまでそのケースを担当する。新システムは「セルフ・サービス」型で、テクノロジーを重視し、コールセンターの職員に個々の家族の詳細が掲載された書類よりも、やるべき仕事のリストを渡してそれに従事させるのである。このシステムでは誰か一人が最初から終わりまでずっと同じケースを担当することはなく、申請者が通話料無料の専用番号に電話をかけると、常に新しい職員が電話に出る。ダニエルズとその配下の人々はケースワーカーと申請者や受給者との人間関係が詐欺の温床になっていると見て、新しいシステムはこのような繋がりを断ち切るように設計されていた。

家族福祉管理局は現存していたすべての記録をまとめ、インディアナポリスの中央保管施設へと移した。これらの記録書類は異議申し立ての控訴審で州が必要になる場合に備えて保管されていたが、内容が電子化されて新システムに取り込まれているわけではなかった。貧困家族一時扶助、フードスタンプもしくは補助的栄養支援プログラム、メディケイドの目下の受給者はそれまでの給付の受給期間がいかに長くても、受給資格を証明するすべての書類を再び提出しなければならなかった。「それぞれの世帯人員の証明書類――出生証明書やそれに準ずる書類――は制度の改定の前には各地域のオフィスに保管されていた。でもそれが全部無くなってしまった」。ジェイミー・アンドレは回想を続ける。「まるで、元々そこになかったように、きれいさっぱりとね。だから新制度になってからの変化の一つは受給者が全員、［聞き取り不明］な書類を再提出するように言われたことだった。一九八八年に手離した車の車両所有権証明書とかそんなものだった。もう福祉事務所に提出してそこに保管されているべきものをまた提出しろって言うんだ」。

そんな古い書類を何とか揃えて提出したとしても、書類処理センターが書類を受理し、民営の委託会社がその書類を処理する間に生じる遅れは一貫して申請者の責任にされた。ブルーミントンでメディケイド関連の法律問題を扱う弁護士のクリス・ホリーは、申請審査が自動化されていた間に彼が関わったメディケイドの申請者の資格審査の決定の九五パーセントは誤りだったと言う。ホリーによれば、誤りは彼のクライアントではなく、州や民営の委託会社に起因するものだった。「期限内に必要な書類をすべて提出したのは確かだった」。二〇一四年一二月に彼はそう断言した。「でも『手続きに協力しなかった』という理由で申請が却下されるんだ」。書類が処理されるまでには三、四日かかるが、「彼らは絶対に待たない。［期限日か］それ以前に却下する。却下されると、大体の人はシステムの方が正しいと思って、自分たちには資格がない、って諦めるんだ」。

それでも多くの申請者はそのような困難な状況のなか、健康保険や食糧援助を失うまいと抵抗した。

シェリーもそうだったが、人々はさながら粘り強い捜査を行う刑事のように何十枚にも亘る複雑な申請書類を調べ、たった一つの間違いを見つけ出そうとした。手続きに協力しなかったという通知には何の手がかりも見つからなかった。それには単に、申請には何らかの不備があるとしか明記されておらず、何が間違っているかが特記されているわけではない。書類が欠けていたのか、紛失してしまったのか、署名がされていなかったのか、筆跡が判読できなかったのか？　過失を犯したのは申請者側なのか、家族福祉管理局なのか、委託会社側なのか？　「手続きに協力しなかった、というのは便宜的な言い回しだ」。引退する前はケースワーカーとして働き、また福祉運営にも携わっていたが、現在はヴィーゴ郡に住むグレン・カードウェルはこう証言する。「それならば過失は市にも委託会社にもなく、申請者側にあることになるからね」。

旧システムにおいては、申請過程の誤りや記入漏れを防ぐのは厄介で時間のかかる作業であり、申請者とケースワーカーが協力して出生証明書、診断書、所得証明書、社会保障番号カード、賃貸料受領証などの書類を揃える必要があった。「新システムになる前は、誰かに電話をして『あの、こんな通知を受け取ったのですが、どうしたらいいでしょう？』と聞くことができた」。米国自由人権協会（American Civil Liberties Union/ACLU）の弁護士であるギャヴィン・ローズは言う。「そうすると、『私が見てみましょう。すぐにファックスで送ってください。あなたのファイルにきちんと加えておきます。これは我々が処理しますので』という答えが返ってくるのが普通だった」。自動化の前は「手続きに協力しなかった」という理由での申請の却下は受給資格審査の過程に協力することを能動的に拒否する数少ない申請者に対し、ケースワーカーが懲戒措置として使う最後の手段だった。自動化の後はその理由はそれにより生じる付帯的損害が何であれ、福祉扶助の受給者名簿を切り刻むチェーンソーのような役割をする決まり文句になってしまった。

シェリー・バーデンは、彼女が自分の人生の中でもっとも混迷と恐怖に満ちた時期の一つだと記憶する日々についてあまり語りたがらなかった。結局、彼女は自分が署名をするのを忘れていた、たった一つの箇所を見つけた。「申請書類を一枚ずつ見直していかなきゃならなかったのよ」とシェリーは言った。「いつも申請書類はコピーを取ることにしてたの。見返してみると、一つ質問を飛ばしていた。ただそれだけで資格を剥奪されたのよ」。二〇一五年に話を聞いた時、シェリーはその時のことを、生命の危険に晒された状況のなかで、完全に孤独で一人ぼっちだと感じていたと記憶していた。「充分な情報も与えられなかったわ」。彼女は言った。「以前のようにソーシャルワーカーの助けも借りられなかった。自分一人で問題を解決しろっていうわけよ」。

しかし、シェリーは確かに頭が良く粘り強い女性だが、自分一人でこの難局を乗り切ったわけではなかった。活動家のダン・スキナーの助けを借り、家族福祉管理局につてのあったスキナーのお陰で解決を早めることができた。彼女の恋人も、まるでそれがもう一つの仕事であるかのように、この苦境を打開すべく果敢に行動した。ユナイテッド・ウェイも助言と支援を与え、彼女に手を貸した。バーデンの受給資格は一月一七日に元に戻った。彼女は無事、薬がすべてなくなる前に新しい薬を手に入れ、生命の危険は去った。それから七年が経って体調も安定し、彼女はウォール・マートで働いていた。「今は本当に元気にしてるのよ」。彼女は言った。「実はまた働けるようになったの。自分の人生が価値のあるものだと感じられるようになったわ」。

多くの人はシェリーほど幸運ではなかった。「僕たち弁護士は、状況を改善できる人々との繋がりを持っている」とクリス・ホリーは言う。「でも助けを必要としている、ごく普通の善良な人たちはどうかな？　一番打撃を受けたのはそういう人たちだよ」。家族福祉管理局に三〇年近く勤め、今は引退しているが、元ケースワーカーだったジェーン・ポーター・グレシャムもそれに賛同する。「私たちのなかで一番脆弱な立場にある人々、食べるもののない子供たちや治療を必要とする子供たちの親、障がいを持ち自分たちの要求を主張できない人々、一番ひどい痛手を被ったのはそういう人たちだったのよ」。

　ウィンドフォールに住むリンゼイ・キドウェルもこの実験的な自動化の実施期間中に福祉の給付を失った一人だった。長男のマドックスを出産して六カ月後の二〇〇八年一二月、リンゼイはフードスタンプあるいは補助的栄養支援プログラム、そしてインディアナ州の低所得者のうち、子供を養育中の親、妊婦、子供のためのメディケイド・プログラムであるフージャー［訳注：Hoosier はインディアナ州民のニックネーム］・ヘルスワイズの再認定が行われると知らされた。一二月一〇日、彼女はマリオンのコールセンターの職員と電話での面談を済ませ、その際にその職員からどんな書類が再申請に必要かを教えられた。必要な書類の一つが彼女のパートナー、ジャック・ウィリアムズの給与明細だった。ジャックはバックホーン・レストラン・アンド・ラウンジで働いており、週に約四〇〇ドルの課税前の収入があった。ジャックの給与は銀行小切手で支払われており給与明細がなかったため、一二月一九日、リンゼイは給与明細以外の必要書類のすべてを書類処理センターにファックスで送った。ジャックの職場の上司は彼の給与額をどのように証明すればよいのかを聞くために書類処理センターに電話をした。一二月二三日、上司は指示された通りに給与額を明記した小切手のリストを作成し、ファックスで書類処理センターに送った。

　一月二日、リンゼイは彼女のメディケイドの扶助が打ち切られたため、その少し前に受けた産後の検診にかかった二四六ドルの受診料を自費で払うようにと記された医療費の請求書を受け取った。一月四日、リンゼイが食料品の買い物に出かけると、彼女のＥＢＴカード――フードスタンプあるいは補助的栄養支援プログラムからの給付を受け取り、デビットカードのように支払いに使うことができる――は使用できなくなっていた。一月一五日、彼女は家族福祉管理局から手紙を受け取った。それには以下のように書かれていた。

---

送付年月日：二〇〇九年一月一三日
リンゼイ・Ｋ・キドウェル様
FS01（XD）
あなたの二〇〇八年一二月一〇日付けのフードスタンプの受給申請は承認されませんでした。給付を受給できないのは以下の理由からです。
――法律あるいは規制に則り、収入の証明に協力しなかったため
7CFR273.2（d）
・・・
MA C 01（MI）
あなたへのフージャー・ヘルスワイズからの助成は二〇〇九年一月三一日付で打ち切られます。打ち切りは以下の理由によるものです。
――法律あるいは規制に則り、収入の証明に協力しなかったため
470IAC2.1-1-2

一週間後、「不足の」書類を提出するための一三日の猶予期間にはまだ余裕があったが、リンゼイはティプトン郡の家族福祉管理局の事務所に赴き、より詳細できちんとした給与のリストと、ジャックが受け取った銀行小切手の最新の三枚のコピーを提出した。

リンゼイは給与の明細と支払済の小切手に「受理済」のハンコを押してもらい、それをコピーしてもらった。リンゼイは、職員がそれらの書類をスキャンし、それらがデジタル化されてパソコン上に情報として取り込まれるのをじっと見守り、その書類が書類処理センターに受理されたことを証明する「スキャン終了済」と書かれた通知用紙のコピーも貰っておいた。彼女はまた、「証明に協力しなかった」という理由のために申請が却下された今回の決定に異議の申し立てを行った。いったん公正な審理が始められれば、彼女のフードスタンプないし補助的栄養支援プログラムは、審判官が彼女の給付を止めるという決定が正しかったのか正しくなかったのかという裁決を下すまでは元通りに使えるようになるはずだった。

ティプトン郡の職員はリンゼイに異議申し立てをするよりも給付の再申請を行うように勧めた。職員はその方が手っ取り早く、簡単だと言い張った。リンゼイは断った。彼女は再申請などしたくなかった。彼女は家族福祉管理局の決定は間違っていると思っていたし、それに異議を唱えたかった。

三週間後、リンゼイのところに若い男性から電話がかかってきた。彼はメディケイドの件についての審問が開かれる旨が書かれた通知が近日中に郵便で彼女の元に送られてくることを知らせてきた。それから彼女に申し立てを取り下げるようにと言い始めた。自分はコンピューター内の情報をチェックしている、と彼は言った。リンゼイはジャックの給与に関する情報を提出しなかった、だからきっと裁判では彼女の言い分は認められないだろう、と彼は続けた。しかしリンゼイは「受理済」のハンコが押された、ジャックの給与支払いの情報を記した書類のコピーを持っていた。彼女は支払済の小切手と、スキャンが終了したという確認の用紙も持っていた。だからコンピューター上で提出しなかったとされているのは何かの間違いだと主張した。しかしそんなことは助けにならなかった。リンゼイはその男性が電話口でこう言い切ったのを覚えている。「最近の給与の情報に関する書類はコンピューターのどこにも見当たらないですね。裁判官はただコンピューターを見てこれを確認したら、あなたの受給資格はないと判断するでしょう」。

一九六〇年から七〇年代にかけて盛んだった福祉権運動がもたらしたもっとも大きな成果の一つは、福祉扶助を、与える側の気まぐれで受給者に与えられたり剥奪されたりする慈善ではなく、受給者の所有する個人的権利だと捉え直したことだろう。運動家たちは福祉運営側の決定に異議を申し立てたり、いわゆる公正な審理という公平な法の手続きを経ることを要求したりして、公共の援助に不公平な介入がなされることに反対し、大きな成功を収めた。

一九六八年、ニューヨーク州で適正な法手続きを与えられなかった八人が集団訴訟に踏み切り、それはゴールドバーグ対ケリー訴訟として最高裁まで持ち込まれた裁判へと発展した。この記念碑的な裁判は、すべての福祉扶助の受給者は、それまでの給付が打ち切られる前に予備審問の過程――それには時宜を得た適正な通知、訴えと対立する証拠の公開、偏見のない裁判官による審議、証人への反対審問、法的代理人を付ける権利などが含まれる――を終える権利があるということを明白にした。

公共福祉扶助を、施される慈善というより所有すべき権利として捉え直すことで、福祉権運動は公共扶助の受給者が合衆国憲法修正第一四条により適正な法手続きを保障されているという考えを確立させた。ウィリアム・ブレナン判事も説明しているように、この裁判の審議は、援助が突然断たれることにより貧しい人々が生存の術だけでなく行政府による決定に適正に異議を唱える術まで奪われるという理解にかかっていた。「建国の昔から、この国の基本的な公約はその領土内のすべての人々の尊厳と安寧を育むことだった」とブレナンは書いている。「ということは、公共援助は単なる慈善ではなく『我々自身、そして我々の繁栄のために公共の福祉を促進し、自由の恩恵を保障する』ための手段なのである」[4]。

インディアナ州の自動化のシステムにより生じた広範囲に及ぶ、そして根本的な変化を見れば、そのシステムがやがて、過去のゴールドバーグ対ケリー訴訟により保障された、貧困者にも適正な法手続きを経る権利があるという問題にぶち当たることになるのは明らかだった。メディケイド、フードスタンプないし補助的栄養支援プログラムからの給付を、手続きに協力しなかったという理由で却下されたインディアナ州中央北部在住の十数人以上の市民の代理人として米国自由人権協会インディアナ州支部に所属する弁護士であるギャビン・ローズとジャクリーン・ボウイー・スースにより、パーデュー対マーフィー訴訟という集団訴訟が提起された。その訴訟は自動化システムにおいて適正な法手続きの機会が与えられてないことをはっきりと抗議するものだった。

米国自由人権協会は「手続きに協力しなかった」という表現は曖昧過ぎ、申請者たちに送られてきた通知は適切なものではない、またケースワーカーが不在である新システムは障がい者の公共のプログラムへの公平なアクセスを阻害するものであると主張した。また、公正な審理を受けることは誤って申請を却下された申請者にとって最後の手段であるが、それを新システムが意図的にますます難しいものにしていると申し立てた。コールセンターの職員は行政法に基づく手順よりも自動化システムによる決定を常に優先させ、決定に対する不服の申し立てよりも再申請を勧め、申請者に彼らの持つ権利についてきちんと説明を行っていなかった。申請者は不当に扱われてもそれを是正するために訴える場所がないと感じていた。

下級裁判所での裁判は米国自由人権協会側に有利に進み、最終的にパーデュー対マーフィー訴訟はインディアナ州最高裁判所に持ち越された。最高裁は州側の「手続きに協力しなかった」という通知は憲法違反であり、申請者たちは適正な法手続きによる適切な保護を与えられなかったという見方を示した。しかしながら、インディアナ州の最高裁は下級裁判所での決定を覆し、州側に「手続きに協力しなかった」という理由で申請を却下する権利があるとした。その根拠は、「手続きに協力しなかった」というのはある時点で「手続きを拒んだ」と同じことになるというのである。この訴訟のために家族福祉管理局はもっと詳細で具体的な理由を記した通知を作成しなければならなくなったが、それでもこれがインディアナ州の受給資格審査の過程を以前のように個々のケースにケースワーカーがより細やかな配慮をするような状態に戻すことや、受給者を排斥する目的のために「手続きに協力しなかった」という言い回しを使うことを禁じることにはならなかった。

「裁判官はただコンピューターを見て［中略］あなたの受給資格はないと判断するでしょう」。コールセンターのオペレーターは二〇〇九年二月にリンゼイ・キドウェルにこう言い放った。その言葉はリンゼイにとってまさしく悪夢だった。給与に関する然るべき情報を全部提出したことを証明するスタンプの押された用紙を持ってはいたが、それでも彼女の意志はぐらついた。異議申し立てを取り下げるべきだろうか？　もし裁判で負ければ、決定が為されるまでの間に受け取ったすべての給付――それは数カ月分もの食費と医療費を意味した――を返納しなければならなかった。

リンゼイは自分の方に道理があることは確信していたが、裁判に勝つという保証など、どこにもなかった。もし裁判に負ければ幼い子供を抱え、今まで以上の負債を背負うことになる。リンゼイは、異議申し立てを続けるかどうかを決める前に相談員と話すことはできるかと電話口でその男性に聞いた。彼は言った。「だめです。今すぐ決めてください。するんですか、しないんですか？」勇気を振り絞って、自分は公平な審議を望んでいると再びはっきり伝えた。

男性は一方的に電話を切った。

リンゼイは異議申し立ての実際の手続きは非常に単純だったと記憶している。「申し立ての場に私も行ったの」。彼女は二〇一七年に私が話を聞いた時にそう言った。「向こうはとにかく自分たちが間違いを犯したと認めたのよ。こっちは何も払わなくていいって」。彼女の家族はプログラムのすべての受給資格を満たしていたということで、フージャー・ヘルスワイズとフードスタンプの給付は元通り支給されることが正式に認められたのだった。

しかし、この家族福祉管理局との一件は今も彼女の人生に暗い影を落としていた。自動化が導入されてからの一〇年近く、彼女の家族は福祉扶助を受けずに生活してきた。その後、彼女は離婚を経験した。私が二〇一七年に彼女と話した時、彼女はおそらく自分には家族福祉管理局から扶助を受給する資格があると理解していた。「多分これからも状況は厳しいと思うのよ」。「シングルマザーだし。フルタイムで働いていても、それで切り抜けられない時もあるでしょう」。自動化の時の経験から、彼女は再び扶助の受給申請をするのをためらっていた。「簡単には申し込めないわ。もし今申請すれば、多分給付はもらえるでしょうけど、でもあんなふうに却下された経験があるから……私、泣いたのよ。やれと言われたことは全部やったわ。あんなストレスにさらされてまで給付を受ける価値があるかどうか分からない」。

インディアナ州には、貧困家族一時扶助、フードスタンプないし補助的栄養支援プログラム、メディケイドの申請者以外にも福祉扶助の受給資格の決定が自動化されたことで影響を受けた人々が他にもいた。二〇一五年三月に私がフォートトウェインに赴いたのもそれが理由だった。インディアナ州の実験的な自動化の実施によりケースワーカーたちがどんな経験をしたのか、話を聞くためだった。

フォートウェインはインディアナ州第二の都市で州の北東部にあり、オハイオ州から西へ約二九キロ、ミシガン州から南に約八〇キロの地点に位置している。元々はゼネラルエレクトリック社とインターナショナルハーベスター社の工場があったが、それらは一九七〇年代から一九八〇年代にかけて閉鎖あるいはかなりの規模の縮小の憂き目にあった。その日の午後の最初の約束に車で向かう途中、私は全国郵便配達員連合の地方本部や、種類の豊富な特製サルサと店で瓶詰めにしているホットソースが自慢の『ジョージのインターナショナル・マーケット』、「ビールが好きならクラクションを鳴らせ！」と書かれた看板を誇らしげに上げている『アンクル・ルーのスティール・ミル・タヴァーン』などといった店の前を通り過ぎた。線路を横切り、先日起こった洪水のため水量の増しているセントマリー川を渡って、私の運転する車は慎ましい佇まいの二階建ての家が立ち並ぶ住宅街に入っていった。

ジェーン・ポーター・グレシャムが彼女の小綺麗な白い家に私を招き入れてくれた。私たちは家の表に面した客間の青いベルベットのソファに腰を下ろした。グレシャムの木製の十字架のペンダントトップはブルーのTシャツとお揃いのカーディガンの上で鮮やかに引き立って見えた。グレシャムは一九八五年から二六年間、自動化が始まってまだ日が浅い二〇一一年に引退するまで家族福祉管理局に勤務していた。辞めてから四年の月日が経っていたが、話しているとなおも怒りと不満が彼女の丸い顔に見え隠れするのが見て取れた。「[家族福祉管理局に]初めて来た人はすぐ分かるわ。恐怖が目に表れているの。何をさせられるんだろうって恐怖。みんな言うのよ。『よもや自分がこんなところに来る羽目になるなんて思いもしなかった』ってね。彼らは制度を不正に利用しようだなんて思っていない。ただ、他に頼るところがどこにもないのよ。公務員として、給付を受ける資格のある人々がそれにふさわしい給付を確実に受けられるようにするのが私たちの仕事なの」。

長年の経験と熟練を持つグレシャムは、アレン郡で自動化が始まった後も解雇されることなく、州職員としての仕事を続けることができた。しかし新しいシステムの下で彼女が抱えるのは個々のケースではなかった。その代わり、ワークフロー管理システム（Workflow Management System/WFMS）によりあてがわれる仕事に従事することになった。仕事は一五〇〇〇人の新しいアフィリエーテッド・コンピューター・サービシズ株式会社の従業員と、今や「州所属の受給資格コンサルタント」と呼ばれる、自動化後も残った六八二人の州職員に無作為に振り分けられた。

州知事は自動化によって仕事を失う州職員は一人も出ない、また給料も据え置きか昇給のどちらかであると約束していた。しかし現実には、アフィリエーテッド・コンピューター・サービシズ株式会社が運営に参入することになってから、州職員の退職や離職が相次いだ。州職員にしてみれば、今まで従事していた仕事、なかにはそれまで何十年も従事していた仕事に再度応募し、犯罪歴の有無や麻薬検査の結果を提出してやっとそれを維持したとしても、職場は今まで慣れ親しんだ馴染みの郡の事務所ではなく地方のコールセンターに変えられていたりするのである。もしも新しい職場がそれまでの職場からおよそ八〇キロ以上離れていた場合は引っ越し手当を支給されるとのことだったが、多くの人は不安定な新しい役職のために今までの暮らしを捨てることを望まなかった。

資格審査の自動化の下では、ある一つのケースを「担当」したり監督したりする職員は一人もいなかった。職員はワークフロー管理システムのなかで、振り分けられた仕事を順次こなしていくことを要求されていた。申請は申請者が居住する郡で処理される訳ではなかった。新しいシステムでは、どの職員もあらゆる郡のあらゆる申請者からの電話に答えることになる。電話をかけてくる人の地元の状況について何の知識がなくても、である。「州内のあらゆるところから電話がかかってきたわ」とグレシャムは言った。「そういう電話を受けるようになるまで、［インディアナ州南東部にある］フロイド・ノブスなんて場所、聞いたこともなかったわよ！　その地域でどんなサービスが受けられるかなんてまったく分からなかったわ」。

ケースワークを減らし、それぞれにやるべき仕事を課すシステムは職員にとっても申請者や受給者にとっても非人間的だ、とグレシャムは言う。「まるで工場で働くようなものよ。もしも工場で働きたかったなら最初から工場に就職していたわ。［中略］私たち職員はとにかく仕事を捌くことを求められていたの。そんなの、申請者の話をいちいち聞いていたらできないわよね」。その長いキャリアの中でグレシャムが見てきた人々の大部分は傷を負った人々だった。その原因は洪水や火事、病気や事故、家庭内暴力、あるいは長く続く失業だったりした。「トラウマを経験してきた人々は、状況がこれから良くなるんだという希望が欲しいのよ。誰かが自分のことを気にかけてくれている、一人で苦しみに耐えなくてもいいんだという希望がね」。そう彼女は言った。「それが私たちケースワーカーが［自動化の前に］してきたことだと思うの。私たちはあの人たちの話に耳を傾け、その話を基に、状況が改善するように行動を取った」。

「僕たちは割り当てられた仕事をこなすことに束縛される奴隷のようになってしまった」と、フレッド・ギルバートは言った。彼は難民の援助を専門とする職員として家族福祉管理局に三〇年間勤務していた。「他のどんな民営のコールセンターの職員と同じようにね。それは『否定できない現実』だ。でも福祉制度というのは本来非常に複雑なものだ。ケースワーカーは混乱の中を切り抜けようとする人々を助けるのが仕事なんだから」。

州知事と、IBMとアフィリエーテッド・コンピューター・サービシズ株式会社の連合は皆、より時宜にかなった審査決定とより効率的な資金の運用、より良いカスタマーサービスを請け合っていた。しかし、ケースワーカーたちは頻発する技術的な問題、怒涛の如く多発するミスに直面し、そのために申請の遅延や打ち切りが相次ぎ、また委託会社の職員はろくな訓練を受けていなかったためにトラブルを起こし、それを残っていた公務員たちに丸投げするという状況が続いていた。アフィリエーテッド・コンピューター・サービシズ株式会社の職員が犯したミスは是正のために州職員たちに回され、長年勤めてきて自動化の後も職場に残った数少ない州職員たちに過重な仕事量を課すことになり、それは雪だるま式にどんどん溜まっていった。

二〇〇九年の夏までに、事態は三万二〇〇〇件近くもの未処理のケースと、六五〇〇名もの異議申し立ての開始を待つ人々を抱えるまでになった。その月間管理報告書に照らすと、家族福祉管理局はフードスタンプの資格審査における誤差率が際立って高いことをアメリカ合衆国農務省に報告している。二〇〇六年から二〇〇八年までの間に全部の誤差率は五・九パーセントから一九・四パーセントと三倍以上になった。その増加の大部分は負誤差率で、一二・二パーセントのフードスタンプの申請者が受給資格があるにもかかわらず、誤った審査のため認められなかった。フードスタンプの受給が決定するまでに時間がかかりすぎるため、アメリカ合衆国農務省の注意を呼び、州に対して罰金が科せられる可能性があるという警告を受けていた。

契約の基本的な要件を満たすために多くの申請を速やかに処理しなければならないというプレッシャーと、未処理のケースがどんどんと溜まっていく状況が合わさり、大量の申請の不認可を生み出した。扶助を認められなかった人々にコールセンターの職員たちは、「ただ再申請をする」ようにと言うのが常習的なやり方になっていった。フレッド・ギルバートは振り返って言う。「規則はますますシビアになっていった。もし〔申請者が〕何かを同封するのを忘れたとする、三〇枚の書類のうちの一枚なんかをね。そうしたらそのケースは打ち切りだ。理由は『手続きに協力しなかった』だよ。誰かを助けるために労力を割くことができないようになっているシステムなんだ」。

グレシャムの居間に場面を戻そう。ジェーン・ポーター・グレシャムは過去を思い返すように話し始めた。「まもなく、もし給付を遅延なしに受け取りたいなら、〔直接〕事務所に行くといい、そうすれば対面式の面接の予約を貰えるからという話が広まりだしたの」。彼女はこう続けた。「それを知った人々が事務所に殺到したわ。事務所の全員がてんやわんやだった。〔中略〕言われていたようにオフィスの規模や賃料を節約することになんかならなかった。人員も節約することにはならなかった。〔中略〕終わり頃にはすべてが泥沼状態だったわ」。

グレシャムは優秀な職員たちが憔悴していくのを目の当たりにし、また同時に自らの健康も損なっていった。「職場の士気はもう最低だった。安心材料も、連帯感もそこにはなかった。頼りになるのは自分だけ」。彼女は物憂げに言った。「最後の方は、この仕事が自分の健康にも、他人や家族との関係にも影響を落としていると感じていたわ。私は職場に最後まで残った職員の一人だった」。

家族福祉管理局が頼りにならないとして、インディアナ州の貧困者や労働者階級の家庭の人々は地元の役所、ボランティア、そして仲間同士、お互いに助けの手を求めた。援助を得ようと必死に試みる人々が列を成す光景を目の前にしても、州の事務所は依然として非協力的で、民営のコールセンターの従業員はそんな人々を顧みることもなかった。そんな状況に際し、インディアナの人々は立ち上がった。その抵抗の最前線の一つになったのがインディアナ州のマンシーという都市だった。最初に自動化の実験的な試みが行われた地域の最大の都市がこのマンシーだった。

「典型的なアメリカの中流都市」を横目に州道の三二号線を辿って行くと、近年のマンシーの産業の移り変わりを見て取れる車窓観光が体験できる。西側から市内に入ったところには、今は使われていないボルグ・ワーナー社（自動車メーカー）の約九万三〇〇〇平方メートルもの工場跡がまるで亡霊のように佇んでいる。一九五〇年代にはフォード社のトラックのトランスミッションの組み立て作業に五〇〇〇人もの従業員を雇っていたが、工場は二〇〇九年に閉鎖された。そこから約三キロほど行くと右手に見えてくるのがアスファルトで舗装された広大なジェネラル・モーターズの工場の跡地である。一九六〇年代のマッスルカーに搭載された四速のトランスミッション、「ロック・クラッシャー（砕岩機）」の異名を取る有名なマンシーM-22を製作していた工場だったが、ここも二〇〇六年に閉鎖された。私がマンシーを訪れた二〇一五年、デラウェア郡のセンター郡区（township）の管理事務局の求人掲示板には園芸業、用務員、食品業、ペプシコーラの配達など、一握りの求人情報しか見当たらなかった。

インディアナ州はそれぞれ約一五五〇万平方メートル相当の広さの一〇〇八の郡区に分けられ、それぞれの郡区の行政事務局は固定資産税により財政が賄われ、郡区の評議会と選出された役員により運営されている。それぞれの行政体系は郡区により多少異なるが、その主要な役割の一つは地元の貧困者への支援だ。二〇〇七年一〇月の受給資格審査の自動化の開始のほとんど直後から、その自動化のシステムの失敗はデラウェア郡の管理事務局を混乱に陥れた。「みんな打ちのめされていたわ」。主幹ケース・コーディネーターのキム・マーフィーは言った。「もう、どうしていいか途方に暮れているって感じだった」。マンシーに住む多くの家族はすでに相次ぐ工場の閉鎖のために痛手を負っていたが、今やフードスタンプ、現金給付の援助、そしてメディケイドからも見放されようとしていた。「みんな混乱していた。そして、どこに助けを求めていいかも分からなかったのよ」と言うのはセンター郡区の評議員、マリリン・「ケイ」・ウォーカーだ。「ケースごとの管理や、援助を求めてやって来る人々との個人的な繋がり、事務所間の連絡もなかった。唯一あるのはかつてないほどの混乱状態だった」。

マンシー・スター・プレス紙によると、二〇〇八年の二月までにデラウェア郡のフードスタンプの受給家庭数は七・四七パーセントの減少を見たが、その一方で食料援助を受ける家庭の数はインディアナ州全体で四パーセント増加している。ライフストリーム211（LifeStream211）というインディアナ州のホットラインサービスにかかる貧困者のための無料食料配給所についての問い合わせの電話は二倍に増えた。中央インディアナ東部のセカンドハーベストフードバンクは深刻な在庫不足に悩まされていた。市営の墓地では困窮した人々が葬式費用が払えず、費用の滞納が数千ドルに上る事態になっていた。

他のどこの地域でも同じことだったが、新しいオンラインシステムを使って申請するように推奨されていても、マンシーの低所得家庭はインターネットを恒常的に利用できない状況にあった。申請者の大多数は、オンラインで申請をするには地元の図書館や無料食料配給所、診療所などのコミュニティ内の公共サービスに頼らざるを得なかった。家族福祉管理局はコミュニティ内の機関がボランタリー・コミュニティ・アシスタンス・ネットワーク（Voluntary Community Assistance Network/V-CAN）に加わって新しいシステムを支援できるよう積極的に参加を募った。

マンシーの市民が公共扶助を得るために申請ができるよう、オフィスにあるコンピューターの使用とスタッフの助けを請われた際、ウォーカーは抵抗した。「彼らがそれを予定していることが公表された時、私は『悪いけど、絶対駄目だわ！　それは無理！』と思ったわ。彼らは彼らがすべき仕事を他のあらゆる組織に押し付けようとしていたのよ」。彼女はそう回想する。「私たちはその時抱えている仕事でもうすでに過重な状態だったし」。ウォーカーはファックスを送らなければならない人々や電話での面談が必要な人々にオフィスを解放し、さらにスタッフは申請者を助けるため余分な労力を惜しまなかったが、ボランタリー・コミュニティ・アシスタンス・ネットワーク（V-CAN）の一部になることは断った。「本来なら家族福祉管理局がするべき仕事を私たちが負担するのは筋違いだと思ったの」。

公共の図書館はこの自動化プロジェクトの影響を著しく受けた施設だった。「何とか助けを得ようと必死な思いでやって来た人々が図書館の前に列を作っていたわ」と言うのはマンシーの公共図書館の元館長で、今は引退しているジニー・ニレスだ。ボランタリー・コミュニティ・アシスタンス・ネットワークに参加し、そのパートナーになってもほとんど、あるいはまったく報酬は払われず、仕事のための訓練も、ボランティアのケースワークのような活動の指導も受けられなかった。図書館員がコミュニティ内のボランティアの人々にトレーニングを施し、図書館の利用者が福祉扶助の申請を提出する手助けができるようにしたが、すぐに図書館では手一杯になった。予算削減のために開館時間を短縮し人員も削減することになった時、状況はますます悪化した。

図書館のスタッフとボランティアの人々の働きは素晴らしかった、とニレスは言うが、深刻な問題もあった。「守秘義務は図書館員にとって、すごく重大なものよ。申請用紙にはとても個人的な質問があるわ。申請者がパソコンを使えない場合、私たちが社会保障番号や、精神衛生や身体上の健康についてなどの質問を読み上げ、申請者に答えてもらわなければならなくなる。ボランティアの人々は素晴らしいわよ。でもお金を支払って仕事をしてもらう場合には、そこに責任が伴ってくるでしょう。ボランティアだと、説明責任が問題になってくるのよ」。

「地元の施設や団体は酷い目に遭ったね」とジェネレーション・プロジェクトのジョン・カードウェルは言う。カードウェルは自動化の全経過を通じて、地元の非営利団体と緊密な連携を保っていた。「しわ寄せを受けたのは彼らだった。彼らはそうする義務はなかったのに、数千人の人々を助けた。人々が給付を元通り受けられるように、まるで先を争うように助けに走った。困っていたのは彼らが知っている人々だった。その人々が医療や食料を得られないという窮状を放っておける訳はなかったんだ」。

システムがうまく作動せず助けを必要とするケースが増加していき、州からの援助が得られないことを受けて、公共扶助の受給者、コミュニティ内の各団体や各評議員の事務所が組織的に動き出した。憂慮するインディアナ州民の会（Concerned Hoosiers）というグループが家族福祉管理局やアフィリエーテッド・コンピューター・サービシズ株式会社の職員が自動化のシステムにおいて自分たちがどんな経験をしたかを分かち合えるウェブサイトを立ち上げた。インディアナ州在宅医療特別委員会（Indiana Home Care Task Force）というグループは、この実験的な自動化の実施によりどのような影響が出ているかについて記者会見を行い、また自動化によって被った被害を元に戻すためのモデル法案を作成してみせた。サービスを供給する側、活動家、福祉扶助の受給者が一丸となり、福祉の民営化による問題委員会（Committee on Welfare Privatization Issues）と名付けた小委員会を結成し、給付の打ち切りに直面した受給者のケースに緊急的な介入を行ったり、インディアナ州の家庭に実際にどのような影響がもたらされたかを見せるプレス・ツアーを企画したり、IBMとアフィリエーテッド・コンピューター・サービシズ株式会社の連合との契約を終了し、自動化の本格的な展開を中止させるよう、政策立案者への働きかけを強化するキャンペーンを開始した。フージャー（インディアナ州民）特有のユーモアを発揮して、この小委員会の頭文字を組み合わせてカウパイ［訳注：COWPI――牛糞の意味］と読み、州民がこの新システムをどのように思っているかを知らしめた。

福祉の最新化を議題にした地域住民集会は州各地で開催された。二〇〇八年四月にアンダーソンで開催されたのを皮切りに、マンシー、ブルーミントン、テレ・ホート、ココモと続いた。もっとも大きな成功を収めたの集会の一つが二〇〇八年五月一三日にマンシー・ピープルズ・タウンホールで開かれた集会だった。集会はウォーカーとマーフィーが企画し、彼らの巧みな計画が功を奏した。彼らは集会を知らせるビラを印刷し、福祉サービスの事務所、コンビニエンスストア、図書館などに置いた。ダラー・ツリー［訳注：日本の一〇〇円ショップのような店］には、客の購入物にビラを同封してもらうよう頼んだ。そして集会の開催をセカンド・ハーベスト・フードバンクによる無料の食料配布時と重なるように設定した。彼らはまた州議会上院議員のスー・エリントン、ティム・ラナン、そして州議会下院議員のデニス・タイラーなど、地元の議員を招待し、彼らは実際に影響を受けたコミュニティの人々の何時間にも亘る証言に耳を傾けた。ウォーカーとマーフィーはミッチ・ローブも招待したが、当初ローブは来場を渋っていた。しかし集会の開催が近づくと、ローブは思い直し、ウォーカーに集会の参加者が申請上の問題をその場で解決できるよう、ケースワーカーの一団と八台のコンピューター、一台のコピー機をおけるスペースを会場内に設けられるように頼んできた。

集会には五〇〇人以上が参加した。電話をしても誰も応答に出ない、提出した書類は行方が分からなくなり、確固とした理由もなく給付を断られるなど、そのような証言をする公共扶助の受給者たちの多さは会場の端から端まで列を作れるほどだった。マンシー在住のメリンダ・ジョーンズは癌と闘いながら一〇カ月の娘を育てていたが、メディケイドとフードスタンプの受給資格を守ろうと闘っている最中だった。「娘に食べさせる食料を買うために家族に頼み込んで借金をしなければなりませんでした」と彼女は言った。「子供たちをこんな状況に置いておくなんてまったく馬鹿げています」。

クリスティーナ・キングは糖尿病を患いつつ働く、三人の子供の母親だったが、今回の制度の変化とともにメディケイドの資格を失った。彼女は費用が払えないため七カ月の間インシュリン注射を受けられず、血糖値をコントロールできずに、発作や昏睡に陥る危険に晒されることになった。「私の七歳の子供が部屋に入って来てもベッドから起き上がることさえできないなんて、これ以上悲惨なことがあるでしょうか?」と彼女は問いかける。「薬が服用できず、私は集中治療室で二日間過ごしました。病気のために肝臓がダメージを受ける危険がありますし、目も危ない状態です。でも毎朝起きて仕事に行っています。子供たちに『体制に頼っていては駄目だ』ってことを見せるのが大事だと思っているから。私は施し物じゃなくて、ただこれを乗り切るための助けが必要なんです。今、私は一人で三人の子供を育てています。子供たちには『私のようになっちゃ駄目よ。もっと良い人生を歩みなさい』って分からせるようにしているんです」。

聴覚や視覚、その他の身体的障がい、あるいは精神衛生上の問題を持った申請者や受給者の受けた被害は特に大きかった。「私は聴覚障がいがあります。どうやって電話で面談なんてできるでしょう?」ディオナ・マクガークは手話通訳士を通じてそう問いかけた。「私は［コールセンターのオペレーターに］

聴覚障がい者用のテレコミュニケーションリレーサービスを使うように言ったんです。そうしたら向こうはリレーサービスが何か知らなかったんですよ」。オペレーターが、彼女が公共のサービスの申請を行うには誰かに助けてもらう必要があると言うと、彼女はこう答えた。「いいえ。私は自分で質問に答えることができます。あなたは聴覚障がい者を差別しているわ」。

マンシーのタウンホールでの集会の翌日、州議会下院議員のデニス・タイラーは自分の同僚であるインディアナ州議会下院議員たちに、自動化システムにおいて今起こっている問題を話し合うための夏季総会を開くべきだと呼びかける手紙を出した。「インディアナ州は現在、州としてやるべき仕事をやっていない」とタイラーはニュース番組、ニュースリンク・インディアナのジョー・サーマクに言った。「このシステムが人々を苦境に貶めるために設定されたとは考えたくないが、このように酷い状態になってしまった今、一体これをどう捉えたらいいと言うんだ?」その数日後の五月一九日、ＩＢＭとアフィリエーテッド・コンピューター・サービシズ株式会社の連合は家族福祉管理局からの認可を得て、自動化システムはさらにインディアナ州北東部と南西部の二〇以上の郡で実施されることとなった。

新制度の実施は九二あるインディアナ州全体の郡のうち五九の郡に及び、州全体の取扱件数の半数に僅かに満たない四三万の福祉サービス利用者がその対象となった。五月三〇日、インディアナ州は竜巻や大雨、強風などの深刻な被害をもたらす過酷な気象に見舞われ、大規模な洪水が起こった。ＩＢＭとアフィリエーテッド・コンピューター・サービシズ株式会社の連立会社は従業員を通常の勤務ポストから引き抜いて洪水の被害援助の活動に当たらせ、それは何千人もの人々への緊急扶助の供給には役立ったが、ただでさえ積載していた通常の公共援助の申請の未処理分の量はますます膨れ上がった。

その数週間後に開かれたブルーミントンのタウンホールでの集会では、州議会上院議員のヴィー・

シンプソン、同下院議員のペギー・ウェルチとマット・ピアースが申請者や受給者の証言に耳を傾け、ミッチ・ローブの右腕であり、家族福祉管理局の家庭生活支援課の責任者であるザック・メインを激しく糾弾した。この公開討論会の参加者も、電話はいつも話し中でつながらない、各所のヘルプセンターでの相談は数日間待たなくてはならない、手続きに協力しなかったという理由による申請の打ち切りの通知は恣意的に発行されており、要領を得ない、ボランタリー・コミュニティ・アシスタンス・ネットワークの参加機関の職員は適切なトレーニングや支援を受けていないなど、マンシーでの集会の参加者と同じような不満を挙げていた。明らかに不服そうな様子のメインは新システムへの批判を受けて抗弁を試みた。「私はここに皆さんと議論したり、新システムを弁護するために来たわけではありません」。彼は言った。「また、ここで新システムの下ですべてがうまくいっていると言うつもりも毛頭ありません。ただ言いたいのは我々は懸命に努力しているということです。［中略］ダニエルズ州知事が就任された当時、インディアナ州の子供の死亡数は全米でもっとも多く、福祉に頼っていた人が職業に就くようになる数はもっとも低かったのです。当時のシステムは疑いなく破綻しており、その結果はまったく明らかでした」。

集会の参加者の誰もがメインのそのような発言の真偽を疑うか、もしくは頭から信じなかった。もし彼が言うように結果が明らかだったとしたら、その結果とは具体的に何だったというのか？　それまで二カ月の間、それぞれの選挙区民から苦情を受けていたシンプソンとウェルチはメインの言い分には耳を貸さなかった。両者は手続きに協力しなかったという言い回しの曖昧さ、ケースワーカーの支援が不十分であること、申請の過程において家族福祉管理局側の説明責任が果たされていないこと、ＩＢＭとアフィリエーテッド・コンピューター・サービシズ株式会社の連立会社の運営の手際が悪いことに対し罰金を課していないなど、それらについての説明を強い調子でメインに求めた。

ペギー・ウェルチは、「ザック、くどいようだけど、私たちはこの電話の面談の日時の件について繰り返し苦情を受けているんですよ。申請者には『二時から四時の間に電話がありますから必ず電話に出られるようにしておいてください』と言っておいて、電話はかかって来ない。それから次の朝八時に電話してきて、『手続きに協力しなかった』と告げるなんて、これは深刻な問題だわ」とメインに向かって言い、さらにシンプソンは次のように付け足した。「受給が認可されなかったと知らせる通知に『手続きに協力しなかった』と書かれていても、受け取った側はどういう意味か分かりませんよ。昔なら自分の担当のケースワーカーに電話してどんな書類が不足していたか、どこに署名をするのを忘れたのか、もしくは一体何がいけなかったのかを聞くことも出来たでしょう。でも今は電話しようにもその相手がいないのよ」。

マスコミはこの制度の最新化によって起こった痛ましく、涙を誘うような話を特集した。メディケイドの受給を否認された尼僧、人生の残り少ない日々を医療福祉を受ける権利を取り戻すために費やしている余命いくばくもない重症患者、配布分の食料がきれいになくなった無料食料配布所などが取り上げられた。アメリカ合衆国農務省の統括するフードスタンプの運営を担う食品栄養局の地域担当者であるオリス・ホールデンはローブ局長に家族福祉管理局がこれ以上新システムの実施を推し進めるのを遅らせるよう要請する手紙を書いた。連邦政府も審査期間が長くかかりすぎることを問題視していた。

州知事は州議会議員からの抗議の声がますます高まっていく事態に直面した。「僕は下院での答弁権の行使を要求したんだ」と民主党所属議員のマット・ピアースは言った。「『これは大惨事だ。みんなに知らせるべきだ。人々は苦しめられている。どうにかして解決しなくてはだめだ』と言ったよ」。知事はそのような抗議を民主党による、自分の所属する共和党への攻撃だと反論した。「何が起こっているか説明しよう」。エバンズビル・クーリエ・アンド・プレス紙上のインタビューで、ダニエルズは次のような反撃に出ている。「［議員たちは］旧システムで金儲けをしていた連中からの不平に耳を貸しているに過ぎない。苦情の大本の根源はそこだよ」[5]。

しかし、受給資格審査の自動化の実験的な実施によって被害を被ったのは福祉詐欺を働く人々だけだというダニエルズの主張はダニエルズと同じ共和党員たちがこのプロジェクトを非難し始めると、たちまち崩れ始めた。二〇〇八年一〇月、どちらも共和党に属する州議会下院議員のスザンヌ・クラウチと同上院議員ヴァネタ・ベッカーは、医療施設認定合同機構内のメディケイドの特別監査委員会（Select Joint Commission On Medicaid Oversight）が入念な査定を済ませるまでは新しい資格審査システムのこれ以上の拡大を止めるという法案を提出した。その年の終わり、ダニエルズは彼の友人、そして同僚であるミッチ・ローブを家族福祉管理局から移動させ、州の商務長官、そしてインディアナ州経済開発公社（Indiana Economic Development Corporation）の最高経営責任者に任命すると発表した。それからローブに代わってこの問題を抱えた機関を率いるポストには、ローブの首席補佐であるアン・ウォルターマン・マーフィーを据えた。

後任に収まってから三カ月の間に、マーフィーは、長過ぎる待ち時間、書類の紛失、不正確なデータ、面談の予約のスケジュールの問題、申請の処理が遅いこと、申請者や受給者に間違った指示を与えていることを含む、全部で三六の業務上の欠陥を改善、修正するための行動プランを提出するようＩＢＭに要求した。

ＩＢＭは修正のための行動プランの提出を義務付ける項目は契約に入っていないと主張したが、現状の運営形態を査定することと、システムの改善点を提案することは承知した。ニュース・アンド・トリビューン紙のケン・カスマーによると、ＩＢＭは七月末に「不正確で不十分なデータ収集」、「申請者や受給者への不正確な通達」を含む問題を解決するための三六二ページに亘る計画書を公表したという。[6] マーフィー局長は福祉局員として長いキャリアを持つリチャード・アダムズとロジャー・ジマーマンの二人にＩＢＭがその計画書通りに改善を行うことを渋るか、もしくは行うことができなかった場合に備え、「代替案」を作成するよう促した。パーデュー対マーフィー訴訟におけるアダムズの証言によれば、アダムズとジマーマンの二人は、ランチの際にナプキンの上に走り書きしながら、自動化以前の家族福祉管理局の処理作業を部分的に復旧させる「混合型システム」の概略を話し合ったという。

ダニエルズはインディアナ州はハイテクを駆使した福祉改革を諦めないと言い張り、「問題はやがて解消されるだろう」と、実験的な自動化をなおも擁護し続けた。しかし、政界の風向きはすでに変わっていた。ダニエルズはその頃、大統領選挙に出るのではないかと囁かれるようになっており、自動化が不首尾に終わるという失態は州にとっても彼の陣営にとっても汚点となることを意味した。二〇〇九年一〇月、国中の目が自分に向けられることを視野に入れ、知事はまったく予期しない行動に出た。彼は自動化の実験的な実施を「欠陥のある構想であり、実際にうまく運ばなかった」と形容し、それが失敗であることを認め、ＩＢＭとの契約を破棄した。

二〇一〇年五月、インディアナ州は契約の不履行を理由に四億三七〇〇万ドルの賠償金を求めてＩＢＭを訴えた。州は、実験的な自動化の実施が誤って給付を認可しないというケースを招き、援助を必要とするインディアナ州民に害を及ぼしたとして、会社側がシステムの最新化の費用としてそれまでに受け取ったおよそ五億ドルに加え、州に対する訴訟により被った損害、連邦政府により課せられた罰金、州の職員の超過勤務手当を支払うよう要求した。ＩＢＭは反訴をし、サーバー、ハードウェア、自動化のための処理工程、そして州が受給資格の審査決定に依然として使用していたソフトウェアの費用として一億ドルを州に請求した。その結果、ＩＢＭが勝訴し、五二〇〇万ドル以上を手にした。

「この訴訟においてはどちら側も勝訴に値しない」。マリオンの最高裁の判事、デビッド・ドライヤーはＩＢＭの勝訴を認める判決文の中でそう記している。「この訴訟の発端は、誤った行政府の方針と利潤を追求し過ぎた企業の野心が合致して起こった大惨事だった。総体的にみて、どちらの側にも責任があり、その損害を被ったのは明らかにインディアナ州の納税者だった。〔中略〕この訴訟自体にもその判決にも、納税者たちの失われた金を取り戻し、助けを必要とするインディアナ州民が経験した個々の苦しみを癒す力はないのである」。

この対ＩＢＭの訴訟において、州はＩＢＭが複雑な福祉サービスのプログラムを最新化することができるという、誤った考えを州側に抱かせ、さらに契約にあった業務水準に達することができなかったと非難した。自動化が実施された郡は「現状のままの」郡に比べ、適時性、未処理分、データ保全性、決定における間違い、決定に対する異議申し立ての数など、ほとんどすべての項目ではるかに劣っていた。

州は、ＩＢＭがその業務成績を実際よりよく見せるため、処理過程を応急処置的に済ませていたとまで非難した。「自動化の実施された郡において受給資格の可否決定への異議申し立てが劇的に増えた主な原因は」と州に代理人として雇われた私選弁護士は次のように続けた。「ＩＢＭの連立会社の職員が行う申請の処理がはるかに遅かったことから、適時性を表す数字を記録上よく見せるために申請の却下が推奨され、申請者の方には決定の異議申し立てを行うよう申し渡していたからだった。異議申し立てが保留になっている間に連立会社の職員は申請を処理し、審問の日時の前に給付が認可されるという仕組みになっていた」。訴訟によると、「三年の間、ＩＢＭは自動化のシステム自体はうまく機能していなかった一方で、当初の目標以上の利幅を手に入れていた」。

ＩＢＭは反対のことを主張した。州は常に彼らの働きを褒めていたというのである。二〇〇八年五月、ローブ局長はインディアナ州議会において「我々は今や州全域に亘り、かってないほど多くの人々に、かつてないほど迅速にサービスを提供しているのです」と報告していた。[7] 二〇〇八年一二月にはダニエルズ知事は新システムは「それ以前のシステムよりはるかに優秀だ」と述べている。新システムには業務の過負荷分の処理に問題があることはＩＢＭも認めている。しかし、起こった諸問題は自社のコントロール可能な範囲を超えた要因から生じていると主張した。サブプライム住宅ローン危機に端を発した世界的金融不況、新しいヘルシー・インディアナ・プランという健康保険プログラム、そして二〇〇八年の洪水が重なり、申請数のレベルが州側も会社側も想像だにしなかったほど高くなったというのである。

ドライヤー判事は州とＩＢＭ、両者に無能さと怠慢があるのを認めた。彼は、混合システムはＩＢＭの設備、ソフトウェア、技術を土台にしており、それを始動させた後も州側はＩＢＭがプロジェクトに携わることを依頼していたことに着目した。実は、二〇〇九年初頭に州の上院が家族福祉管理局の予算を「最低限まで削減した」ために、契約内容の変更や改良のために支払う資金がなかったのが実情だった。マーフィー局長は彼女の同僚に宛てたメールに、ＩＢＭは「無償で新たな行動に移るつもりはないわ。[中略]［彼］らはもっとお金が欲しいのよ！　私たちに今そのお金はないし、二〇一〇年［の州の会計年度」の終わりまで新たな予算は見込めない。もう滅茶苦茶だわ」と綴っている。[8] IBMが新たに支払いのない限り余分な仕事をすることを拒否すると、州は中間業者を排除し、IBMの設備、処理手順、委託業者をそのまま残したままで、ただ契約を打ち切った。

州もIBMも、計画の破綻の原因を自分たちの制御の及ばない不可抗力のせいだとしている。だが、現実には連立会社はインディアナ州の役人たちが求めたもの、すなわち、どんな代償を払っても福祉の受給者名簿を縮小するということを実現したに過ぎない。

訴訟では州側もIBM側も、この失敗に終わった実験的な自動化の試みがインディアナ州民にどのような影響を与えたかに触れることを避けていた。州は初めから、自分たちがやることが公共扶助の受給者とその家族を非常に大きな危険に晒すことが分かっていた。州は自動化が「潜在的に重大な危険を与える複数の領域」を特定していたが、「『現状は許容できない』との結論を下し」、計画の実行に踏み切った。[9]

プロジェクトの目標は実験的な自動化が行われている間、常に一貫しており、それは効率を最大限に伸ばすこと、職員が課された仕事のみに従事するシステムに移行し、ケースワーカーと被援助者との間の絆を断ち切ることにより、福祉の不正を減らすことだった。そのことは受給資格の決定の精度ではなく、コールセンターでの電話応答に要する時間の長さが主要な業務成績の評価基準となっているという、契約上の指標にも明確に表れていた。効率性と節約は契約に組み込まれていたが、開示性と正当な法の手続きは顧みられていなかった。

ドライヤー判事は実験的な自動化の問題点は契約者側の怠慢にあるのではないと見ていた。このインディアナ州とIBMの間に交わされた契約において、契約破棄の根拠になり得るほどの重大な契約不履行はなかった。「プロジェクトが行われている間、契約の心臓部は損なわれなかった」事実認定において、彼はそのような結論を出したが、こうも続ける。「その心音が時折乱れることがあったとしても、である」。州はその福祉サービスのプログラムの経費を抑えるという目標を達成した。請負業者は雇用主と株主に対してのみ説明責任があり、実験的な自動化の実施が貧困層、労働者階級のインディアナ州民にどのような影響を及ぼすかを測る義務はない。実験的な自動化の問題点はIBMとアフィリエーテッド・コンピューター・サービシズ株式会社の連立会社が契約を履行しなかったということではなく、州とその民営のパートナーがシステムの人的損失を予期、あるいは指摘するのを拒絶したことにあった。

ドライヤー判事の判決に対し高い代償を伴う上訴が数度行われた後、二〇一六年三月、インディアナ州最高裁判所は、IBMが州との契約に実質的に違反したという裁定を下した。しかし、訴訟事件とは、どちらにどのぐらいの責任があるか、どのぐらいの罰金が科せられるかを決めることのみに重点が置かれる。インディアナ州対IBM訴訟は、ドライヤー判事が指摘したように、社会的な信任や公的損失ではなく、契約が実質的に履行されたかどうかがその争点だった。困難に喘ぐ家庭が命綱である福祉扶助の給付を失ったこと、納税者が支払った、契約や訴訟にかかった費用、公共サービス制度と民主的な法的措置の弱体化など、実験的な民営化の損失が実際にどれほどのものだったかはいまだに把握されていない。多分、把握するのは不可能だろう。

「人々が被った損失は大きい」。インディアナ・リーガル・サービシズのジェイミー・アンドレは言った。「メディケイドの給付を止められ、事態がどうなるかをじっと待つだけという状態が人に与えるダメージは甚大だ。それを元に戻すのは至難の技だよ。大抵の人々は受給資格の審査中に医療を受けることを辞めてしまう。そんな損失の埋め合わせなど出来はしないんだ」。

州は現在、公務員による対面式の対応、自動化システムのデータの電子処理、民営化運営を合わせた新旧混合の受給資格審査システムを使用している。このシステムでは、ケースワーカーは電話、インターネット、郵便によって、あるいは直接会って依頼されることによりケースを担当することになり、その設計は申請者にそれぞれの地域一帯のケースワーカーのチームと連絡をとることを可能にし、州の職員と接触する機会が増えることに繋がった。しかしこの混合システムも多くの中核的な機能を民営化、自動化の過程に頼っており、システムの最新化に伴う多くの問題の原因となった、ケースを振り分けられた課題のように扱うやり方はそのままだった。混合システムにおいては、スタッフを入れ替えた地元の事務所は問題解決センターのような役割を担い、その一方で、地域ごとに設置され州全体に広がる、「変更センター」――それらの運営は二〇〇九年にアフィリエーテッド・コンピューター・サービシズ株式会社を六四億ドルで買収したゼロックス社により行われている――が申請を見直し、書類を収集してデジタル化し、予約を管理し、不正な申請をチェックし、公正な審問の依頼を受理して手続きを進める場となっており、ここが被援助者にとっての最初の受付窓口であり、またケースのほとんどの更新、修正を行う場所ともなっている。

二〇〇九年の混合システムへの移行は、自動化システムを一番声高に中傷する人々を黙らせる効果は確かにあった。しかしこの混合システムが、福祉給付が与えられるべき人々が給付を得ることをより確実にしたかどうかは未知数である。「州がＩＢＭとの契約を破棄して混合システムにしてから状況は僅かに良くなったね」と二〇一四年一二月にクリス・ホリーは言った。「僕のような人間にとっては良くなった。つまり、問題を解決するために地元の事務所に直接交渉できるのは貧しい人々を助ける僕のような人間たちだ。だからそういう人々のことを尊重するようになった。でも普通の人々のことは尊重していないと思う。我々を懐柔したとまでは言わないが、我々の意見を取り合うようになった。非難の声を一番上げていたのは我々だったからね」。

エバンズビル選挙区の州議会下院議員ゲイル・リーケンは、二〇一〇年五月のフォート・ウェイン・ジャーナル・ガゼット紙上の論説でホリーの意見に同意している。「［家族福祉管理局の局長であるアン・］マーフィーは［混合システムにおいて］運営側の過失や間違った決定に対し異議申し立てを行う例が減っていると報告している。しかしなぜ申し立ての件数が減っているかは不明である。混合システムがより良いものなのか、もしくは人々が単にシステムに抵抗することを諦めたからなのか？」[10]

一部のケースワーカーにとって、混合システムは名前を変えた自動化システムに過ぎない。「違いなんかありませんよ」と言うのはジェーン・ポーター・グレシャムだ。「私たちはまだ時間外労働を押し付けられているわ。対面式の面談の時に、問題を訴えて不満の声を上げる人の数も変わらない。仕事量も減っていない。要求が叶えられたのはもっとも不満の声が大きかった人たちだけ」。私がなぜ混合システムの問題点について取り上げる声を聞かないのかと彼女に問うと、グレシャムはこう答えた。「福祉のシステムがあるべき姿を知っている経験豊かな職員がもういないからよ」。家族福祉管理局の元職員で今は引退し、福祉の活動家として働くグレン・カードウェルもそれに同意する。「その通りだ」と彼は言う。「［混合システムには］満足していないが、ある意味、エネルギーが続くかどうかの問題だ。確かに僕たちは局地的な大きな戦いには勝利した。でも戦争全体に勝利したかどうかは疑問だね」。

「システムは問題を絨毯の下に突っ込んで隠すために設定されたようなものさ」とソフィーの父であ

るケヴィン・スタイプは主張する。「［公共援助を受けている］人々は声無き人々なんだ。それが僕たちが［州議会議事堂へ］行った理由の一つだ」。キムも同調して話に加わった。「声は無くても存在しているってことを見せたかったの！」ケヴィンは自分の妻に向かってうなずいた。「僕たちは抗議のために立ち上がることにためらいはなかった」とケヴィンは言った。しかし、どうしていいか分からない、あるいは自分たちを守るために結集する勇気がないという人たちも多くいた。「僕の妻は根気強くて頭もいい、つまり彼女にとっては所定の書類一式をきちんと仕上げて提出することぐらいお手のものだったと思う。彼女のような能力のない人たちは一体どうしているのか想像もつかないけど［中略］多くの人は抗議出来なかった。抗議しなかったんじゃない、出来なかったんだよ」。

「システムは人々を助けるために設置されたものには見えないね。まるで嘘当てゲームをするために設置されたようだ」とクリス・ホリーは言った。「我々の法制度は一人の無実の人間が刑務所に入るぐらいなら、一〇人の有罪の人間が自由の身になった方がいいという考え方だ。でも自動化のシステムはそれを真反対にしてしまった」。自動化された資格審査は、一人の受給資格のない申請者が受給を受けるぐらいなら、一〇人の受給資格のある申請者の公共扶助が却下された方がいいという前提に基づいている。「州が福祉の需要に対応した効率的な、そして給付を受ける権利を持つ人々がそれを受けることを確実にするシステムを作るチャンスはあったんだ」。ホリーはこう続ける。「僕の直感から判断して、州には自分たちの助けを必要としている人々を尊重するつもりがなかったんだと僕は思うね」。

二〇〇八年秋、エバンズビルのオメガ・ヤングはメディケイドの受給資格の再認証のための面談の予約時間を守れなかったが、その理由は彼女が末期癌に冒され入院していたからだった。最初に卵巣で見つかった癌は彼女の腎臓、乳房、肝臓に広がった。彼女は抗癌治療のために衰弱し、やつれていた。丸顔で暗褐色の肌を持つヤングは成人した二人の息子を持つ母親で、新システムの受給条件を満たすべく悪戦苦闘していた。彼女はバンダーバーグ郡のヘルプセンターに電話をし、自分が入院していることを知らせた。しかし、彼女の医療扶助とフードスタンプは「手続きに協力しなかった」という理由で打ち切られたままだった。

「小さなアパートで一人暮らしをする五〇歳のヤングさんは半狂乱だった」とインディアナポリス・スター紙のウィル・ヒギンズは伝えている。[11] エバンスビルに本拠地を置く高齢者問題評議会の南東インディアナ支部（Southwestern Indiana Regional Council on Aging）の職員、セシリア・ブレナンはヤングのケースを担当し、彼女を助けていたが、ヤングはその彼女に電話をかけて来て、「これから私、どうしたらいいの?」と泣きながら訴えていたという。ヤングとは姉妹だったクリスタル・ベルはマスコミに対し、メディケイドの受給資格を却下されたことがヤングの死を早めたとは言わなかったが、自動化システムがヤングの最後の日々を一層憂慮と苦しみに満ちたものにしたと非難していた。ヤングとは義理の家族になるトム・ウィリスは、ヤングが一万ドルの借金を気に病むことのないよう、ヤングに宛てられた医療費の請求書を絶えず隠していたとヒギンズに語っていた。

受給資格を失い、ヤングは服用する薬を購入することもできなくなった。彼女はフードスタンプも失った。家賃を払うのにも事欠いた。診察や治療に行くための無料の送迎を受けることもできなくなった。オメガ・ヤングは二〇〇九年三月一日に亡くなった。その翌日の三月二日、家族福祉管理局が彼女の給付を不当に打ち切ったことに対する異議申し立ては認められ、彼女の受給資格は元通りになった。

公共福祉制度はこれまでずっと人々に対して生易しいものではなかったが、黒人女性に対しては特にそうだった。歴史上、もっとも制限的な受給資格のルールは彼女たちを対象として作られていた。一九七〇年代に福祉権運動が盛んになるまで、「育児に適した家庭」や「雇用の可能な母親」に関するルールは特にアフリカ系アメリカ人の女性が公的扶助を請求することを妨げる役割を果たしていた。「同居男性」、「代理父」のルールは彼女たちのプライバシーの侵害、性的指向の勝手な判断、家宅への侵入を合法化した。一九七六年のロナルド・レーガンの「ウェルフェア・クイーン」、リンダ・テイラーの豪奢なライフスタイルについての選挙演説は黒人、そして女性を福祉受給者の代名詞にしようとした試みだった。「シカゴにある女性がいました」とレーガンはニューハンプシャー州の共和党大統領候補を決める大統領予備選挙で聴衆に語りかけた。「彼女は八〇もの違った名前、三〇の住所、一二の社会保障番号カードを使い分け、実際には存在しない四人の死亡した夫の復員軍人給付を受け取っていました。メディケイド、フードスタンプも取得して、それぞれの名前を使って福祉給付を騙し取っていました。そして一五万ドル以上の無課税の現金収入を手にしていたのです」[12]。ミス・テイラーは結局八〇ではなく四つの偽名を使い、一五万ドルではなく八〇〇〇ドルを詐取した容疑で告発されたが、レーガンの誇張された話は共鳴する多くの人々を獲得し、ウェルフェア・クイーンのイメージはアメリカの公的扶助の中心にあり続けた。

今日もなお、福祉事務所において白人の申請者よりも非白人の申請者の方が、重要な情報を伝えてもらえない、申請を行う手助けを断られるなど、その他まったく無礼な、職業道徳に反するような態度でケースワーカーから扱われているという監査研究の結果が出ている[13]。また、アフリカ系アメリカ人の人口の多い州ほどより厳しいルール、より厳格な就労に関する要件やより高い懲罰金が設定されている[14]。ケースワークとは複雑で、クライアントとの関係が左右する人間的な活動であり、慎重さと思いやりの絶妙な組み合わせが必要とされ、私たちの社会の隅々に亘って編み込まれている人種、階級、そしてジェンダーについてのあらゆる偏見に影響されやすいものである。ケースワーカーの自由裁量に任される余地がありすぎるという懸念は的を得ている。ケースワーカーが自らの偏狭さや自覚のない偏見により却下してしまうケースもある。

インディアナ州の公的扶助の受給者の大半は白人だが、それでもなお人種は実験的な自動化の実施において大きな影響を及ぼした。実際は公的扶助の受給資格がある人々のごく一部だけが申請を行っており、また家族福祉管理局では不正は特に深刻な問題ではないという証拠があるにもかかわらず、ミッチ・ダニエルズ知事は福祉への依存性、申請内容の詐称、犯罪性、ケースワーカーとの共謀などの問題を執拗にそして不当に糾弾し続けたが、知事はそれにより都市部と地方の対立と白人全体の人種的不安感を煽って利用したのだった。詐欺が制度の最大の問題であるということを示す例としてダニエルズが取り上げた詐欺事件——グレイター・フェイス・ミッショナリー・バプテスト教会の事件——の被告たちは黒人だった。ダニエルズが自動化、民営化された福祉制度へと移行するのに必要な支援をかき集めるために、要扶養児童家族扶助に反対した自分の師であるロナルド・レーガンのように、インディアナ州民の人種、階級、そして公的扶助に対する固定観念を周到に計画して煽り立てたと推測しない訳にはいかない。

最初に自動化システムに移行した複数の郡は、どれもアフリカ系アメリカ人の人口がインディアナ州内でもっとも少ない郡であり、自動化はその後、インディアナポリスとゲーリーという、多くの黒人のインディアナ州民が故郷と呼ぶ二大都市へと拡大する前に中止された。このように、主に貧しい白人層に対し実験的に試された自動化だったが、それでもアフリカ系アメリカ人に多大な影響を与えた。二〇〇〇年に行われた国勢調査によると、アフリカ系アメリカ人が州の貧困家庭一時扶助の受給者リストに占める割合は四六・五パーセント、一方白人の割合は四七・二パーセントであり、白人が僅差でプログラムの過半数を占めていた。二〇一〇年、自動化の実験的な実施が終わりを迎えた頃、白人とアフリカ系アメリカ人の貧困家庭一時扶助、フードスタンプ、補助的栄養支援プログラムの受給者の割合の差は急激に広がっていた。その一〇年の間にインディアナ州のアフリカ系アメリカ人の人口は伸びていたにもかかわらず、貧困家庭一時扶助の受給者の五四・二パーセントが白人で、黒人の占める割合はたったの三二・一パーセントに落ち込んでいた。受給資格審査を最新化する試みは主に白人のコミュニティで実験的に行われたのだが、もっとも被害を被ったのは黒人家庭だった。

公的扶助の受給資格審査から人間の裁量を排除することは、福祉制度においてアフリカ系アメリカ人が直面する長く続いてきた差別に対する説得力のある解決策であるように見えるかもしれない。つまるところ、コンピューターが偏見に影響されることなく、個々のケースにルールを当てはめていくのである。しかし歴史的に見てみると、人間の裁量を取り除き、柔軟性を欠いたルールを設定することは人種問題の深刻な害を悪化させることになる。

例を挙げると、一九八〇年、一九九〇年代にアメリカ合衆国議会と多くの州議会は数々の罪種に強制的に与えられる最低限の刑罰を設定し、裁判官の自由裁量の余地を大幅に制限する、一連の「犯罪を厳しく裁く」法律を制定した。皮肉にも、このような変化は保守派からの「法と秩序」を徹底させるよう求める動きと、司法的な裁量に偏見が入り込んでおり、人種により判決が左右されていると見る一部の革新派の公民権運動家たちからの抗議の両方から影響されたものだった。

過去三〇年間の歴史を紐解いてみると、刑事司法制度における人種的な格差はかなり広がってきているということは明らかである。公民権と人権についてのリーダーシップ会議（Leadership Conference on Civil and Human Rights）という組織が二〇〇〇年にまとめた『公平性を問う』（*Justice on Trial*）と題された報告書では、次のように書かれている。「マイノリティの人々は司法的な裁量が尊重された制度よりも、強制的な最低限の刑罰を設定した法やガイドラインがある制度の下での方が負担を強いられている。裁判官から公正な判決を下すという最高権威を奪うことにより、強制的な最低限の刑罰を設定した法やガイドラインは、自動操縦装置に制御された状態で判決が下される状況を作っているのである[15]」。

諸決定の自動化がより良い変化を行政府にもたらす可能性もあり、またプログラム上のデータ追跡も、実際に偏見に左右された決定のパターンを見つけることに役立つかもしれない。だが、司法には時にはルールを曲げる権限が必要である。最前線の公務員から人間的な裁量を行使する権限を奪い、代わりにそれをエンジニアや民営の業者に委ねることにより、インディアナ州における実験的な試みは過度に差別を助長した。

自動化の「社会的な必要性」は、福祉給付の受給者は怠慢で、自分たちの給付を受け取る手続きでさえ「促され」ないとやらない人間だ、そしてコソコソといつも不正を働く機会を狙っており、公共資金を利用しようとする彼らの迷惑な行動は繰り返し妨げられるべきだ、という陳腐な、人種や階級に囚われた仮定に基づいており、そのような考えは職員の仕事の業績の測定基準にもコード化され、業務過程にもプログラムされている。そのような仮定の一つ一つが人種や階級に基づいた固定概念の上に依存し、またそれにより増長されている。そしオメガ・ヤングのような気の毒な黒人女性がその犠牲となっているのである。

新しいハイテクツールはより正確な情報の測定や追跡、より有益な情報の共有を可能にし、対象とする人々にとって情報の可視性を向上させる。貧困層と労働者階級の人々の自己決定を擁護するために作られる制度においては、このようなハイテクツールを使った努力は法律によって彼らに受給の権利が認められるすべての給付を得ることを確実にするだろう。そのような前提ならば、統合されたデータや最新化された運営方法は貧困者のコミュニティにとって必ずしも悪い影響を及ぼす結果になるとは限らない。しかし、私たちの現在の福祉制度における審査決定の自動化は、まるでもっと昔の、過去に逆戻りしたような懲罰と束縛を課す制度と同じように作用している。それは人々を審査段階からふるい落とし、福祉援助から遠ざけている。それは物事の進行を助ける役割ではなく、人々の行く手を遮る門番の役割を果たしている。

インディアナ州の受給資格審査の自動化システムは、申請を却下するための効率的な機構であったものを強力にし、すでに築き上げられていた、申請者を門前払いをする仕掛けをさらに強化することになった。公的扶助への門を狭くし条件に従わない場合の罰金を吊り上げることによって、驚くほどの受給者数の減少を達成した。混合システムの下でも、一九二九年の大恐慌以来の最大の景気沈滞を経験しながらも、州の貧困家庭一時扶助の取り扱い件数の減少のペースは全国平均を上回り続けている。インディアナ州の貧困者数は増加したにもかかわらずその取り扱い件数は減少した。知事がＩＢＭとの契約に署名した二〇〇六年、子供のいる貧困家庭の三八パーセントが貧困家庭一時扶助からの現金給付を受けていた。二〇一四年までにその数は八パーセントまで落ち込んだ。

オメガ・ヤング、リンゼイ・キドウェル、そしてシェリー・バーデンのような困難に喘ぐ人々が自動化の最初の犠牲者たちであり、彼女たちが自動化システムのもっとも恐ろしい害を被った。スタイプ夫妻は信じられないような不利な状況を克服して娘のソフィーのメディケイドの給付資格を取り戻したが、その経験は過酷な代償を伴った。「あの頃、私はストレスが多過ぎて何も冷静に考えられない状態だったわ」とキム・スタイプは語った。「とにかくソフィーが再びメディケイドを受けられるようにすることだけが目標だった。その後は、よく泣いたわ。色んな人にホワイト・トラッシュ〔訳注：白人の貧困層を指す軽蔑語〕だとか、せびり屋だとか呼ばれたからよ。まるで何もない真空の世界に吸い込まれたみたいだった」。

スタイプ家の人々が経験した実験的な自動化システムとの戦いから七年後、私が彼らのもとを訪ねるまでの間に、ソフィーの人生は良い方向に変わった。彼女は体重も増え、手話を学び、学校にも行って友達も出来た。しかし私がティプトンの彼らの家でインタビューを行ってから八日後、ダン・スキナーから一通のメールが届いた。「悲しいニュースだ」とメールにはあった。「キム・スタイプから電話があり、幼いソフィーが亡くなったと知らされた。ソフィーはここしばらく調子が悪く、金曜日に嘔吐したそうだが、土曜日に家族がソフィーが死んでいるのを発見した時、彼女は安らかな顔で胎児のように丸くなっていたそうだ。医師からは、ただ心臓が止まったと言われたらしい」。

結局のところ、インディアナ州の実験的な自動化システムは、貧しい労働者階級のアメリカ人を福祉から遠ざけるためのデジタル上の機構だった。それは彼らが福祉給付、正当な法の手続き、尊厳、そして人生そのものを手に入れることを阻止した。「僕らは自分たちと同じ人間である彼らのために本来そうすべきやり方で資金を投入していない」とジェネレーション・プロジェクトのジョン・カードウェルは言う。「我々はインディアナ州の大部分の人たちに、『お前は何の価値のない人間だ』と言っていたも同然だった。なんという痛ましい人材の浪費だろう」。

# 3 天使の街のハイテクホームレス事情

アメリカ最後のドヤ街、スキッド・ロウ地区はロサンゼルスの歓楽街の端に位置する半マイル（約〇・八キロメートル）四方ほどのテント村である。一九四七年、イブニング・インディペンデント紙のハル・ボイルはこの界隈を「貧民の地下世界、アメリカ社会の空虚さの断面図、夢を諦めた人々が希望を失い行き着く場所」と呼んだ。[1] その五八年後、ロサンゼルス・タイムズ紙のスティーブ・ロペスはこの同じ界隈を「吹き溜まり、アメリカの恥部だ。疾病、虐待、犯罪、不幸の惨めさの〔渦巻く〕場所、仮設便所であらゆる取引が行われ、〔中略〕いまだに側溝には尿が垂れ流されている」と表現した。[2]

この国のもっとも弱い立場にある住む家を持たない人々を、適切かつ利用可能な援助に結びつけるという統合登録システムの調査のために私がロサンゼルスを訪ねたのは、二〇一五年一二月のことだった。出会い系サイトのマッチ・ドット・コムのホームレス・サービス版と謳われているこの統合登録というアプローチは、過去五年の間にアメリカ全土で非常に人気となった。それを支持するのはアメリカ合衆国住宅都市開発省（US Department of Housing and Urban Development/HUD）、ホームレスを根絶するための全米同盟（National Alliance to End Homelessness）、その他ホームレス関連のサービスを提供する無数の団体、さらにコンラッド・N・ヒルトンやビル&メリンダ・ゲイツ財団のような多額の資金提供者たちだ。

ホームレスの人々が利用できるサービスはどうやって選んだらよいか分からないほど多岐多様だが、統合登録システムの支持者たちは、このシステムはそのなかからそれぞれのケースに最適なサービスを「間違いなく」選ぶことができるアプローチを提供し、そして媒介組織間の無駄、重複、資金の二重取りを減らし、受付段階の画一化も可能にすると主張する。このシステムはまた、ホームレスの人々の驚くほど個人的な情報を収集、保管、共有する。彼らの経験したトラウマ、それに対しどのように対処しているか、感情や怖れなどを目録化、分類、順位付けするのだ。

多くの人にとって、スキッド・ロウ地区は時代を超えて腐敗と絶望を体現する場所だ。しかし、単純過ぎる話にありがちだが、このような見方は裏側に、外見から見える以上のものを隠している。一八七〇年代、この界隈一帯にはオレンジの木が植っていた。その後一九二一年のスキッド・ロウは、公立学校、救急病院、路面電車、教会、工場、工房、倉庫、小売店など、家庭生活に必要なものが揃うようになっていた。やがて一九三〇年代に移民労働者の数が増加するにつれ、貧民街として知られるようになっていった。一帯には安い住宅が立ち並び、経済的な困難は溢れていたものの、コミュニティはますます大きくなり、政治的には活発だった。例を挙げると、共産党が「飢えるな、戦え!」というスローガンの下に、近隣の十数の失業評議会を組織し、大恐慌の最中《さなか》には立ち退きに抵抗し、貧困者のための無料食堂の食事内容の乏しさに対する抗議運動などを率先して行っていた。

スキッド・ロウといえば年老いた白人男性が住む場所だという固定概念とは裏腹に、この区域の住民は常に多様だった。一九三九年のロサンゼルス・タイムズ・サンデー・マガジンでヒューストン・アーヴィンは、この界隈ではユダヤ人、ギリシャ人、イタリア人、ドイツ人、フランス人、エジプト人、中国人、日本人、アメリカ先住民族、メキシコ人、アフリカ系アメリカ人などが共に勤労、生活し、子供たちも一緒に遊んでいることを挙げて、「アメリカの他の都市の似たような地区と比べると、おそらくどんなところよりも種々雑多な人々が住んでいる」と書いている。[3] その人口は第二次世界大戦中、軍需産業における安定した雇用を見込んで新しい労働力が流れ込んで来たために増加した。

しかし、一九四九年の連邦住宅法が議会を通過したことが惨状を引き起こした。この法律制定により、荒廃した建物を解体する資金が連邦政府から出ることになり、加えて労働者階級の家庭が最初の家として入居することを念頭において計画された、八一万戸の公営住宅の建設に対する助成も得られることとなった。結果として、スキッド・ロウ地区のすぐ北西に位置するバンカー・ヒルに立ち並んでいたビクトリア朝様式の住宅や下宿屋、格安ホテルなどがきれいさっぱりなくなった。このため七三一〇戸の住居が立ち退きを強いられた。

当時の市の建設計画の最高責任者であったギルバート・E・モリスは、スキッド・ロウ地区だけでも六万五〇〇〇通もの建築法に違反した建築物に対する通達を発行した。違反した場合、建物の所有者は費用を自己負担して再建し、それを耐震化されたものにするか、あるいは解体するかのどちらかの選択を迫られた。多くは解体の道を選んだ。一九五〇年代の「復興期」には四一六五室のホテルの部屋とその他一三七九戸の住居がスキッド・ロウから消えたが、それは一〇〇〇棟近くの建物が解体されたことを意味した。一九五九年、ロサンゼルス・エグザミナー紙のためにマグナー・ホワイトにより執筆されたパンフレットには、「スラム街を終わらせるにはどうすればいいのかを世界中に示している［のだ］」と誇らしげに書かれている。

一九二一年から一九五七年にかけてのこの近隣での変化は著しかった。まず消えたのがドラッグストア、製本所、コーヒー焙煎店、ヒッポドローム劇場など、小規模の事業者たちだった。木造住宅の立ち並んでいた一区画の建物はすべてなくなり、その跡地は駐車場になるか平地のまま残された。かつて労働組合が入っていた建物群は「簡易ベッドと三食」付きの宗教団体が運営する救護所などの類いにより占められた。

このように今まであった建物が軒並み解体された跡地に、連邦政府により資金援助を受け、低所得者用の住宅が建設されることが提案されたが、これがロサンゼルスの中流階級の白人住民の猛反対を招いた。反対する住民は、この一万戸の手頃な賃料で提供される公共住宅群を建設する計画を「ＬＡの住宅事情をコントロールしようとするアカの企み」だと言い、この人種的に統合された公営の住宅団地群であるエリージャン・パーク・ハイツの建設を阻止した。また組織化された運動を展開して、ロサンゼルスの都市住宅計画の当局者たちが共産主義者であるという容疑で米国下院の非米活動調査委員会（House Un-American Activities Commitee）により捜査される結果を生んだ。

公共住宅に対する反対運動は、供給できる住宅数を削減し、人種隔離を助長し、ロサンゼルス市に広範囲に及ぶ影響を与えた。建物の解体が行われたのは、主に有色人種もしくは貧しい白人種の人々が多く住む地域だった。バンカー・ヒルにはかなりの数のアメリカ先住民族が住み、エリージャン・パーク・ハイツの建設予定地だったチャベス・ラヴィンの住民の大多数はメキシコ系アメリカ人だった。これらの地域の建物が取り壊された後、白人の中流階級の人々は住民投票、明らかな暴力行為などを使って反対し、低所得者向けの住宅の拡張計画を握り潰したのである。このように、ロサンゼルスは同規模の他の都市に比べ、ごく限られた数の公共住宅しか建設せず、そのほとんどは有色人種のコミュニティ内に建てられていた。例えば、一九四九年の連邦住宅法によって建設された公共住宅の半分はワッツ地区にあるが、そこは人種的な制限規約によりアフリカ系アメリカ人の住民が住むことが許された数少ない地区の一つだった。

一九六〇年代、スキッド・ロウ地区の手頃な住宅はまた半減した。「セントロポリス」(Centropolis) と銘打たれた基本計画はまたさらに建物を解体し、この一帯での一連の軽工業の発展を促し、再開発のための資金をすぐ近くのビジネス街に集中させた。入居可能な住宅戸数はおよそ一万五〇〇〇戸から七五〇〇戸に減少した。そして一九七〇年代になると、都市計画のプランナーたちは通称「シルバー・ブック」(Silver Book) として知られる、貧困層の住民たちをこの一帯から永久に追放することを目論んだ提案書を作り上げた。

その近未来的なメタリックなカバーにちなんで名付けられた「シルバー・ブック」計画は、ダウンタウンの商業事業者の委員会とロサンゼルス市行政府の協働計画だった。それはその前にバンカー・ヒル地区で起こったことと同様に、それまでスキッド・ロウ地区に残っていたすべての建物を一掃することを提案していた。現存する住宅が解体され、その一帯の住民が大規模な依存症患者の治療と更生のためのセンターに送られた後、その跡地には南カルフォルニア大学 (University of Southern California/USC) とカルフォルニア大学ロサンゼルス校 (University of California, Los Angeles/UCLA) のキャンパスの拡張が予定されていた。

しかし、カトリック労働者運動の組織や法律扶助協会、ロサンゼルス・コミュニティ・デザイン・センターなどに率いられ、コミュニティ内の活動家や住民はシルバー・ブックに対抗する計画を作成した。こうして出来上がったブルー・ブック計画はスキッド・ロウに残る、安い一人用のホテルルームを主に備えたＳＲＯ（Single Room Occupancy）ホテル群を保存し、この地域の住宅供給と福祉を改善するために資本を注入するよう市の行政府と地元の非営利団体に働きかけるという内容だった。『零落、絶望と逮捕：スキッド・ロウにおける取締りと日常』（*Down, Out, and Under Arrest: Policing and Everyday Life in Skid Row*）の著者であるフォレスト・スチュアートによると、ブルー・ブック計画は少なくとも部分的には成功したが、その理由は援助活動の主宰者やコミュニティのリーダーたちが敢えてスキッド・ロウ地区を恐ろしい無法地帯であると捉える、因習に囚われない戦略を採用したからだという。

活動家たちはもしもスキッド・ロウ地区が取り壊された場合、ホームレスの人々や生活困窮者の大群が周辺のロサンゼルス郊外に散らばるだろうと脅した。一部の人々にとって、ブルー・ブック計画は、スキッド・ロウ地区をホームレスの人々を閉じ込めるための犠牲となる地域だと取り決めた事実上の協定だった。その他の人々にとっては、その計画は驚くほど首尾良く展開した戦いであり、その戦果はスキッド・ロウの貧しい労働者階級の住人たちの土地と住居を守ったことだった。

最近まで、スキッド・ロウを守る、このブルー・ブックの先駆的な戦略は上手く機能していた。その一帯は貧困者、労働者階級、あるいはホームレスの人々のために「取り置かれたコミュニティ」であり続けた。四〇年間、この地区をわざと打ち捨てておくという市の悪意ある方針の下で、その住民たちはコミュニティを育むことに懸命に取り組んできた。しかし最近の一〇年の間に、この地区は急激な変化に見舞われた。専門職を持つ若い世代の人々が、ロサンゼルス市街と郊外の交通渋滞を避けるため、まだあまり住環境の良くなかった市中の集合住宅を開拓し始めたのである。それに続いてグルメフード店、オーダーメイドのジュースを売る店、クラフト・コーヒー・バーなどの富裕層向けのサービスを提供する業者がこの一帯に現れ始めた。区域内のナイトクラブはこの界隈のいわくに富んだ過去を良い宣伝材料としたが、入り口にはロープが渡されて入場が制限されるようなクラブで、飲み物の値段も高く設定されていた。

LAのダウンタウンの居住人口は二〇〇六年から二〇一三年の間に二万三五〇〇人以上増加した。過去五年の間に高級賃貸物件の建設が相次ぎ、ロサンゼルスのダウンタウンの空室率は一二パーセントになり、二〇〇〇年以来最高を記録したが、1LDKの家賃の中央値は二五〇〇ドルであり、手頃な住居にはなかなかお目にかからない。ダウンタウンとスキッド・ロウの境界はメイン・ストリートから東のロサンゼルス・ストリートへ、また芸術家などのためのロフトスタイルの住居の区域が拡大したため、さらにメープル・アベニューへと移った。リトル・トーキョーの拡張も、スキッド・ロウの北側の境界を同じようにサード・ストリートからフォース・ストリートの下まで動かすことになった。スキッド・ロウは一〇年の間にそれまでの全体面積の三分の一にあたる約一六区画を失った。

今日のスキッド・ロウは非常に明らかな著しい対照が見られる場所だ。見渡せば、専門職を持つ中流階級の住民の住む高い天井とステンレスの電化設備が印象的な職住一体型のロフトが並び、その一方で貧困者たちは間に合わせのテントに住んでいる。週末にはベイビー・ビョルンのジョギング用のベビーカーが隣の住人のリサイクル用品を乗せたショッピング・カートの横をすり抜けていく。初めてここを訪れた時、「デザインを重視したペット用品、ペットと人のための社会体験」を売り物にしたプシー・アンド・プーチ（ネコちゃんとワンちゃん）というペット・ブティックの前の歩道に男性が寝ているのを見て、私はびっくりした。ひょろっとしたアフリカ系アメリカ人の若者が歩道の段差に頭をもたせて横たわり、熱い真昼の太陽を避けるため、黒いTシャツを頭から被っている。すらりとして足の長細い犬と、同じように柳のように華奢な飼い主がその横を通り過ぎて店に入っていったが、多分、店内の「パウ・バー」で提供される生の肉を犬に食べさせるためだろう。犬は靴を履いていたが、横たわった男性の足に靴はなかった。

多くのダウンタウンの住人は——新しく越してきた人も昔から住んでいる人も同様に——このような矛盾を包有しているところにこの界隈の魅力があると言うが、その社会構造が綻び始めている兆候が見られる。LAウィークリーのヒレル・アロンが伝えているように、リトル・トーキョー・ロフトという集合住宅ビルの一階の商業スペースに、精神医療センターが拡張計画の一環として入居するという話が持ち上がった時、住民は反対し、嘆願書を提出して福祉サービスのこれ以上の拡張を阻んだ。また、二〇一四年、長い間放置されていたセシル・ホテルを恒常的にホームレスの状態にある三八四人の人々を収容できる常置型の支援住宅とする案は郡の行政執行部によって却下された。

毎晩、およそ二〇〇〇人のスキッド・ロウの住人たちがキリスト教系団体の運営する救護所や緊急一時宿泊施設のベッドで眠る。あとの六五〇〇人ほどは安価のシングルルームを備えたホテル（SRO）か、精神疾患や健康上の問題、依存症に苦しんでいる人々に向けた福祉サービスの一環である支援住宅などに住む。三〇〇〇から五〇〇〇人の人々はこの一帯の歩道に並ぶ野外のテントで夜を過ごす。実は一九五〇年以来、スキッド・ロウから撤去されていった低所得者用の住宅は一万三〇〇〇戸以上に上り、本来ならこれらの人々すべてが収容できる数である。

過去の簡易宿泊所と借家は青や黒の防水シートで覆われたテントの列に取って代わられた。巧みに切り合わされた段ボールは床や壁の代わりになった。プラスティックの収納容器は服、食料、食器、そして読み物を雨露や泥、ネズミから守る役割をする。五ガロン（約一八・九リットル）のバケツは保存容器、椅子、その場凌ぎの仮設トイレとして使える。また、警察の取締りや清掃員の一群がホームレスの人々をまるでチェスの駒をマス目に沿って動かすようにある区画から違う区画に移動させる際に、持ち物を運ぶのに役立つのがショッピング・カートだ。

界隈を歩き回っていると、人々の親切や勇気に触れ、心動かされた。赤いテントの中の、丁寧に整えた寝袋の上に置かれた聖書や、グラディス・アベニューに面した仮設のシェルター内に「感謝を示そう」と黒のマジックで書かれていた標語に目が留まった。通りの角で非常に興味深い会話を交わすことができたし、暗くなった後でわざわざバスの停留所まで送ってくれた親切な人々もいた。彼らはそのあと、歩道の上で眠るために帰って行った。一方で、詐欺師やどうしようもないクズのような人間に触られたり嫌がらせを受けたりした。麻薬を売りつけようとつけてくる男たちもいれば、「ディック……ディック、ディック、ディック［訳注：男性の生殖器を意味する］」と唱えながら違う目的でつけてくる輩《やから》もいた。

スキッド・ロウでは住人たちは大変な困難に直面しているが、そこに価値とコミュニティを見出すこともある。二〇一五年一月にここを初めて見て回った際に、グラディス・アベニューとシックス・ストリートの角の近くに住む、しゃがれた声の六〇歳のコミュニティ・オーガナイザー、T・C・アレクサンダーは次のように語った。「ここの住民は上っ面だけの人間じゃない。ここは、ロサンゼルスのどこよりも愛情を感じられる場所だ。人々は落ちぶれてどん底にいるが、会うと立ち止まって握手をし、会話を交わすんだ」。この時の私のツアーガイドはスキッド・ロウの人権擁護者のジェネラル・ドゴンだったが、彼はこう付け加えた。「メイン・ストリートの向こう側じゃ、人とすれ違ってもまるで電柱でも通り過ぎるように見向きもしない」。

統合登録システムはロサンゼルス郡の住宅の供給と需要との間のどうしようもないほどの格差に対処するために開発された。統合登録システムの導入前は、どこかに入居するには、ホームレスの人々はかなりの忍耐、不退転の意志、そして運を要する、ウェイティング・リストへの登録や福祉サービスのための複雑な手続きをくぐり抜けなければならなかった。ダウンタウンのSROホテルの一部屋が空いたという噂がひとたび流れると、ホームレスの人々が押し寄せて列を作り、入室を希望して何日も待ち続けた。

以前のシステムでは、ホームレスの人々に福祉サービスを提供する団体同士で限られた資金となかなか入室できない部屋を争っていた。ウェイティング・リストは不動産管理人や賃貸住宅管理事務所の好意に多分に左右されていたの」。パトリシア・マクヒューはそう言った。彼女はスキッド・ロウの精神疾患やその他の障がいを抱えた成人に住居を世話する社会福祉機関であるランプ・コミュニティ（Lamp Community）所属の、統合登録システムのコーディネイターである。「みんな前のシステムが悪かったことは経験して知っているわ。どんなに腐敗した状態だったかも」。システムの最悪な点は、もっとも健常な人々の方が住居を手に入れられる仕組みだったことだ。それはその人たちにとっても、必ずしも適切な援助とは言えないだろう。

統合システムは二つの指針に基づいているが、それはホームレスの人々向けのサービスを提供するにあたってのパラダイムの転換を表している。その二つとは優先順位をつけることと、住居への入居を第一に考えることである。優先順位をつけるという指針はペンシルベニア大学のデニス・カラハンの研究に基づくもので、それによれば、ホームレスは二種類の違った形態に分けられるという。危機的状況に陥ってホームレスになった場合と、恒常的にホームレス状態にある場合である。危機的状況の下でホームレスになった人々は「短期的な緊急事態、［例えば、］立ち退き、家庭内暴力、突然の発病あるいは失職、または刑期を終えての社会復帰など」を経験しているという傾向がある。[4] 危機的状況下でホームレスとなった人々は短期間のシェルター滞在の後、身を寄せることができる家族に連絡を取ったり、新しい援助先を見つけるか単に他所に移って行くなどして、大体自己修正ができるのだとカラハンは説く。ささやかな期限付きの投資が恒常的なホームレス状態となる「負のスパイラルに陥ることを避け、そこから助け出す手を」差し伸べることになる。

一方で、恒常的なホームレス状態にある人々は繰り返して頻繁にホームレスとなり、期間も長引く傾向にある。カラハンの研究によれば、恒常的にホームレス状態にある成人は「精神衛生上の問題や障がいを持ち、より複雑な福祉援助を必要とする率が高い」[5]。彼らにとっては永続的な支援住宅が適切で効果的な解決となる。ロサンゼルスが行った、この優先順位をつけるという指針への転換は、現状が恒常的なホームレスの人々の助けとなっていないと認めていることの表れである。需要と供給資源が一致していなかったのだ。つまり、危機的状況からホームレスになった人々が、本来なら恒常的にホームレスの状態にある人々にもっともふさわしい支援を受け、その一方で恒常的にホームレスの状態にある人々が得られるものは何もなかったのである。

統合登録システムにおけるもう一つの考え方の転換として住居第一の理念がある。ごく最近まで、ほとんどのホームレス関連の福祉サービスは実際に入居できるまでに、それぞれ異なったプログラムの種々のステップを経る「住宅準備」型をなぞって運営されていた。路上、あるいは車中で生活していた人は、まず緊急用シェルターに収容され、その後一時滞在型の住宅プログラムに移行し、最後に独立した住居に入居するというプロセスを経る。それぞれの段階で、一連の行動上の要件——素面《しらふ》でいること、治療を受けることを応諾すること、仕事に就くこと――をクリアしなければ、次のステップには進めない。住居への入居を第一とする方針は、安定した住居がなければ他の問題に対処するのは難しいだろうという配慮から、ホームレスとなった個人とその家族をまず彼らのためのアパートになるだけ早く入居させ、その後に適切なところでボランティアの支援や治療などの強制ではないサービスを提供するものだ。

ホーム・フォー・グッド（Home for Good：［訳注：永続的な自分の家という意味］）はロサンゼルス大都市圏のユナイテッド・ウェイ（United Way）とロサンゼルス地域の商工会議所の共同機構である。彼らは、優先順位付けをする、そして住居への入居を第一とするという方針と、先端の技術を駆使したアプローチを融合させた統合登録システムを二〇一三年に始めた。そして、自分たちは、利用開始から一〇〇日以内にスキッド・ロウのもっとも危うい状態にある一〇〇人のホームレスの人々に住居を提供すると宣言した。この野心的な目標を達成するには、スキッド・ロウのホームレスの人々の完璧なリストを作成し、それぞれがどれだけ援助を必要としているかに応じて順位付けを行わなければならなかった。解決策として彼らが選択したのは、大量の情報を収集し、危険な行動を取るかどうかを基準に候補者をふるいにかけ、それらのデータを保管するデジタル登録システムを作り、二つのアルゴリズムを使ってその脆弱性によってホームレスの人々の順位付けを行い、入居できる住居とマッチングする審査ツールだった。

この統合登録システムのプロセスは、ソーシャルワーカー、もしくはボランティアの人々がそれぞれの組織内のプログラムを通じて、シェルターに入所する時や路上での支援活動としてVI‐SPDATと呼ばれるツール（Vulnerability Index—Service Prioritization Decision Assistance Tool：脆弱性指数――サービスの優先度の決定支援ツール）を利用してホームレスの人々の支援に携わる時から始まる。VI‐SPDATのアンケートには以下のような非常にプライベートな質問が含まれていた。

・「過去六カ月の間に救急機関／救急処置室で何回医療手当を受けましたか？　また性的被害、精神衛生上の問題、家庭内暴力／交際相手からの暴力などに対処するための緊急支援サービス、または緊急相談所、自殺防止のホットラインを利用しましたか？」

・「今までにお金のためにセックスをしたり、麻薬の密売をしたり、見知らぬ人と避妊具なしでセックスをしたり注射針を共有したりなど、その他危険行動とみなされる行動を取ったことがありますか？」

・「去年一年の間に、自分自身や他人を傷つけると脅したり、傷つけようとしたことはありますか？[6]」

その調査はまた、社会保障番号、フルネーム、生年月日、人口統計上の情報、軍隊経験、在留資格や居住形態、回答者が一日の時間帯によってどこにいるかなど、本来保護されるべき個人的な情報を集めるものだ。家庭内暴力の履歴も含まれた。精神衛生上の問題や薬物乱用に関する問題を含む病歴についての自己申告による情報も収集された。また、調査を行う側が回答者の写真を撮ってもいいかと聞くことも含まれた。

ホームレスの人々がVI-SPDATを受ける前にサインするように言われる同意書は、これらの集められた情報が「ホームレス関連のサービスの提供者や他の福祉サービスの組織、住宅供給団体、医療機関を含む組織団体と共有される可能性があること」、希望があればより詳細な個人情報の取り扱いを説明した書類を照会できることが述べられている。もし回答者がその照会を頼めば、「法の定めたところにより、または法執行機関による利用のため、〔中略〕また健康と安全が重篤に脅かされることを防ぐ目的のために」、彼らの情報が市当局、救護所、非営利の宅地開発業者、医療機関、病院、宗教団体、依存症の回復支援センター、カルフォルニア大学ロサンゼルス校、そしてロサンゼルス市警察などの一六八もの異なる組織間で共有されると知ることになるだろう。この同意書の有効期限は七年間だった。

査定の後、彼らのデータは連邦政府に推奨されたロサンゼルス一帯のホームレス管理情報システム（Homeless Management Information System/HMIS）に取り込まれる。このＨＭＩＳはそれ自体はデータベースではなく、ホームレス関連の資金援助を受けているすべての機関が連邦政府により収集を義務付けられている共通のデータ要素の集合体である。連邦政府により集中化されたホームレスの人々の登録システムはない。しかしこのＨＭＩＳのなかの情報はそれぞれの一意識別子を排除された形でアメリカ合衆国住宅都市開発省（Department of Housing and Urban Development）に送られ、集計され、全国のホームレスの人々の重複のない総数を計るため、また議会に提出する専門機関の報告書の傾向分析に役立てるため、そしてホームレス関連のサービス団体を評価するために使われるのである。

ひとたびＶＩ‐ＳＰＤＡＴのデータがロサンゼルスのホームレス管理情報システムに送られると、ランクをつけるためのアルゴリズムが集計を行い1から17までのスコアがつけられる。「1」は調査を受けた人物がリスクが低い、つまり、死亡したり救急処置室や精神医療専門病院に入る可能性が比較的低いということを表している。「17」はその人がもっとも危うい状況にあるということを意味する。0から3のスコアの人々は住居を提供するなどの世話は必要ないとされる。4から7のスコアの人々は一定期間の家賃補助が必要かどうか、あるいは何らかのケース・マネージメント・サービス——早期再入居

（Rapid Re-housing）と呼ばれる介入方策など——が必要かどうかを判断する査定を受ける資格があるとみなされる。８以上のスコアになると、恒久的な支援住宅が提供されるべきかどうかの査定を受ける資格があるとされる。

同時に、住宅の提供側は入居可能な住居のリストを埋めるために空室情報を入力する。ここで二番目のアルゴリズム、マッチング・アルゴリズムが「（ＶＩ－ＳＰＤＡＴのスコアを目安として）その住居を一番必要としている」人、そして「その住居にふさわしい基準を満たしている」人を探し当てるために働く。

そのマッチングがうまくいった暁には、該当のホームレスの人物には資格の証明のために必要なすべての書類集めを手伝ってくれる特別なケースワーカーであるハウジング・ナビゲイターがつく。出生証明書、証明写真、社会保障番号カード、所得証明書、その他の書類を三週間ほどの間に揃えなければならない。書類が揃ったら今度はロサンゼルス市住宅供給公社（Housing Authority of the City of Los Angeles/HACLA）へ提出する申請書を記入する。ＨＡＣＬＡはその入居候補者と面接を行い、提出された情報や書類に間違いや不正がないかを確認し、その申請の認否を決める。もし申請が認められればその該当するホームレスの人物には住居か、もしくはそれに准じた援助が与えられる。そうでなければその組み合わせ結果は消え、アルゴリズムがまた新たに機会を与えられる候補者を探していくのである。

このシステムの設計者たち、資金出資者たちによると、統合登録システムは健常な人々を優遇する現在のホームレス・サービスの状況を一転させると言う。コミュニケーションと支援物資の共有を促進し、ロサンゼルス全体のサービス提供機関の間に新しく強い結び付きを構築すると言うのだ。住宅危機の実際の状態について精緻で時宜にかなったデータを提供し、もっと状況に適応した政策決定を形成することにも役立つのである。もっとも重大なことは、ホームレスの人々と適正な住居を結びつけることで、何千人もの命を救う可能性があることである。その救われた一人がモニーク・タリーだ。

モニークは丸顔でソバカスのあるアフリカ系アメリカ人女性だ。私が彼女に会ったのは、四〇年近く貧しいホームレスの女性の窮状を助けるべく取り組んできたダウンタウン・ウィメンズ・センター(Downtown Women's Center/DWC)だった。DWCは二〇一〇年、七一戸の恒久的な支援住宅とセンターの女性たちが作るクラフト・グッズを売る店、診療所など、スキッド・ロウのコミュニティ内の女性たち向けの多様なサービスを備えた施設をサウス・サン・ペドロ・ストリートに開設した。DWCは、ビル内で利用者が寛いだ雰囲気が味わえるよう心配りを惜しまなかった。陶器や花瓶、ティーポットが置かれた飾り棚があり、私が訪れた日には白木のベンチに七五人ぐらいの女性たちが座ってコーヒーを飲みながら談笑していた。ビル内にはシャワーやカフェテリア式のオープン・キッチンがあった。利用者が外のテントに帰る際に持ち帰れるように、きちんとたたまれたトイレットペーパーが入った箱もあった。

シェルターに入るまでのモニークの住居事情には紆余曲折があった。サウス・ロサンゼルスの準工業地域にあるパスウェイズ(Pathways)という四三〇床のベッドを備えたシェルターに行き着くまで、彼女は姪が経営する小さな保育所を手伝い、年老いた家族の世話をしながら様々な場所を転々としていた。朝早くパスウェイズのシェルターから追い出されると、彼女は毎日バスに乗り、DWCに救いの手、仲間、安らぎの場所をを求めてやって来た。

モニークは非常に大きな困難に直面していた。素面でいること、子供達と別れて生活することなどで、また住む場所がない状態が長くなるにつれ、精神的、身体的な問題はますます深刻化していった。しかし、頼りになる周囲の支えがあったことは幸運だった。彼女のボーイフレンドとその母親は週末はほとんど彼女を家に迎え入れてくれ、そこで彼女は洗濯をし、入浴し、家庭料理を味わい、テレビを観ることもできた。「普通の人たちがするようなことができたわ」と彼女は思い出しながら言った。「正常な生活を束の間だけ送ることができた」。

ある日、DWCのケースワーカーがモニークのところに来て、VI-SPDATの査定を受けて統合登録システムに登録しないかと聞いてきた。VI-SPDATの質問に答えるのは難しかったと彼女は記憶している。「だって、セラピストと話しているようなものだったから」。彼女の信頼できる味方でありDWCのケースマネージャーでもあるトレーシー・マルボローは、モニークにこうアドバイスした。「とにかくできる限り正直に、潔白な心で答えるのよ」。「だから、質問には正直に答えたわ」とモニークは言った。

「私だったら、できるならVI-SPDATは誰か信用できる人の介助で受けたいわね」。彼女は笑いながら猿のモチーフのバックパックの中身をゴソゴソとかき分けながら言った。「でも、住居を手に入れるためだったら全然知らない人の介助ででも受けるでしょう。［中略］雨露をしのげる屋根の下で生活できるんだったら、今ここであなたに、いい、あなたにだって話すわ、本当のことを。そして、あなたが聞きたいことを言うわよ」。

清々しい一二月のある日、マルボローがモニークに電話をしてきて、サウス・サン・ペドロ・ストリートとフィフス・ストリートの角に来てくれないかと頼んだ。その場所でモニークは、SROハウジング・コーポレーションが二八〇〇万ドルをかけて建設した恒久的滞在型の支援集合住宅であるゲートウェイズ・アパートメントの一室の鍵を渡されたのだ。この非営利の低所得者用の住宅開発業者は一〇七戸の住宅の入居を希望する五百人以上のウェイティング・リストを処理するのに統合登録システムのプログラムを利用し、システムはモニークに優先順位があると判断したのだった。「二〇一三年の一二月一七日のことよ」と彼女は言う。「人生で最高のクリスマスプレゼントだった。自分の家が手に入ったんだもの」。

彼女の新しいアパートメントは三五〇平方フィート（約三三平方メートル）のワンルームタイプで、クローゼット、キッチン、彼女専用のバスルームも付いていた。「ドアを開けて部屋の真ん中に立ったら泣けてきた」と彼女は言った。「まず神様に感謝を捧げたわ。だって全部、神様のお陰で叶えられたんだから。それからDWCにも感謝している。私が路上生活から抜け出せるように神様の手助けをしてくれたから」。

モニークは、何故統合登録システムが自分の優先順位が高いと判断したのか、いまだによく分かっていなかった。誰も彼女のVI-SPDATのスコアがどれぐらいだったのか教えてくれなかった。「システムがどんな仕組みになっているのか誰も説明してくれなかったわ」と彼女は捻れ細工が施された真鍮のフープイヤリングを触りながら考え込むように言った。私がVI-SPDATは1から17の段階に人々を分けてもっとも脆弱な状態のホームレスの人々を選び出しているのだと言うと、彼女は自分のスコアは多分10ぐらいだったのではないかと推測した。一部の薬の服用を止めたことはあっても、彼女の精神状態と健康はゲートウェイズ・アパートメントに入居する二、三カ月前までかなり安定していた。「私、努力したわ」と彼女は言う。「馬鹿な真似をしないように」。

結果に感謝しつつも、何故自分が入居できてDWCにいる彼女と似た境遇の数多くの女性たちが入居できなかったのか、モニークは気にしていた。「統合登録システムを使って登録した人を沢山知っているわ」。彼女は考えに沈んだ。「それからもう三年ぐらい経つけど、誰もどこにも入居できていない。何かおかしいと思ったわ。［中略］みんな私と同じような目に遭ってきたのよ。それなのに三年経っても入居できていない。心のどこかで、何だか……これって何かおかしいんじゃないかって思うわ」。
結局、彼女は自分が入居できた理由を信仰の力、そして自分の正直さと率直さの賜物、さらに運が良かったからだとしている。彼女は入居できたことに心から感謝し、自分の子供たちの人生において安定した存在でいられるよう、懸命に努力していた。「物事はそうなる時期が来たら何とか収まるものだと思うわ」と彼女は言う。「私にとって良い方向に収まってくれたから喜んでいるの。でなければ、今頃シェルターにいるか、精神病棟にいたでしょうね。［中略］精神的にも身体的にも、そして感情的にも打ちのめされた状態が続くと、人間は耐えられなくなってくるわ。［中略］住む家が見つからなければ、行き着く先は三つしかない。刑務所か、施設か、死よ。私がそうなった場合の母の悲しみを考えたら、母にそんな思いはさせたくないと思うのよ」。

「アンクル」・ゲイリー・ボートライトは統合登録システムによってそのような幸運に恵まれることはなかった。現在六四歳だったが、この一〇年間、彼は路上生活から抜け出したり戻ったりを繰り返していた。二〇一六年、眩いほど日差しの明るい五月のある日、彼はスキッド・ロウの外れのイースト・シックス・ストリートのグレーと緑のテントで生活していた。雨漏りがしないよう青のビニールシートがテントの上に被されており、二台のショッピング・カートが入り口を防御するように置かれていた。私がテントに近づきドアをノックする代わりに彼の名前を呼ぶと、私の訪問に備えてテント内を箒で掃いてくれていた。彼は箒の柄でテントの入り口を開いてくれ、折り畳み椅子と飲料水のボトルを勧めてくれた。（椅子には座らせてもらったが、スキッド・ロウでは貴重な必需品である飲料水のボトルは辞退した。）

彼のテントの中は塵一つ落ちていなかった。オキシクリーン、洗濯洗剤、漂白剤のボトルが入ったケースが何個もあった。複数のSF小説、シンクレア・ルイスの小説、『それはここでは起こり得ない』(*It Can't Happen Here*)や進歩派の雑誌、『現在』(*In These Times*)などがエアマットレスの上に置かれていた。最近、健康のためにダイエット飲料に変えたとかで、ダイエット・クランベリージュース、マウンテン・デュー、ゲータレードなどの二リットル入りのボトルが五、六本散らばっていた。いくつかのボトルにはスクリューキャップの蓋の上に黒のマジックでエックスの文字が目立つように書かれていたが、そういうボトルは中にラムが入っているか、夜中の仮設トイレとして使用するためのものだった。

ゲイリーは歯に衣を着せない皮肉っぽいユーモアの持ち主で、薄くなりつつある白い髪とサンタクロースのような青い眼の持ち主だった。私たちが話している間、彼はポール・モールを吸い、几帳面に整理されてテントの中のラバーメイド社の容器に保管された書類をパラパラとめくった。彼はこれまで、溶接工、石工、パラリーガル、訪問販売員、法科の学生など、数多くの違った職業に就いていた。一番最近やっていたのは大手法人向けの不動産融資会社の書類処理の仕事だった。二〇〇〇年代の初め、サブプライムローン業界が破綻を迎える少し前に、勤め先だったグリーンポイント・モーゲージ・ファンディング(GreenPoint Mortgage Funding)から解雇された。「僕は他の誰より長く職場に残ったクチだった——転身する人が多かったからね。僕が部署全体の外注を一手に取り仕切っていた」と彼は言う。「でも、会社はインドに書類処理をするところを見つけて、そこから全部メールでこっちに送る方法に変えたんだ」。グリーンポイントはやがて、二〇〇七年の景気後退を招く主因となりマイノリティの人々のコミュニティをターゲットにして搾取的な住宅ローンを売り込んだとして、センター・フォー・パブリック・インテグリティ(Center for Public Integrity)という非営利の調査報道団体の作成した「サブプライム25」というリストに載ることになる。

ゲイリーが解雇された直後、ハリケーン・カトリーナがメキシコ湾岸部を襲った。彼はニューオーリンズで休暇を過ごそうと考えていたが、飛行機とホテルの予約をキャンセルし、現地の援助活動に参加するためルイジアナ州のコヴィングトンへと向かう一行に加わった。彼は、ボーグ・ファラヤ川とチェファンクト川の分岐点に位置する小さな都市で復興支援に勤しみ、その間、応急的に建てられた戸外の「コヴィングトン基地」で寝泊りした。「これまでで最高の休暇だったよ」と彼は言う。

オレンジ郡に戻った彼は失業保険を申請し、再就職先を探し始めた。彼は学士号を持ち、また大手法人向けの不動産融資の経験は豊富だったが、その頃には業界そのものが崩壊しようとしていた。当時彼が住んでいたのはディズニーランドに近い、依存症患者の社会復帰に向けて酒や薬を断つ施設、ソーパー・リビング・コミュニティ内の住居だったが、失業保険の小切手が期日通りに届かなかったのがきっかけで「施設の管理人と角突き合わせる」ようになり、状況は不安定になっていった。失職する前に、彼は新型の中古車を購入していた。「あの車に現金で六五〇〇ドル払ったんだ」と彼は言う。「走行距離も少なかったし、良い状態だった。あれはいざという時のための貯金箱みたいなものだった。だから、失業保険が支給される最終月にも、「大した問題じゃないさ」と思った。いざとなったらあの車を売って一〇〇〇ドルぐらいのオンボロ車を買えばいい、差額が手に入るだろう、ってね。前もって計画していたんだ。ちゃんとやるべきことをやっていたのさ」。

その後、彼は公共の公園に車を放置していたという廉《かど》で違反切符を切られ——ゲイリーはそれが正当な嫌疑だとは認めず、後日裁判に訴えた——彼の車は撤去され、差し押さえられた。差し押さえの解除金が払えなかったため、車を売って現金を得ることもできなくなってしまった。「要するに」とゲイリーは言う。「警察が僕の貯金箱を盗んだんだ」。

失業保険がなくなると家賃が払えなくなり、ソーバー・リビング・ホームからも追い出された。ホームレスになってしまったゲイリーはオレンジ郡の福祉サービスの事務所が数多く集まるサンタアナに向かった。しかしサンタアナはホームレスの人々に対する警察の取締りの中心地でもあった。一九九二年の条例が、公園内での野宿も不法としていた。警察長、ポール・M・ウォルターズは、毎週ホームレスの人々を捕らえ、違反切符を切る「一斉検挙」を行うことで遍く批判されていたが、彼自身はその検挙を「犯罪が起こる前にその芽を摘み取る」ためだと説明していた。

ゲイリーはこの頃から定期的に警察と揉め事を起こすようになっていった。それから五年の間にホームレス生活に関係する犯罪の容疑で合計二五もの違反切符を切られている。それらの容疑は、公園への不法な入園、滞在、または保安官からの退去命令の不履行、公共の場での個人的な所有物の保管、信号無視、ゴミのポイ捨て、ショッピングカートを無許可で移動させたなどで、その他の容疑も色々あった。

オレンジ群の上級裁判所で、ゲイリーが懲役を科される可能性に直面した時、判事は司法取引を提案した。取引の内容は、ゲイリーがオレンジ郡を立ち去り二度と戻らないならば、今までの違反切符を無効にするというものだった。ゲイリーは承諾し、約五一キロメートル北にあるスキッド・ロウにやって来たのだった。

スキッド・ロウに移って来てから、ゲイリーはVI-SPDATに三回挑戦したが、どれも途中の段階で投げ出してしまった。最初にそれを受けたのは二〇一五年四月で、彼は一時間バスに揺られて約二七キロメートル離れたランカーシム・ブールヴァードにあるボランティア・オブ・アメリカの事務所まで出かけて行った。事務所が開くのは午前八時だったがその前に列に並んで待つため、午前五時か六時には現地に到着できるようにした。そこでＬＡファミリー・ハウジングの統合登録システムのナビゲイター、ディラン・ワイルドに会い、アンケートに答えた。ワイルドはゲイリーのために、カリフォルニア州の何百という低所得者用の集合住宅を管理している民間企業であるアルファ・プロパティ・マネージメント（Alpha Property Management）との面接の予約を取ってくれた。

しかし、この時の訪問は結局実を結ばなかった。誰もゲイリーにその企業のウェイティング・リストに加わるには過去三年から五年間の証明可能な賃料支払い記録、しっかりした信用情報が必要だと教えてくれなかったからだ。「ホームレスの人々のための住宅にそんな情報が何の関係があるんだい？」彼は声を荒げて私に聞いて来た。ゲイリーはまた、アルファ・プロパティ・マネージメントがこれもウェイティング・リストに載るためには必要だとする出生証明書の発行にかかる料金を自己負担するのを拒否した。「これまで、散々自腹を切り、自分のお金を使って結局どこにも入居できなかったからね。多分［ワイルドは］新米で入ったばかりだったんだろう。若かったからね。彼はこういう仕組みがよく分かってないようだった。残りの手続きのためにこちらから連絡しようとしたが、連絡が取れなくなってしまった」。

ゲイリーが二度目にＶＩ－ＳＰＤＡＴを受けたのは、ロサンゼルス郡医療サービス局（Los Angeles County Department of Health Service）の一部署であり、「複雑な健康上、精神衛生上の問題」を抱えた人々への住宅供給を専門とするハウジング・フォー・ヘルスの代表者の仲介の下でだった。ケースワーカーが、これまでの精神疾患の既往症を照会する必要があるというので、オレンジ郡から自分の精神医学上の既往歴を取り寄せる承諾書にサインをした。「アンケートには回答したけど、社会保障［番号カード］を持って来てなかったんだ。それでまた事務所に行って、それも手続きした。向こうは連絡をしたかったら僕がどこにいるかは知ってるはずだけど、それ以来連絡はないね」。

三度目に彼がVI-SPDATを受けたのは、彼がテントを張っていたイースト・シックス・アベニューに警察と衛生局（Bureau of Sanitation）が居合わせたのがきっかけだった。路上で支援活動を行う人々も一緒におり、その中の一人がロサンゼルスのホームレス・サービス局（Los Angeles Homeless Services Authority/LAHSA）の緊急対応班のジョージ・トーマスだった。ゲイリーが彼にこれまでに何度かVI-SPDATを受けたことがあると言うと、トーマスは自分ならハウジング・フォー・ヘルスやLAファミリー・ハウジングよりもVI-SPDATの手続きをうまく進めることができると請け合った。「彼は『そりゃ、生憎だったな。自分ならもっと上手くやるよ』と言ったんだ」とゲイリーは回想する。「彼が言うには、何でも、役所の形式的な手続きを省略する方法を知っているらしい。警察とも連携していたし、住宅供給について色んな人から話を聞いていたらしいからね」。ゲイリーは面談が予定されていた時間に電話をし、メッセージを残した。トーマスがそれに応えてゲイリーの携帯にメッセージを残していたが、あまりに早口で話していたので聞き取れなかった。彼はもう一度トーマスに電話をし、状況がどうなっているか説明してくれるように頼んだ。しかしその返事は返って来なかった。

ゲイリーは自分のVI-SPDATのスコアはあまり高くないと推測している。彼は六四歳で、血圧が多少高めで耳が遠いことを除けば概ね健康である。一部の人々の間ではコマンダー・クッシュ（大麻）の名で知られ、テント内のマウンテン・デューのボトルにラムを隠し持ってはいるが、彼が薬物を乱用したり、そのために衰弱しているようには見えない。彼はオレンジ郡から取り寄せられた自分の精神衛生上の記録に何が書かれていたかは知らない。誰も診断の結果を彼に教えてはくれなかったからだ。実のところ、サンタアナで受け取った違反切符の審問の際に、判事がゲイリーに精神疾患の罹病歴があると述べたのを聞いて彼はびっくりした。
彼は、自分がその一帯のケースワーカーから厄介なケースだと見られていたのではないかと睨んでいる。「僕は、床ジラミがある施設はお断りだとハッキリ言ってやったからな」と説明する。「床ジラミも短期間なら我慢できるようになったけど、入居者には徹底的な駆除はできないからね。それは管理側の責任だよ。それをやらないんだから」。彼は自分の携帯の所有を主張して曲げなかったため、救世軍の緊急用シェルターに入所できなかった。「救世軍のシェルターに入所するには携帯が必要だっていうのに、それを今度は持つなって言うのかい？　嫌だね」。要するに、ゲイリーは自己決断と大人として決定を下す権利を、住居への権利と引き換えに放棄することが容認できないのである。「僕には子守は必要ない」と彼は言う。「どこへ行けとか何をしろとか、どんなふうに生きろとか言われたくないね。理屈の分かる立派な大人なら誰だって我慢できないだろう。頭がおかしい子守に指図されたい人なんかいるもんか」。彼は、自分がホームレス用の住宅に入居できない理由は「頭を下げることが出来ない」からだと推測する。「まだ僕には個人としての尊厳がある」と彼は言う。「それを売り渡すつもりはないね」。

スキッド・ロウはこれまでずっと、ロサンゼルスの統合登録システムの推進活動の中心地だったが、それにはもっともな理由があった。ロサンゼルスのダウンタウンは最大のホームレス人口――二〇一七年には一万五三九三人だった――を保有しているが、それはもっとも集中した人口分布だ。しかしその約三、四キロメートル先には、ほぼ同じようにホームレスの人々が密集しているが、顧みられていない一帯がある。それがサウス・ロサンゼルスだ。政策というクリーグ・ライトに明るく照らされたダウンタウンの影に隠れたこの一帯でホームレスと戦う人々にとって、統合登録システムはまったく違った体験だった。

サウス・ロサンゼルスはＬＡの中心部と接した、ハイウェイの一〇号線から南の約一三〇平方キロメートルの地域だ。以前はサウス・セントラルと呼ばれていたが、二〇〇三年に市議会により新たに名称変更された。最近、「あなたの家を現金で買い取ります」という張り紙がとみに多くなり、ライト・レールのエキスポ線〔訳注：現在のＥライン〕やクレンシャー／ＬＡＸ線の拡張工事などが行われているのは、ここに低所得者層の居住地域を高級化する再開発、ジェントリフィケイションの波がやってくる前触れではないかと囁かれていた。

スキッド・ロウからサウス・ロサンゼルスへのバスの旅はモニーク・タリーのかつての毎朝の行程、パスウェイズのシェルターからＤＷＣへの行程を逆に辿ることになる。この二つの界隈は深く絡み合った歴史を持つ。アラメダ・ストリートはユニオン駅からダウンタウンを抜けてスキッド・ロウの東の端を通り、フリーウェイの下を潜って南に下り、ヴァーノン、ワッツ、そしてついにはコンプトン地区へと大動脈のように走っている。アラメダ・コリドーと呼ばれる鉄道路線沿いは第二次世界大戦後に爆発的に発展したロサンゼルスの軍需産業と自動車産業の誕生の地である。

アラメダ・ストリートはまた、ロサンゼルスの根強い人種間の境界の一つをなぞっている。一九四八年、最高裁が人種を限定する契約が憲法違反であるという判決を下す以前は、ロサンゼルス内の、黒人家庭を対象から除外する契約内容を持つ不動産は全体の八〇パーセントに上った。アラメダ・ストリートの東は労働者階級の白人が居住する郊外だった。通りの西側はサウス・セントラル地区とワッツ地区で、その二つはどちらも黒人家庭が住むことができる数少ない地域だった。

サウス・ロサンゼルスでは、戦後の急速な経済発展の一時期が過ぎた後、軍事支出の削減と自動車製造工場の閉鎖が、ロサンゼルス郡でも一番高い一四パーセントという失業率が続く状況を生んだ。この辺りにはロサンゼルスでも最大の公共集合住宅、ニッカーソン・ガーデンズとジョーダン・ダウンズがある。同時にこの地域は全米でもっとも密集した住宅地だった。

産業の空洞化が起こった一九八〇年代、失業したサウス・ロサンゼルスの生産年齢人口の黒人男性の多くはスキッド・ロウに足を向けた。最近の一〇年間の間にその流れは逆になった。ダウンタウンでの警察の厳しい取締りと再開発の圧力を背景に、多くのホームレスの人々がサウス・ロサンゼルスに流れ込んだ。しかしそれに対応するための地域内の援助物資は乏しかった。ダウンタウンに比べると、シェルターベッドの数は半数以下、恒久的支援住宅内のベッド数は七分の一しかなかった。非営利団体、サービシズ・フォー・グループス（Services for Groups）の二〇〇八年の報告書によると、ダウンタウンとスキッド・ロウは一人のホームレス生活者につき、一年に一一三二ドルの助成金を支給されていたが、一方サウス・ロサンゼルスが受け取る助成金は一人当たりたったの六〇七ドルだった。

地元のホームレスの人々が増え、また近隣の地区からのホームレスの人々の流入が続き、さらに援助物資が非常に限られていたことから、サウス・ロサンゼルスでは屋外に設置されたテントが広範囲に広がるテント村が出現した。ロサンゼルス大都市圏内のホームレス生活者の二〇一七年度の総計によると、サウス・ロサンゼルスのホームレス生活者の七五パーセントはまったく保護されていない状態にあった。二三六四人のホームレスの人々がシェルター内のベッドか、恒久的な支援住宅に収容されている一方で、六八七九人はサウス・ロサンゼルスの事実上の低所得者用の住宅となっている仮設のシェルターで生活している。その七〇パーセントが黒人である。

クワネッサ・ハントはサウス・ロサンゼルスの緊急シェルターの最大の供給先であるパスウェイズ・トゥー・ホーム（Pathways to Home：家への道筋）のホームレス・サービスの元ディレクターだ。二〇一六年二月に私が訪れたその日、彼女のオフィスは公民権運動の活動家のポスターや宗教的な格言で飾られ、バニラの香りが漂っていた。彼女のカレンダーには、「私は信頼を、お金や物ではなくキリストにおく」という文句が誇らしげに掲げられていた。しかしサウス・ロサンゼルスで生まれ育ったハントにはどこか非常に世俗的な雰囲気があり、そのユーモアのセンスは意地が悪いと言ってもいいぐらい辛辣だった。黒革のロング・ブーツと完璧に施された珊瑚色のマニキュアが眩しかった。彼女のパソコンのモニターの下側の端に貼られた水玉模様の小さな紙には「クソ食らえ：これが私の新しいモットー」と書かれていた。

「サウス・ロサンゼルスは他のどんな地区とも変わらないわ」と彼女はいう。「低所得者もいれば、貧困者、中流階級、すごいお金持ちもいる。クレンシャーから西のレイマート・パークは中流階級のアフリカ系アメリカ人のコミュニティよ。大体は自家所有者たちね。その向こうはウィンザー・ヒルズで、そこは富裕層が住むところ。南東部は貧困に喘いでいる人たちの地域。でも、私たちはみんな同じコミュニティに住む仲間よ。私の住んでいる通りでは、みんながお互いのことを知っているわ。サウス・ロサンゼルスの人々はみんな同じことを望んでいる。それは、まともな食事、住む家、子供が質の高い教育を受けられることよ。サウス・ロサンゼルスはとても家族志向の街なの。私の祖母はここで、自分の家族の五世代の移り変わりを見てきたわ」。

周りが平地であることと縫製工がひしめき合って働く低層の倉庫群に囲まれていることから、シェルターから見えるダウンタウンは、まるで北に約五キロメートルほど離れた空間に浮かぶ宝石を散りばめた島のようで、その景色は壮観だ。パスウェイズ・トゥー・ホームはサウス・ロサンゼルスの住宅危機と、その地域のまったく十分ではない支援資金との間のギャップの橋渡しをすべく、一晩に約三一五人の男性と、一一五人の女性にベッドを提供している。その低く大きなベージュ色のビルの中は端から端まで、お互いに手幅二つ分ほど離された二段ベッドで占められている。スタッフは、すべての人が歓迎されているように感じられるよう、そして利用者の尊厳が失われないように気を遣ってはいるが、それが人間用の倉庫である感じはやはり否めない。

案内をしながら、ケアマネージャーのリチャード・レンテリアは、パスウェイズはハーム・リダクションと住居第一の方針をとっていると説明してくれた。これは、いったんパスウェイズのドアをくぐった入居者がシェルターに留まることができるよう、スタッフはできる限りのことをするということを意味する。もし酔っ払っている人がいれば、食事を与え、ベッドに寝かしてやる。もし攻撃的な人がいれば、冷静になるまで屋外のパティオで過ごしてもらう。刑法290番代の性犯罪者でも、刑務所から出所してどこにも行く場所がない場合、受け入れてもらえるのである。しつこく喧嘩を始めようとする輩《やから》だけが、外に放り出されて自活を余儀なくされる。

レンテリアや他の職員は、訪問者を温かく迎え、相手と視線を交わし、積極的に関与することを心がけている。「人にはそれぞれのストーリーがある」と彼は言う。「どの人もそれぞれの障害、目標、夢に満ちた、それぞれの違ったストーリーを持っている」。しかしシェルターには限られたスペースしかなく、一帯には小さなテント村が点在している。ブロードウェイとウェスト・サーティーエイス・ストリートが交差する角の木々の下や、ブロードウェイと、哀しく皮肉なことに、あのマーティン・ルーサー・キング・ジュニアの名を冠したブールヴァードの角にもそれは見られる。

パスウェイズは公式には九〇日間滞在できるシェルターだが、その三カ月の間に収容者の住居を見つけて入居させるのはほとんど不可能だ。この地域には「入居可能な空き物件は皆無」だとハントは言う。そして手頃な住居を見つけるのはなおさら難しいのだと述べた。「相場相当の住宅となったら？　誰も払えるわけないわ」。パスウェイズの統合登録システムの専門担当者であるウィリアム・メンヒヴァーもそれに同意する。「ここの住宅とマッチできる人は誰もいないよ」と彼は言う。「統合登録システムを通して入居ができる住宅はここにはまったくないね」。

サウス・ロサンゼルスで統合登録システムを利用するのは、オンラインでデート相手を見つけるというより障害物レースを走るようなものだ。最初のハードルはVI-SPDATそのものである。パスウェイズのスタッフは他所で受けたVI-SPDATのスコアが非常に低いケースを多々見てきた。パスウェイズのケースマネージャーと知り合い、時間が経って打ち解けてくると、多くの人はもっと心を開いてくる。メンヒヴァーの記憶に残るある人は他の福祉サービス機関でVI-SPDATを受け、そのスコアは17段階のうちの1だった。彼がパスウェイズに来て、もう一度VI-SPDATを受けるとそのスコアは16だった。「私はデータを重視するわ」とハントは言う。「でもデータは集める側によって変わるのよ」。

パスウェイズは信頼を築くためにライフストーリーワーク療法などを使い、利用者の話に耳を傾けることに力を入れている。「人間らしい繋がりがなかったら」とレンテリアは言う。「その人を本当に正しく査定できないものだよ。心を開いてもらうには、まず彼らの信頼を得ないと駄目だね」。だが、サウス・ロサンゼルスではVI-SPDATで高いスコアを出すことはまるで小説の『キャッチ＝22』を地で行くようなものだ。この地域には恒久的な支援住宅はほとんど皆無である。そのためパスウェイズでVI-SPDATを受けた人々は、今度は住宅供給公社の当局者との面接を受けなければならず、そこで彼らが個々の住居で一人で生活できるかどうかが見極められる。パスウェイズで受けたVI-SPDATのスコアが高い人々は、家賃の支払いに使用できるセクション8（Section8）というクーポンの支給資格が認められるかもしれない。しかし同時に、高いスコアは彼らが一人で暮らすには適さないことを示しているとみなされる可能性もある。

「住宅供給公社を相手にするのは下手をすると、本当に厄介だ」とメンヒヴァーは言う。もしパスウェイズでVI-SPDATを受けた人のスコアが16だとすると、その人は家賃補助と援助福祉サービスに使用できるシェルター・プラス・ケア（Shelter Plus Care）というクーポンの支給資格があるはずだ、とメンヒヴァーは説明してくれた。「でも、住宅供給公社は、『あなたが一人で住むのは無理です。医師か精神科医のところに行って、あなたが鍋を火にかけっぱなしにして火事でも起こしてアパート全体が焼け落ちてしまうようなことにはならないという証明を取って来なさい』って言うんだよ。住宅公社はまるでサービスを提供しないようにするために面接しているみたいなんだ」と彼は言う。「僕はサービスを提供するために面接するけどね」。そのためパスウェイズのケースワーカーたちは、住宅供給公社との面接を受ける際は裁判手続きのように、自分たちが裁判を受けているかのように振る舞うようアドバイスしている。「利用者に変な入れ知恵をするつもりじゃないけど、こうは言うよ。『聞かれたことだけ答えるんだ。余計な情報は相手に与えないように』ってね」。

もしケースマネージャーと本人がVI-SPDAT、そして住宅供給公社との面接という〔障害物レースの〕足場の不安定な浅瀬をうまく渡ることができれば、待望のセクション8のクーポンが手に入る。

しかしこのクーポンのプログラムはスキッド・ロウの非営利の住宅開発業者によって建設されたような恒久的な支援住宅ではなく、民間の不動産市場に頼っている。不動産業界の資本主義、常に逼迫した賃貸市場、家主側の偏見などが、サウス・ロサンゼルスの統合登録システムの障害物レースの最後のハードルになっている。セクション8のクーポンを手にしたとしても、パスウェイズの介助を受けて登録した人々が民間の家主から物件を借りることができる保証はどこにもない。

パスウェイズのスタッフが「なんとか日常生活を送るか送れないかという不安定な状態のパスウェイズの利用者」を部屋探しに連れて行ったとしても、「家主側は本人に会ってその様子を見て、最悪の結果が起こると判断してしまうんだ」とレンテリアは言う。セクション8のクーポンの有効期限は六カ月であり、それを過ぎるとまた同じ過程を最初からやり直さなければならない。「人々はなんとか入居先を探そうとする。でもみんな行き詰まってしまうんだ」。レンテリアはため息をついて続けた。「多くの人はただ諦めて去って行く」。物件の循環も需要に対応できるには程遠い速さだ。「もし誰かが入居し、その後仕事を見つけて自活できるようになったり、亡くなったり立ち退きになってその住居が空いたとしても、それまでにはまた新たに一〇、〇〇〇人もの人が査定を済ませ、待っている状態なんだよ」とメンヒヴァーは締め括った。

VI-SPDATとロサンゼルス市住宅供給公社との面接を見事クリアしてセクション8のクーポンを手に入れ、長期間かかって骨の折れる部屋探しを続け、臨機応変な、あるいは昔ながらの方法と多大な援助によってついに住居を見つけることができる場合もある。しかし多くのホームレスの人々にとって、統合登録システムを使って入居するという期待が裏切られることは大きな失望だ。「開始後三カ月目にはすでに、登録にもう一度挑戦するようにアドバイスすると非常に感情的になる人々がいたわ」と言うのはこれもサウス・ロサンゼルスにあるホームレス・アウトリーチ・プログラム・インテグレイテッド・ケア・システム（Homeless Outreach Program Integrated Care System/HOPICS）のヴェロニカ・ルイスだ。「例えば、『入居できるところなんてどこにある？』って感じなの。しばらく、私たちが何を言ってもみんな聞く耳を持たない時期があったわ。人々は怒っていた――わざわざここに来て情報を集められて、その結果がこれじゃないか？というわけよ」。

このような冷笑的な態度には根拠がない訳ではない。ロサンゼルスの一見、施しようのないような住宅危機問題を解決する万能薬だと謳う方策が、ホームレスの人々に対して試されたのはこれが最初ではないからだ。「ホームレスの人々に会ってあらゆる質問に答えるよう求め、色々なことを期待させてあとは知らん顔っていうようなサービスがたくさんあるからね」とリチャード・レンテリアは言う。「そんなふうに集めた情報を使ってデータベースを作り、ホームレスの数は何千人だとか話しているけど、その情報の元になった人々にサービスを提供しようとはしないんだ」。

モニーク・タリーにとって、統合登録システムは天からの賜物だった。もしも入居できる住居があるならば、一部の人々にとってそれはうまく機能するシステムだろう。モニークがVI-SPDATを受けた時は、新しいゲートウェイズ・アパートメントの入居がちょうど開始されるところだった。五〇〇名の申請者のなかから彼女の名前が選出され、彼女の人生は好転した。

しかし住居の建設や建て替えに充分な公共投資が為されなければ、統合登録システムは単にホームレスを管理する方策であり、問題の解決策ではあり得ない。ランプ・コミュニティ（Lamp Community）のヘイゼル・ロペスは二〇一五年、統合登録システムの働きを誇張しないようにとスタッフに説いて回ることに多くの時間を費やした。「もちろん、人々にあまり期待させないようにするためよ」と彼女は言った。「このシステムが始まった時、登録しさえすれば、ふさわしい住居とのマッチングが可能なんだとみんなが思ったわ。でもやがて、新しく住居が与えられるわけではない、ただ現存する住居を対象に、より効率的にそれを利用しようとしているだけなんだと人々に繰り返し伝えなければならなくなった」。

「援助の供給が増えなければ、ホームレスの問題は解決しないわ」。ロサンゼルス郡の郡会議員、シーラ・キュールの住宅・ホームレス問題担当補佐のモリー・リズマンはそう言った。「今ある資金をできるだけ切り詰めて、とにかく効率性と有効性を徹底的に追求しなければならないという圧力がある。統合登録システムのお陰で以前より随分効率的にはなった。でも、援助供給なしにホームレス問題の解決はあり得ないわ」。統合登録システムの設計者であるクリス・コーもそれに賛同する。「統合登録システムは必要なシステムだが、充分なものではない」と彼は言った。「これはすでにシステムにデータとして取り込まれた援助資源をより効率的に使うツールなんだ。我々には助成金の恒常的な供給源が必要だ」。

二〇一五年の六月、コーは統合登録システムがアメリカの住宅危機に関する、より正確な情報を提供し、進歩的な政策変更に貢献することを望んでいると私に語った。「住宅問題を提議するにあたって、これほど需要と供給を明確に示したデータはこれまでなかった」と彼は言った。「このシステムはどんな層の人々がどんな住居を必要としているかを割り出すことができる」。二〇一七年五月、彼の楽観的展望とコミュニティの人々の努力が実を結ぶ兆しが見え始めた。

現在のロサンゼルス市長のエリック・ガーセッティは二〇一六年一月、ロサンゼルスの市政史上もっとも包括的なホームレス対策を打ち出した。それは統合登録システムを大いに助けることになる。敷金、家賃、引越し、そしてケースマネージメントなどの支払いのための少額の補助金を支給して、ホームレスになる危険に直面している人々を対象に早期再入居プログラムを推進するという内容だった。現存の商業的建造物を短期の過渡期利用型住居に作り替える援助を行い、家主側がセクション8のクーポンを受け入れることを奨励するための措置を取ることも含まれた。

より最近では、ロサンゼルスの投票者は低所得者用の住宅とホームレス関連のサービスへの助成金を増やすことになる投票法案を通過させた。法令HHHは市がホームレス生活者のための一万三〇〇〇戸の住居、複数の精神医療施設、診療所、そしてその他のサービスを購入、建設、改築するため一二億ドルの債券を発行するもので、七七パーセントという目覚ましい数の賛成を得て二〇一六年一一月に可決された。二つ目の法令である法令Hはホームレス関連のサービスやその予防対策に充てる資金供給のため一〇年間の売上税の〇・二五パーセント増を承認するものだった。法令Hは二〇一七年三月に六九パーセントの賛成を得て可決された。

コーはこれら前例のない政策の変更に統合登録システムが果たした役割は、目立たないが重大だったと示唆した。システムによって収集されたデータは、事前に予算のギャップ分析が行われた際の資料として役立った。その分析はホーム・フォー・グッドにより準備され、市長の執務室に送られたのだった。彼らは、どんな住居が必要とされているかの「より的確な割合を割り出す」ために統合登録システムのデータを利用し、その結果、約一万戸の恒久的支援住宅と、それに加えて新しい一時滞在型住居のベッド、早期再入居プログラムのための追加援助などが必要であるという結論を得た。コーは地元の統合登録システムの介助を行う団体に、新しい住居など、住宅、人的資源を共に含む「ドリーム・バジェット（夢の予算）」を作成することを勧めたが、同時にケースワーカーたちには「登録者がそれぞれの住居への道を歩むのに地道に寄り添う」ことを提唱した。人材確保の費用は半ば当てずっぽうに一億ドルと見積もられていた。「実は、ある週末に僕が適当にやったことだったんだけど」とコーは言った。「何故か、市長へ送られた資料に紛れ込むことになった。というのは何が必要かという箇所にその数が書かれていたからなんだ」。また、統合登録システムの設計と導入から発展していった地域のネットワークは、法令HHHと法令Hを可決に導いたコミュニティの支援を強固にする役割も果たした。

しかしコーは、法令が可決された本当の理由はロサンゼルスの住宅危機のスケールの大きさと、それが見た目にも明らかだったことだと見ている。二つの訴訟事件――二〇〇六年のジョーンズ対ロサンゼルス市訴訟、二〇一二年のラヴァン対ロサンゼルス市訴訟――は共に、ホームレスの人々の生活、自由、所有の権利を再確認することに繋がった。ロサンゼルスはアメリカでもっともホームレス生活者に対し制限的、排除的な法令の一つを保持している。それがロサンゼルス市条例四一・一八(d)であり、歩道で寝たり座ったりしていると、六カ月の懲役と罰金が科される可能性がある。ジョーンズ対ロサンゼルス市の裁判では、裁判所は入所可能なシェルターにベッドがない状態で、歩道に座るまたはそこで寝るのを禁止することは、残酷かつ異常な刑罰であり、市はホームレス問題に取り組むことをせず、むしろホームレス生活者を罪人扱いしているという判断を下した。また裁判所は、市内に新たに一二五〇戸の恒久的支援住宅が建設されるまでは、午後九時から午前六時までの時間帯は市条例四一・一八(d)を適用しないと記した指令をロサンゼルス市警察が発行することを義務付けた。

二〇一二年まで、ロサンゼルス市警察は定期的に、テントやシート、寝袋、ショッピング・カート、その他のホームレスの人々の所有物を前もって告知することなく没収、破壊してきた。ラヴァン対ロサンゼルス市訴訟以前は、スキッド・ロウの住民がケースワーカーと会話を交わしたり、シャワーを浴びたり食事をしてから帰って来てみると、所有する全財産が消えて無くなっていたというようなことはよくある話だった。ラヴァン対ロサンゼルス市訴訟の判決は、それが治安上の脅威か犯罪の証拠品である場合を除き、市の職員が何人《なにびと》の所有物も押収することを禁じるとし、「放棄された」として集められたものは廃棄処分になるまで九〇日間、安全な場所で保管されなくてはならない、とした。ジョーンズとラヴァンの訴訟判決は米国憲法修正第八条、第四条、第一四条が住居を持つ人々と同様にホームレスの人々にも適用され、施政側が恣意的にホームレスの人々を収監したり、彼らのプライバシーを侵害したり、彼らの所有物を押収したりできないと認めたのである。

この二つの裁判の裁決により、ホームレスの人々の権利は再確認され、また彼らを悩ませ、逮捕するために使われていたもっとも常套的な手段の停止が命令され、その結果、市一帯に半恒久的なテント村が多くなっていくことは実質的に避けられなくなった。コーは、ジョーンズとラヴァンの訴訟が招いたこの状況が「ホームレスの実態を決定的に明らかにし」、法令HHHと法令Hを可決させたと考えている。

統合登録システムは、システムのネットワーク内の団体が市議会や郡議会のミーティングにおいてそのコミュニティごとにどんな援助が必要なのかという正確な数字を示すことを可能にしたとコーは指摘する。しかし、ロサンゼルスの住民が住宅危機に際して連帯責任を取ろうとした真の動機は、より正確なデータではない。それはどんどん広がっていくテント村の存在だった。

ロサンゼルスのホームレス・サービス局（Los Angeles Homeless Services Authority/LAHSA）による二〇一七年のホームレス生活者の総計によると、ロサンゼルス郡全体には五万七七九四人のホームレス生活者がいるという。二〇一四年以来、ホームレス・サービスのコミュニティは、そのうちの三万一一二四人がVI-SPDATを受けることに助力した。多くの人は、三年の間にホームレスと、住居を見つけて入居する状態を行ったり来たりしていると仮定すれば、VI-SPDATを受けた数は全体の大体三五から五〇パーセントにあたる。そのなかから統合登録システムが住居、または住居に関連する援助に結び付けた人々は九六二七人になる。コーは統合登録システムに今までかかった費用は、もし技術的資源とソフトウェア、追加の人件費だけに限り、実際の住居やサービスにかかる費用を含まないとすれば、約一一〇〇万ドルだと見積もっている。ということは、統合登録システムは、全体のホームレス人口の一七パーセントの人々が何らかの住宅資源に繋がることを容易にし、その費用は一人当たりおよそ一一四〇ドルになる計算だ。有意義な金の使い方だと結論づけるのが妥当だろう。

ロサンゼルスのホームレスの人々が法令HHHの低所得者用の集合住宅の建設を待ち望む一方、市長からの一〇〇〇万ドルの緊急援助が早期再入居プログラムのために割り当てられることに決定した。早期再入居プログラムは、未払い分の家賃や引越し費用など、住宅関連の費用の財政的な支援を提供することにより、ホームレスの個人や家族が早急にシェルターを出て恒久的な住居に移り住むことを助けるプログラムだ。アーバン・インスティテュート（Urban Institute）による二〇一五年の報告書によれば、早期再入居プログラムは確かにホームレスの家族がシェルターを早く退去するのを助けるという。しかし、報告書は恒久的な変化をもたらすにはその助成が少額すぎ、また期間が限られすぎている――六カ月から二年が期限である――とも示唆している。「早期再入居プログラムは［中略］入居可能な住宅の不足という長期的な住宅問題を解決するものではない」と報告書の著者のメアリー・カニングハム、サラ・ギレスピー、ジャクリーン・アンダーソンは書いている。「早期再入居プログラムの終了後、人々の居住状態が不安定になる率は高い」[7]。

ホーム・フォー・グッドは統合登録システムにおいて、恒久的援助住宅も早期再入居プログラムによる住居も「適合結果」として計上している。クリス・コーは二〇一七年五月のメールで、この大きく異なる介入方法を彼らのデータ上では区別していないと私に教えてくれた。また、コーはマッチングされた人々の八〇から九〇パーセントは新しい住居に残ると見積もっているが、ホーム・フォー・グッドは入居者がその後そこに残っているかどうかのデータを公開していない。ランプ・コミュニティのヘイゼル・ロペスは「入居者がその後も定住するかどうかは通常付加的な問題なのよ」と二〇一五年に語った。「それを追跡するメカニズムは存在しないの」。ということは、統合登録システムによってマッチングされた九六二七人のうち、どれだけの数の人々が我が家と呼べる住居を与えられ、どれだけの数の人がアパートを見つけるための援助、あるいは敷金の足しになるように数百ドルを受け取ったか、またどれだけの数の人が援助を受けたにもかかわらず、またホームレス生活に戻ってしまったかは分からないのである。

早期再入居プログラムは危機的状況下でホームレスになった人々を対象にしている。当初は、もっとも脆弱な状態にあるホームレスの人々を恒久的な援助住宅に入居させることに重点的に取り組んでいたロサンゼルスの統合登録システムだったが、このプログラムにより、新しくホームレスになった人々を短期型の援助に結び付けることを目指すようにもなった。その間で取り残されたのが、滅多にない恒久的支援住宅に入居を許されるには健康過ぎるが、早期再入居プログラムによる限られた援助で生活を立て直すにはホームレス生活に馴染み過ぎた人々だった。

ゲイリー・ボートライトや、その他のどんなサービスともマッチングされない何万という人々にとって、統合登録システムは単に彼らの移動や行動を追跡するために、以前にも増してデリケートな立ち入ったデータを収集し、その見返りは何ももたらさないシステムだ。TCアレクサンダーに、彼にとって統合登録システムの経験はどんなものだったかと聞いてみると、彼は小馬鹿にするようにこう言った。「統合登録システム？　ホームレスの人々を助けるっていうシステム？　あれはホームレスの人々を引き止めるシステムだよ。ホームレスの人々を全員システムに登録させておいて、実際に行く場所なんかありゃしない。システムに登録させて、あとは何の変化も伴わないのさ」。


一部の人たちは、すべてのデータはまったく他の目的のために保管されているのではないかと怪しんでいる。ホームレスの人々を監視し、犯罪者扱いするためである。これを書いている今も、二万一五〇〇人の、ロサンゼルスのもっとも脆弱な状態にある人々の保護されるべき個人情報は、その人たちを命を救うサービスと結び付けることはないデータベースに眠っているのである。統合登録システムとホームレス管理情報システムに情報が含まれることへの同意を無効にすることは可能だが、その手続きは複雑だ。抹消された後も一部のデータはシステムに残る。調査の間、私が話をした人のなかで、無事に入居が済んだ人のなかにさえ、統合登録システム上の情報の抹消を請求した人はいなかった。

統合登録システムの試験段階では、個人的なデータを保護するため、そして援助にアクセスする代替的な方法を提供できるように、より厳格な手順があった。巨大なグーグルの集計表に記録された元々のデータベースは回答者の機密性を保護するために、社会保障番号ではなく独自の登録者識別子を使った。

# 人文書院
# 刊行案内

2024,8

鴨川鼠（深川鼠）色

## ザッハー＝マゾッホ集成全三巻

ザッハー＝マゾッホ 著
平野嘉彦／中澤英雄／西成彦 訳

各巻￥11000

### I エロス

習俗を巧みに取り込んだストーリーテラーとしてのマゾッホの筆がさえる。本邦初訳の完全版「毛皮のヴィーナス」、「コロメアのドンジュアン」ほか全4作品を収録。

### II フォークロア

ドイツ人、ポーランド人、ルーシ人、ユダヤ人が混在する土地。民族間の貧富の格差をめぐる対立。複数の言語、ガリツィアの雄大な自然描写、風土、民族、習俗、信仰を豊かに伝えるフォークロア的作品。「ハイダマク」ほか全4作品を収録。

### III カルト

あるいは「草原のメシアニズム」、あるいは「農本共産主義」（ドゥルーズ）を具現する、ロシア正教の異端宗派、ユダヤ教の二つの宗派など、さまざまなカルトが蟠居する東欧のスラヴ世界。マゾッホの宗教観を如実に語る「漂泊者」ほか、5編の小説および2編の論考を収録。

**◎内容見本進呈**
お問い合わせフォームにて送り先をお知らせください。お一人様1部までお送りします。

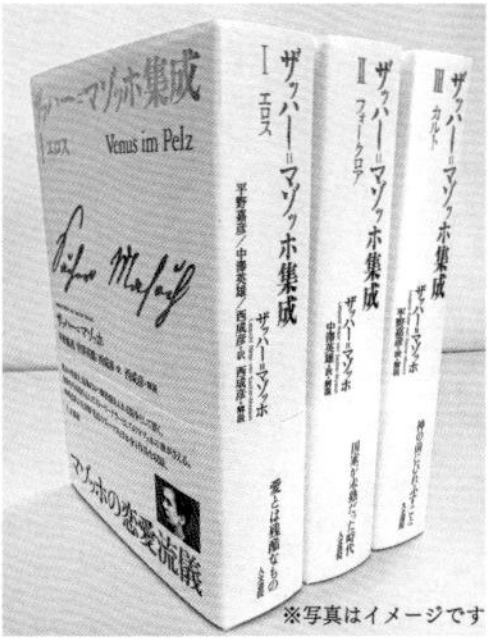

※写真はイメージです

詳しい内容や収録作品等の情報は以下のQRコードからどうぞ！

■小社に直接ご注文下さる場合は、小社ホームページのカート機能にて直接注文が可能です。カート機能を使用した注文の仕方は**右のQRコード**から。
■表示は税込み価格です。


人文書院
〒612-8447 京都市伏見区竹田西内畑町9
TEL075-603-1344／FAX075-603-1814
編集部 Twitter(X):@jimbunshoin
営業部 Twitter(X):@jimbunshoin_s
mail:jmsb@jimbunshoin.co.jp

# 新刊一覧

## セクシュアリティの性売買

キャスリン・バリー 著
井上太一 訳

搾取と暴力にまみれた性売買の実態を国際規模の調査で明らかにし、その背後にあるメカニズムを父権的権力の問題として理論的に抉り出した、ラディカル・フェミニズムの名著。

¥5500

## 人種の母胎

性と植民地問題からみるフランスにおけるナシオンの系譜

エルザ・ドルラン 著
ファヨル入江容子 訳

性的差異の概念化が、いかにして植民地における人種化の理論的な鋳型となり、支配を継続させる根本原理へと変貌をしたのか、その歴史を鋭く抉り出す。

¥5500

## 戦後期渡米芸能人のメディア史

ナンシー梅木とその時代

大場吾郎 著

日本とアメリカにおいて音楽、映画、舞台、テレビなど活躍し、日本人女優で初のアカデミー受賞者となったナンシー梅木の知られざる生涯を初めて丹念に描き出す労作。

¥5280

## 翻訳とパラテクスト

ユングマン、アイスネル、クンデラ

阿部賢一 著

文化資本が異なる言語間の翻訳をめぐる葛藤とは? ボヘミアにおける文芸翻訳の様相を翻訳研究の観点から明らかにする。

¥4950

## マリア＝テレジア 上・下

「国母」の素顔

B・シュトルベルク＝リリンガー著 山下泰生／伊藤惟／根本峻瑠訳

「ハプスブルクの女帝」として、フェミニズム研究の範疇からも除外されていたマリア＝テレジア、その知られざる実像を解き明かす、第一人者による圧巻の評伝。

各¥8250

## 戦後期渡米芸能人のメディア史

ナンシー梅木とその時代

大場吾郎 著

日本とアメリカにおいて音楽、映画、舞台、テレビなど活躍し、日本人女優で初のアカデミー受賞者となったナンシー梅木の知られざる生涯を初めて丹念に描き出す労作。

¥5280

## 読書装置と知のメディア史

近代の書物をめぐる実践

新藤雄介 著

書物をめぐる様々な行為と、これまで周縁化されてきた読書装置との関係を分析し、書物と人々の歴史に新たな視座を与える力作。

¥4950

## ゾンビの美学

植民地主義・ジェンダー・ポストヒューマン

福田安佐子 著

ゾンビの歴史を通覧し、おもに植民地主義、ジェンダー、ポストヒューマニズムの視点から重要作に映るものを仔細に分析する力作。

¥4950

# 新刊一覧

## イスラーム・デジタル人文学

須永恵美子 編著
熊倉和歌子 編著

デジタル化により、新たな局面を迎えるイスラーム社会。イスラーム研究をデジタル人文学で捉え直す、気鋭研究者らによる最新の成果。

¥3520

## ディスレクシア

マーガレット・J・スノウリング 著
関あゆみ 監訳
屋代通子 訳

ディスレクシア（発達性読み書き障害）に関わる生物学的、認知的、環境的要因とは何か？ ディスレクシアを正しく理解し、改善するための効果的な支援への出発点を示す。

¥2860

## シェリング以後の自然哲学

イアン・ハミルトン・グラント 著
浅沼光樹 訳

シェリングを現代哲学の最前線に呼び込み、時に大胆に時に繊細に対決させ、革新的な読解へと導く。カント主義批判により思弁的実在論の始原ともなった重要作。

¥6600

## 一つの惑星、多数の世界

**ドイツ観念論についての試論**

ディペシュ・チャクラバルティ 著
篠原雅武 訳

人文科学研究の立場から人新世の議論を牽引する著者が、ラトゥール、ハラウェイ、デ・カストロなどとの対話的関係のなかで示す、新たな思想の結晶。

¥2970

## 近代日本の身体統制

**宝塚歌劇・東宝レヴュー・ヌード**

垣沼絢子 著

戦前から戦後にかけて西洋近代社会、民主主義国家の象徴とみなされた宝塚・東宝レヴューを概観し、西洋近代化する日本社会の身体感覚の変貌に迫る。

¥4950

## 福澤諭吉

**幻の国・日本の創生**

池田浩士 著

福澤諭吉の思想と実践――それは、社会と人間をどこへ導いたか？ 福澤諭吉のじかの言葉に向き合うことで、その思想と実践をあらたに問い直し、功罪を問う。

¥5060

## 反ユダヤ主義と「過去の克服」

**戦後ドイツ国民はユダヤ人とどう向き合ったのか**

高橋秀寿 著

反ユダヤ主義とホロコーストの歴史的変遷を辿りながら、戦後、ドイツ人が「ユダヤ人」の存在を通してどのように「国民」を形成したのかを叙述する画期作。

¥4950

## 宇宙の途上で出会う

**量子物理学からみる物質と意味のもつれ**

カレン・バラッド 著
水田博子／南菜緒子／南晃 訳

哲学、科学論にとどまらず社会理論にも重要な示唆をもたらす21世紀の思想にその名を刻むニュー・マテリアリズムの金字塔的大著。

¥9900

# 今回のイチオシ本

## 思想としてのミュージアム

増補新装版

博物館や美術館は、社会に対してメッセージを発信し、同時に社会から読み解かれる、動的なメディアである。日本における新しいミュゼオロジーの展開を告げた画期作。旧版から十年、植民地主義の批判にさらされる現代のミュージアムについて、論じる新章を追加。

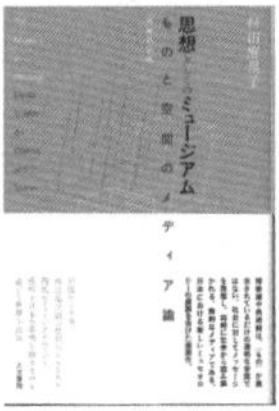


村田麻里子著

¥4180

## 呪われたナターシャ

復刊

現代ロシアにおける呪術の民族誌

三代にわたる「呪い」に苦しむナターシャというひとりの女性の語りを出発点とし、呪術など信じていなかった人びと―研究者をふくむ―が呪術を信じるようになるプロセス、およびそれに関わる社会的背景を描いた話題作、待望の復刊！

藤原潤子 著

¥3300

## 超越論的存在論

ドイツ観念論についての試論

存在者へとアクセスする存在論的条件の探究。「世界は存在しない」「複数の意味の場」など、その後に展開されるテーマをはらみ、ハイデガーの仔細な読解も目を引く、哲学者マルクス・ガブリエルの本格的出発点。

マルクス・ガブリエル著

中島新／中村徳仁訳

¥4950

## はじまりのテレビ

戦後マスメディアの創造と知

1950〜60年代、放送草創期のテレビは無限の可能性に満ちた映像表現の実験場だった。番組、産業、制度、放送学などあらゆる側面から、初期テレビが生んだ創造と知を、膨大な資料をもとに検証する。気鋭のメディア研究者が挑んだ意欲的大作。

松山秀明 著

¥5500

例えばＶＩ-ＳＰＤＡＴの質問の内容が立ち入り過ぎていると感じたり、家庭内、あるいは親しい人からの暴力から逃げており、匿名でいたいなどその理由がなんであれ、統合登録システムを利用したくない人には、一定のサービスが別に用意されていた。ホームレスの人々の身元を保護することは試験段階のシステムの基本設定だった。

しかし、その後統合登録システムがホームレス管理情報システムに移行し、社会保障番号の入力が必要となった。保護すべき個人情報を提供することを拒否しながらも援助へのアクセスを得ることは理論上は可能であるが、ユナイテッド・ウェイは「一体どのぐらいの人々がこの選択を選ぶのか定かでない」と認めている。ホームレスの人々の多くが社会保障番号の提供を拒否することにより入居のチャンスを損ねるとは考え難かった。そして保護されるべき個人情報が収集されることが基本設定になり、システムはホームレスの人々の機密性についての「許諾」を必要とすることになった。

現在、統合登録システムはロサンゼルスのすべてのホームレス・サービスへの主要な連絡口となっている。二〇一七年、「今やこのシステムは公式に市と郡のサービスの供給システムとなっている」とクリス・コーは私に言った。言い換えれば、ロサンゼルス郡のホームレス・サービスにアクセスできる道は統合登録システムを経由する以外、実質的に他には何もないということだ。

連邦政府のデータ基準によると、サービス提供者はホームレス管理情報システム内の保護されるべき個人情報を「容疑者、逃亡者、重要参考人または行方不明者の割り出しや発見という利用目的のため、口頭での要請に［中略］応じて法執行機関に開示することができる」そうである。[8] ロサンゼルス市警察がアクセスできる情報は氏名、住所、生年月日と出生地、社会保障番号、目立った身体的特徴に限られる。しかし、口頭での要請が適正なものであるかの再確認やその承認の過程は必要とされていない。開示される情報が捜査中の事件の範囲内で、それに関する事柄に限定されるという制限もない。令状の発行も、部署ごとの監査も、その請求が憲法に則ったものかどうか司法が介入することもないのである。このようなホームレス管理情報システムのデータ保護の杜撰《ずさん》さについて、法学者のJ・C・オブライエンは「口頭での要請に基づいて情報の開示を許すという手緩い基準は、ただ法執行機関がより簡単に情報にアクセスすることを可能にする以外の用途はない」と述べている。[9]

アメリカでは、福祉サービスと警察が協力して貧困者を犯罪者として扱ってきた歴史がある。その一番端的な例は、監察総監室（Office of Inspector General）と地元の福祉事務所が協働し、過去に発行された逮捕令状でなお有効なものの対象者をフードスタンプのデータから割り出し、扶助給付に関する面接におびき出すというオペレーション・タロンという計画だ。標的とするフードスタンプの受給者が福祉事務所に現れると逮捕されるという仕組みになっていた。

カーリン・グスタフソンによる二〇〇九年の学術論文、「貧困を犯罪視する」（The Criminalization of Poverty）によると、一九九六年の福祉改革以前は、法的執行機関が公共扶助の記録にアクセスするには法的手段に頼るしかなかった。しかし今日、「福祉関連の記録は法執行官が請求すればたやすく手に入る――それを正当化するに足りる理由があるかどうかを疑われることさえなく、またどんな類いの司法手続きも必要ない」[10]。オペレーション・タロンやその他のそれに類似する計画は行政上のデータを使用することで福祉事務所を刑事司法制度の組織の一部にしようとしている。

データの保護のための厳格な法規がない状態では、統合登録システム上のホームレスの人々の電子登録が右に類いする目的のために利用されることは大いにあり得る。身分犯罪に対する過去の逮捕令状でまだ有効なものは捜査網を敷くことを正当化できる。行政上のモバイルデータ、統合データがあれば、どこの街角、テント村、どんなサービス提供団体もおとり捜査の舞台になり得る。

極めて個人的な情報へのこの種の無差別なアクセスは、貧困とホームレスを犯罪と同一視するシステムの外ではまったく意味を成さない。比較として挙げてみると、例えば住宅ローンの金利の控除や学費ローンという形で連邦政府から援助を受けている人々が同じような徹底的で綿密な調査の対象となる、または法執行機関により令状もなしに個人的な情報にアクセスされるなどということは想像し難い。さらに、ますます増加するデータの収集、共有、監視のパターンがホームレスの人々を犯罪人扱いする傾向を強めている。たとえホームレスの基本的生活状態——寝る場所もなく、自分の持ち物を置く場所もなく、風呂もトイレもないという状態——の多くが公的に犯罪と見なされ得るとしても、である。もしも公共の公園で寝たり、歩道に私物を置いたり、あるいは階段に放尿したりして違反切符を切られても、大多数のホームレスの人々はそれに追随する罰金を支払う術を持っていない。切符はやがて令状となり、法執行機関が「逃亡者」を見つけるためにデータを調べるさらなる理由となる。このように、ホームレス・サービスのプログラム上のデータの収集、保管、共有は、貧困者を犯罪者扱いするプロセスの出発点となる場合が多い。

ロサンゼルスのホームレスの人々の大多数は、恒常的にホームレス状態にある人と、危機的状況のためホームレス状態に陥った人の間の位置に存在している。統合登録システムの後に続くのは援助物資であるが、恒久的支援住宅がそのスペクトラムの一方にあり、もう一方には早期再入居プログラムがある。法令HHHと法令Hよりもはるかに莫大な資金を必要とする財政的な介入がなされなければ、統合登録システムはその間に位置する何万ものホームレスの人々を救うことはできないのである。

ホームレスのなかには収監されたり、麻薬やアルコールの問題を持っている人々がいる。生活に必要な基本的な物質的要件を維持するに足りる仕事を見つけることができない人々も、暴力や虐待によってトラウマを受けた人々もいる。そのような人々が保護されずに放置されれば、彼らは激しく絶え間ないストレスにさらされ、身体的、精神的な障がいを生じさせることになるだろう。「僕のようにまだ元気で動ける多くの人は住居を支給されないだろうね」とゲイリー・ボートライトは言った。「[統合登録システムは]解決を先送りにするもう一つの手段に過ぎないよ」。

ジョーンズとラヴァンの訴訟により差し止め命令が出される以前は、スキッド・ロウは世界でもっとも取締りの厳しい場所の一つだった。ニューヨーク市警察の犯罪の削減及び防止用の管理システムであるコンプスタット（Computerized Statistics/ComStat）・プログラムの生みの親であるウィリアム・ブラットンは二〇〇二年の一〇月にロサンゼルス市警察の警察署長となった。二〇〇六年、ブラットンと当時のロサンゼルス市長、アントニオ・ヴィアライゴサはセイファー・シティ・イニシアティブ（Safer City Initiative/SCI：より安全な市への取り組み）を立ち上げた。それは年に六〇〇万ドルを費やし、歩道に座る、信号無視、ゴミのポイ捨て、野宿、物乞いなど、ホームレス生活に関連した身分犯罪を取締まるものだった。

都市社会学者のフォレスト・スチュアートによると、ロサンゼルス市警察の警察官はこのプログラム開始から一年で、たった一万二〇〇〇人から一万五〇〇〇人の住民を有する地域でおよそ九〇〇〇件の検挙を行い、一万二〇〇〇通の召喚令状を発行したという。スキッド・ロウの社会的公正を求める組織、ロサンゼルス・コミュニティ・アクション・ネットワーク（Los Angeles Community Action Network）が行ったセイファー・シティ・イニシアティブの査定は、彼らが調査した二〇〇人のスキッド・ロウの住民――住宅居住者とホームレス生活者の両方を含む――の半数以上が一年以内に逮捕された経験があったことを表している。また二〇〇八年の分析は、セイファー・シティ・イニシアティブの実施により窃盗の数は些かに減少したものの、重犯罪には統計的に見て、さほどの減少は見られなかったということを示している。[11]

二〇一五年一月、私はロサンゼルス市警察で二〇年、そのうちの一八年間はスキッド・ロウで勤務してきたという巡査部長のディオン・ジョセフに話を聞くため、スキッド・ロウの警察署――中央署――を訪れた。ジョセフ部長は警察官とその勤務地域との繋がりを再構築しようというコミュニティ重視の治安維持への新しいアプローチを体現する存在だ。彼は自分をホームレスのための活動家だと見なしており、人々を啓発する人生コーチであると自称している。女性のための集会、レディーズ・ナイト・プログラムを主催し、スキッド・ロウに住む女性たちに彼女たちの法的権利についての情報を伝えたり、基本的な自衛のためのトレーニングを行っている。彼はホームレスの人々に洗面道具一式のセットを配布していることでよく知られている。彼はコミュニティの多くの人々に心から愛される存在だ。

多くの地域においては、事後的な、起こった事件に対応するタイプの法執行方法よりもコミュニティ志向の治安維持の方が望ましい。しかしそのため厄介な問題も持ち上がってくる。コミュニティ志向の治安維持のやり方では、警察官は福祉サービスや治療の専門家としての役割も担うが、彼らはそのための適切な訓練を受けていないことがほとんどである。そのため、福祉サービス機関が警察と緊密な関係を持つことになり、結果として福祉サービス機関が社会でもっとも弱い立場にある人々を手助けすることが困難になる。往々にして、そのような人々には法執行機関を避けるそれなりの理由があるからだ。

福祉サービス組織における警察の存在は、もっとも危うい状態にあるホームレスの人々がそこから遠ざかる充分な動機になる。過去にホームレス生活に関連する身分犯罪が原因で違反切符が発行され、その逮捕令状がまだ有効な場合があるのだ。

ジョセフ部長はランプ・コミュニティの統合登録システムについてのミーティングに参加し、保健局と行う道路清掃のキャンペーンにも参加している。その際に「福祉サービス担当者たちに一番古参のホームレス生活者たちがどこにいるかを見せ」たりするのだという。彼はコミュニティ志向の治安維持、コミュニティ内の福祉サービスネットワークとの融合、監視体制が相互的に強化し合うと見ている。「外に出て巡回し、救護所に立ち寄ったり人々が眠っている中庭に行って、辺りで何が起こっているかを教えたりするんだ」と彼は言った。「屋上に座って麻薬の取引きがないか見張ったりもする。誰が首謀者かが分かるようにね。一方的な職務質問ではなく、友好的な態度で人々と会って話をして情報を集める。もし彼らが進んで話してくれれば、の話だが」。コミュニティ志向の取締りを通じて育んだ関係が彼に情報をもたらしてくれる。情報提供者の方から彼に近づいてきてくれるし、また救護所やその他の福祉サービス機関は自分たちの監視カメラの録画映像を彼に見せてくれる。彼はコミュニティ志向の治安維持の利点を信じていた。彼曰く、「犯罪の解決に役立つからだ。それに人々の生活の質を高めることができるし、通常は警察に協力しないような人々からの協力が得られる」のだそうだ。

経済的な安全を目的とした、また犯罪の抑止を重視したさらに総合的なプログラムは、貧困のなかで生活する人々にとっては当たり前の、生存のための方策を犯罪にしてしまう。ホームレス・サービスや地域活性化の試みであるビジネス改善地区制度、法執行機関に使われる多数のハイテクツールを通じて絶えず行われている情報の収集は、スキッド・ロウの住民たちが彼らの決定を逐一左右する制約の網だと捉えているものを作り上げている。日々、彼らは自発的な退去や謹慎に追い立てられているように感じている。また戸外のテント村で暮らしている人々は、常に移動し続けなければならないという圧力を感じている。ＳＲＯホテルや恒久的援助住宅に入居している人々も同じように、建物の中にとどまり、衆目を避けなければならないという圧力をひしひしと感じているのだ。

ロサンゼルス・コミュニティ・アクション・ネットワークの人権擁護者、ジェネラル・ドゴンの経験はそれを表す典型的な例だ。九〇日間の路上生活を送った後、彼はついにサンボーンというＳＲＯホテルに入居先を見つけることができた。二、三日間建物内で過ごした後、彼はタバコを吸いに外に出た。すると、一見警察のものと見られる自転車に乗ったビジネス改善地区の民間の警備員が近付いてきた。彼はドゴンに「どのぐらいそこに立ってるつもりだ?」と聞いてきた。ジェネラル・ドゴンは答えた。「さあね、分からないな」。警備員は再び尋ねた。「誰か来るのか? 誰かと会う予定なのか? そこに突っ立っているのはやめてくれ。この辺りをうろつかれると迷惑だ」。「うろつく? 俺が?」ドゴンは言葉を返した。「うろつくっていうのは犯罪意思が伴わなければ犯罪じゃないと思うけどな」。すると、警備員は答えた。「まあ、理屈から言えばそうだが。とにかく、そこにずっといられると困る。歩きながらタバコを吸ってもらえないか?」

事態は悪化し、彼の住んでいたＳＲＯホテルの住人全員が一日中建物の中に隠れて過ごすようになってしまった、と彼は説明した。「俺の泊まっていたホテルの人たち全員が怖がって動揺してしまった。それである日、くじ引きをして誰が店まで買い物に行くか決めることになったんだ」と彼は言った。「ただ外出するだけなのに、交戦地帯にでも行くような大ごとになってしまった。戻って来られるか分からないんだから」。

　セントラル・ディストリクトの警察の一極集中態勢は通報に応える警察官の増加と違反切符の乱発、過剰な武力行使に繋がった。違反切符が召喚令状になり、逮捕に発展した。スキッド・ロウの住民は大体が保釈金を払えないため、逮捕された人々の多くは勾留されたまま裁判の日を待った。ホームレスに関係した犯罪の告訴はいざ裁判になるとよく不起訴となるが、裁判を待つ間、スキッド・ロウの住民たちは三、四カ月は勾留されることになる。その結果、住居や書類、いくばくもない所有品も失い、それらは福祉サービスの手に委ねられることになる。「街角のホームレスの男がただ入れ替わるようなものだ」。とドゴンは言った。「今度は彼がこの馬鹿げたサイクルを全部やらなきゃならない」。

　この界隈の生き残りのカギを握っていたのは、「スキッド・ロウを恐ろしい場所にしておく」という戦略的かつ草の根的な計画だった。ジェントリフィケーションという下層住宅の高級化と、強化された監視と取締りに晒され、その戦略は崩れ始めていた。ロサンゼルスのダウンタウンが芸術家たちの街になりつつあるなかで、スキッド・ロウを富裕層の手に取り戻そうとする圧力は、そこに住む貧しい人々を管理しやすくしようとする圧力をますます増加させた。統合登録システムやその他のハイテクツールはホームレスの人々の行動を浮き彫りにし、追跡、予測しやすくする。この半ば隠された制御手段によって管理できないスキッド・ロウの貧困者には収監の危険が待ち受けていた。

　ロサンゼルスのホームレスの人々は次のように難しい交換条件に耐えなければならないのだ。危険とみなされる行為、もしくは不法な行為をＶＩ－ＳＰＤＡＴ上で自ら認めれば、恒久的支援住宅への優先順リストで上位にランク付けされるかもしれない。しかし同時に、法執行機関の調査の対象となる危険に自分を晒すことにもなる。統合登録システムは単に情報の管理や需要と供給をマッチングするためのシステムではない。それは貧困者を区分けし、犯罪者にする監視システムなのである。

監視システムとしての統合登録システムを理解するためには、「新しい」タイプの監視と「古い」タイプの監視を区別することが肝心である。[12] 旧来のアナログ型の監視システムは監視対象に個別に注意を払うことが要求される。法執行機関や諜報機関の少数の人間がまず対象人物を特定し、追跡し、その移動や行動を記録して調査書類を作成する。旧来型の監視の対象人物はどんなグループに属するかによって特定されることが多かった。例えば、ＦＢＩの対破壊者諜報活動プログラム、コインテルプロ（COunter INTELligence PROgram of the FBI）は、公民権運動の活動家たちを人種と政治活動により特定した。

盗聴、写真の撮影、尾行などその他の旧来型の監視のテクニックは対象を個別化し、そこに集中して行われた。それに、監視側が監視を始める前にまず対象者が特定されなければならなかった。

対照的に、新しいタイプのデータベースを利用した監視においては、対象人物がデータから浮かび上がってくることがしばしばである。対象人物の特定は情報の収集の後になされるわけで、その前ではない。膨大な量の情報が多種多様な個人、グループから集められてくる。その後、データは調査、分類され、より徹底的で精密な調査の対象候補を探し出すため検分される。この段階で、昔ながらの実地的な監視や追跡が行われることもある。しかし、手に入った情報をさらに詳しく選別するだけで充分な場合がますます多くなっている。もしも旧来型の監視システムが天から私たちを見張る神の眼のようなものだとすれば、新しい監視システムはさながら、デジタル上の蜘蛛の巣のようなものだ。蜘蛛は巣の一つ一つの糸に怪しい振動が感知されないか、確認しているのである。

監視は単に対象を見張り追跡するための手段ではなく、ソーシャル・ソーティング（社会的分類）のメカニズムとしても機能している。統合登録システムは個人の行動に関するデータを収集し、脆弱性を査定し、その評価結果に従ってそれぞれに異なった介入方法を振り分ける。「統合登録システムはトリアージ〔訳注：災害現場などで治療、搬送の優先順位を決めること〕よ」と言うのはロサンゼルスの第三選挙区の住宅・ホームレス問題担当補佐のモリー・リズマンだ。「私たちはみんな、ホームレス問題を自然災害のように考えている。途方もない数の支援を必要とする人々がいるけれど、一度に全員を救えるわけじゃない。そこで次のような質問の答えを出さないといけないの。出血多量で死にかけている人たちにどうやって医師の手当てを受けさせ、一方で肺炎を患っている人にはどうやって待ってもらえるようにするか？　そんなことをしなければならないのは不幸なことだけど、それが私たちが直面している現実だわ」。

一九九三年の予見的な著作、『総括的分類』（*The Panoptic Sort*）のなかで、ペンシルベニア大学のコミュニケーション学の研究者、オスカー・ギャンディも、デジタル上の個人情報の自動化された分類は一種のトリアージだと示唆している。彼はさらに、英語のトリアージ（triage）はフランス語の動詞、trier から派生しており、選び分ける、選り抜く、または市場性のある製品を格付けするという意味を持つと指摘している。「ここでの暗喩は一目瞭然であるが、誤解のないように述べておこう」と彼は書いている。「デジタル上のトリアージにおいては、「個人や、あるグループに属する人々がそれぞれの推定された経済的、政治的価値に基づいて分類されている。貧困者、とりわけ白人種ではない貧困者が、廃棄されるべき破損材料、欠陥品として扱われている傾向がますます強まっている」[13]。

ホームレスになることが――まるで病気や自然災害のように――避けられないことであれば、誰が限られた住宅援助を与えられる機会を得るかという優先順位を決めるトリアージを重視した解決策が採られることも、まったくもっともな話である。しかし、もしホームレスになることが政治決断や専門的な職業を持つ中流階級の無関心から生まれた、人間が作り出した悲劇だとすれば、統合登録システムは、断固としてその問題を解決しようとしないという私たちの選択による影響、すなわち人間が作り出した影響から私たちの目を背ける方便になっていると言える。道徳的な評価を下すシステムとして、統合登録システムは、もっともふさわしい人間だけが援助を得られるのだと自分たちを納得させることを正当化する機構である。「リスクがあり過ぎる」と判断された人々は犯罪者として扱われるべくコード化される。そしてシステムの割れ目からこぼれ落ちた人々は刑務所、施設、または死と直面するのである。

法令HHHと法令Hの可決は確かに成功ではあるが、より迅速で正確なデータがロサンゼルスが必要としている住居の建設を可能にするというのは甘い考えだ。ロサンゼルスの住民は、ホームレスの人々を住居に住まわせるために売上税と固定資産税が少々上がることには賛成票を投じた。しかし、住宅居住者たちは実際にホームレスの人々が近所に越して来ることを受け入れるだろうか？

新しく低所得者用の住居を建設したり、古い建物をホームレスの人々が住めるように再利用することは難しいと示す証拠がある。昨今、ホームレスの人々の所持品を保管する倉庫用の建物を建築するという二つの提案が出されたが、それはコミュニティ全体を巻き込んだ抗議運動に発展した。二〇一六年秋、海岸沿いのコミュニティ、ベニス・ビーチに保管倉庫を建てる提案は喧々囂々たるコミュニティ集会が繰り返し開かれ、ある自家所有者がその計画の差し止めを請求する訴訟を起こす事態となった。同じような保管センターがサン・ペドロにも計画されたが、現地の住宅居住者のコミュニティが計画の阻止を訴えて組織的に運動したため、計画は暗礁に乗り上げた。また、ホームレスの人々への援助施設が増えているという印象が強まると、ただでさえホームレスの人々のテント村をどうにかしたいと思っている市の忍耐が揺らぎかねなかった。投票者たちが、ホームレスの人々を保護するための新しい援助資源を提供するくだんの決定を下す少し以前に、市議会はジョーンズとラヴァン訴訟の裁定以前は日常的に行われていたテント村の強引な撤去の類《たぐい》の行為を再認可するため、市条例を書き替えた。

新しく手頃な集合住宅の建設計画も、一九五〇年代の、都市再開発により取り壊された宿泊施設やSROホテルに取って代わるはずだった公共住宅と同じ運命を辿り、専門的な職業を持つ中流階級と、富裕階級のロザンゼルス住民の激しい反対に遭い、頓挫するかもしれない。問題は、市がホームレス問題に対処するためどんな住居が必要かという適切なデータを欠いているということではない。問題はむしろ、貧困層や労働者階級の人々と彼らの味方である人々が、組織化したエリートの人々の明白な政治的抵抗を押し切ることができないかもしれないということだ。

統合登録システムの支持者たちは、社会正義のためにコンピューターの力を利用しようとする多くの人々と同じように、社会問題の取り組みのためにシステム工学を生かしたアプローチを好む傾向がある。このような考え方は、必要なだけ効率的に正確な情報を取得することにより、複雑な論議は解決できると決め込んでいる。このようなモデルにおいては政治的な軋轢は主に情報の欠如から起こるとみなされる。システムエンジニアたちは、私たちがただ、すべての事実を集めさえすれば、ホームレスのような手に負えない政策問題も容易になり、議論にもならず、問題自体も幅広く共有されるのだと思っている。

しかし、良かれ悪しかれ、政治はこのように動くものではない。政治的な争いとは情報だけに左右されるものではなく、また価値観、所属グループが深く絡み、そして相容れないそれぞれの利益の間のバランスを取ることが解決のカギだ。スキッド・ロウやサウス・ロサンゼルスに住む貧困層や労働者階級の人々は入居可能な住居と利用可能なサービスを望んでいる。ダウンタウン・セントラル・ビジネス改善地区は、観光客を迎え入れやすい街を望んでいる。新しくやって来た都会の開拓者たちは流行の先端を行くこの街のヤバい雰囲気と、ホール・フーズのような高級スーパーの両方を望んでいる。市は街路に並ぶテント村を撤去したいと望んでいる。ロサンゼルスの住民がこれらの問題に対処するために少し高い税金を払うことに同意した一方で、多くの人間はホームレスの人々が隣に引っ越して来ることを望んでいない。それに、住宅危機を本当に解決するのにかかるような額のお金を払うことも望んでいないのである。これらはそれぞれ互いに激しく相反するロサンゼルスの未来構想図だ。より多くの情報を得ても、それは必ずしもこれらの問題を解決には導かないだろう。

システム工学は大きく複雑な社会問題にうまく対処する手助けになる。しかし、それは住居を新たに建設するわけでもなく、また貧困者、特に白人種ではない貧困者に対する根深い偏見を解消するのに充分な助けとは言えない。「アルゴリズムは本質的に愚かなものだ」とゲイリー・ブラージは言う。彼は公益法を専門とする弁護士であり、ホームレス問題の活動家でUCLAの法律学の名誉教授でもある。「人間が表現できる複雑性、ニュアンスの変量とレベルの多様性に対応できるアルゴリズムは作れないんだ」。統合登録システムは個々のホームレス・サービスの提供者の潜在的な先入観のいくつかを極小化するかもしれないが、それは必ずしも良いことだとは言えない、とブラージは思案するように言った。「私が［統合登録システムに］反対するのは、援助資源と人々の注意を問題の他の局面から遠ざけてしまったところだ。二〇年間、これは単に情報の問題だという概念が、特に高い教育を受けた人々の間にあるのを見て来た。第一、ホームレスの人々には持っている情報がない」。

「これが詐欺だと言ってしまうと言い過ぎになるが」とブラージは言った。「しかしホームレスの問題はシステム工学の問題じゃない。建設工事の問題だ」。

私が最後にゲイリー・ボートライトに会ったのは二〇一六年の一〇月だった。彼は前より不健康そうで荒《すさ》んだ感じになっており、精神状態も悪くなっていた。彼は、街路清掃人がテントから自分の所持品を盗んだとカンカンに怒っていた。その頃彼は、イースト・シックス・ストリートのロサンゼルス・コミュニティ・アクション・ネットワークの事務所の前にテントを構えていたが、その後、月が変わらないうちに、他のコミュニティ・メンバーとの諍いが原因でそこから立ち退くように言い渡された。ロサンゼルス・コミュニティ・アクション・ネットワークはホームレスの人々の権利の擁護者として非常に信頼できる団体であり続けていることから、その建物の前の一角は、ロサンゼルス市警察もホームレスの人々に対し違反切符を発行したり、彼らを身分犯罪で逮捕することを控える、いわばホームレスの人々の保護区域のようになっていた。ボートライトは彼のテントをスプリング・ストリートに移動させた。数週間後の一二月二日、彼は逮捕された。

男子中央刑務所から二〇一七年の一月に電話してきた時、彼は自分が99セント・ストアで購入したプラスティックの箒でバスの窓を割ったという容疑をかけられていると語った。「物理の法則に反しているよ！」と彼は言い張った。「彼らは［裁判で］窓が壊れたバスの写真を持ち出してきた。だから、地方検事局（DA）は無罪を証明する証拠をわざと伏せているんじゃないかって仄かしてやった。そうしたら次に司法取引を持ちかけてきた。ビデオ映像がないなんてあり得ない。公共のバスには普通、少なくとも六台ぐらいのビデオカメラが搭載されてるはずだろう?」彼は、多分二、三カ月牢屋で過ごせば釈放されるだろうと楽観的に考えていた。その後、二〇一七年に釈放された彼は、ジェネラル・ドゴンが語っていた一連の試練をくぐらなければならなかった。ゲイリーはテント、すべての所持品、几帳面にファイルしていた書類、そしてソーシャル・ネットワークも失った。まったく一からやり直さなければならなかった。

彼が次にVI-SPDATを受ける時は、そのスコアは低くなっているだろう。刑務所は住居として計算されるようになっている。システムは彼の脆弱性を以前より低いと判断し、従って彼の優先順位を決めるスコアはいっそう低下しているはずだ。彼は福祉の介入を受けるには健常であり過ぎ、援助なしで何とかやっていくには脆弱過ぎる状態に捉えられたままだろう。「僕は犯罪者だ」と彼は言った。「この地球上に存在しているってだけでね」。

# 4 アレゲニー郡のアルゴリズム

それは感謝祭の一週間前だった。私はアレゲニー郡の児童青少年家庭福祉事務所（Office of Children, Youth and Families/CYF）の育児放棄と児童虐待のホットラインを受理するコールセンター内の、ずらっと並んだグレーの仕切りの一番奥まった角に縮こまって座っていた。仕切りの中のデスクとパープルのスツールを一緒に使わせてくれているのはホットラインの通報審査担当者、パット・ゴードンだ。私たちは頭を突き合わせるようにしてキー・インフォメーション・アンド・デモグラフィックス・システム（主要な情報・人口統計システム：Key Information and Demographics System/KIDS）を見ていた。ブルーのコンピュータースクリーンは事例研究や人口構成のデータ、プログラムの統計記録で埋められていた。私たちが目を留めたのは二つの家族の記録だった。両家族とも白人でピッツバーグ市に住んでおり、一つの家庭には二人の子供、もう一つの家庭には三人の子供がいた。両方のケースとも、「通報を義務付けられた通報者」、つまり、児童が養育者から危害を受けているという疑いが見られた場合、それを通報することが義務付けられている専門家から児童青少年家庭福祉事務所に情報が寄せられたものだった。パットと私は、郡が育児放棄と児童虐待を予測するのに使用しているアレゲニー・ファミリー・スクリーニング・ツール（Allegheny Family Screening Tool/AFST）がどのようにその両方のケースのスコアを算定するかを、どちらがより正確に当てることができるか競っていた。

パット・ゴードンは仕事場の仕切りの中に他所の家の子供の写真を飾っているような女性だ。ピッツバーグ出身で地元の野球チーム、パイレーツのファンであるゴードンは、耳の長さで切り揃えたボブの髪をヘッドヤットで後ろに上げていた。年を聞かれると、彼女は自分が「四〇過ぎ」であるとしか言わないだろう。私に挨拶をしようと立ち上がった時、彼女の担当する六つの回線全部に電話がかかってきていた。ピンクの長袖のTシャツが彼女の暖かみのある褐色の肌によく似合っている。話題が彼女の仕事の対象となる子供たちのことになると、茶目っ気のある笑いは影を潜め、静かで真剣な口調になった。

騒がしい、ガラスで囲まれた部屋では、かかってきた電話を審査するパットのような審査担当者が、育児放棄あるいは児童虐待の疑いのあるケースを通報しにホットラインに電話をかけてきた人々をインタビューしている。担当者たちは大体が女性で、アフリカ系アメリカ人と白人が半々といった割合だった。彼女たちは、郡のデータベースに相互接続された巨大なシステムの中から該当の家庭の情報を探し出す。審査担当者は、薬物・アルコール依存症支援サービス機関（Drug and Alcohol Services）、ヘッド・スタートと呼ばれる［低所得者層の就学前の幼児対象の］支援プログラム（Head Start）、精神医療サービス機関（Mental Health Services）、住宅供給公社（Housing Authority）、アレゲニー郡刑務所（Allegheny County Jail）、アメリカ合衆国保健福祉省（Department of Public Welfare）、メディケイド（Medicaid）、ピッツバーグ市の公立学校（Pittsburgh Public Schools）など、加えてその他五指に余るプログラムや機関からの情報がすぐに手に入るようになっている。

パットは「リスク／重大度関連事項」（Risk/Severity Continuum）と呼ばれる、裏表の両面に内容が書かれた紙を渡してくれた。彼女はデスクの奥側に積まれた書類の中から、プラスチックのクリアホルダーに入ったその紙をさっと取り出した。彼女はこの電話審査の仕事に五年携わっていた。彼女は「大部分の職員はこれを丸暗記しているわ。すぐに対処できるようにね」と言った。

私はそれを暗記していないので助けが必要だ。ここでは、私はただ見学しているだけなのだが、それでもその決断の重さにたじろいでしまった。その、小さい文字でびっしりと書かれた文の羅列から、私は、育児放棄と虐待に晒される危険が一番あるのは五歳以下の児童であること、また過去にすでに通報され実証されたケースがあると、その家庭が調査に回される可能性が増すこと、児童青少年家庭福祉事務所による調査に対する保護者の非協力的な態度はハイリスクな行動とみなされることなどを学んだ。私は時間をかけ、ＫＩＤＳ上の情報をリスク／重大度を記した紙の内容と一つ一つ照らし合わせてチェックを入れていった。その間、ゴードンは私をからかうように目をぐるっと動かしてみせ、リスクモデルを試す大きな青のボタンを今にでも押すような仕草をした。

最初の児童は六歳の男の子で、ここではスティーブンとしておこう。スティーブンの母親は不安障害で精神医療サービスの受療を希望していたのだが、郡がその費用を負担しているセラピストに、誰かが――彼女はそれが誰なのか知らなかった――一一月の初めのある日、スティーブンを家の前に立たせていたと打ち明けたのだ。母親自身がスティーブンが家の前で泣いているのを見つけ、彼を家に入れた。同じ週、彼には駄々をこねるなど、問題行動が見られ始め、母親は何か悪いことが起こったのではないかと心配になった。彼女は自分の息子が誰かに虐待されているのではないかと疑っていることを自分のセラピストに明かした。セラピストがこの件を州の児童虐待のホットラインに通報したのだった。

玄関先に泣いている子どもを立たせておくことは、ペンシルベニア州も規定するように虐待でも育児放棄でもない。受け付けた職員はその電話をさらなる追及の対象から排除した。通報に裏付けがなくとも、通話の記録と審査担当者のメモはＫＩＤＳのシステムに残される。その一週間後、ホームレス関連のサービス提供機関の職員がスティーブンの件をホットラインに通報してきた。スティーブンが汚れた服を着て、衛生状態も悪く、それに彼の母親が麻薬を常用しているという噂があるという話だった。その二件の通報以外には、その家族に関する記録は児童青少年家庭福祉事務所にはなかった。

二番目の児童は一四歳で、名前はクシストフと呼んでおく。一一月の初め、コミュニティの保健委員の家庭訪問で、規模の大きな非営利団体のケースマネージャーが、家の窓とドアが壊れており、家の中が寒い状態だったのを発見した。クシストフは服を何枚も重ね着していた。ケースワーカーは家はペットの尿の匂いがしたと通報している。家族は居間で寝ていた。クシストフがソファーで、母親が床の上で寝ていた。ケースマネージャーによれば部屋の中は「散らかっていた」らしい。このような状態が実際にペンシルベニア州の育児放棄の規定に合致するものなのかは定かでないが、この家族は郡の福祉プログラムを長期間利用していた。

子供が苦しむことを望む人は誰もいないが、子供の安全を守るにあたって政府が果たすべき適切な役割を決めるのは難しい。州が児童虐待と育児放棄を防止、調査、起訴する権限の拠り所とするのは、一九七四年、リチャード・ニクソン大統領が署名して法として制定された、児童虐待防止及び対処措置法（Child Abuse Prevention and Treatment Act）だ。この法律は、児童虐待と育児放棄を「子供の幸福に責任を持つ人物により、子供の健康と幸福が傷つけられたり脅かされていると示す状況の下での［中略］肉体的、精神的被害、性的虐待、育児の怠慢、子供への不当な扱い」だと規定している。

最近、被害は「深刻」でなくてはならないという明確化のための説明が加えられたが、厳密に何が育児放棄や児童虐待にあたるのかには主観性に拠る余地が大いにある。子供のお尻を叩くのは虐待だろうか？　それとも、その線引きは、拳《こぶし》で子供を殴るところに置かれるべきだろうか？　一ブロック先の公園まで子供たちだけで行かせることはネグレクトになるだろうか？　窓から子供達の様子を見ることができたとしても？　ＫＩＤＳのシステム内で不当な扱いと分類されているリストのモニターの最初に出てくる部分だけを見ても、通報を審査する担当者がどれだけ多くの保護者の行動を、虐待や育児放棄と判定するよう規定されているかが分かる。リストに載っているのは以下の項目だ。乳幼児の遺棄、放棄、養子縁組の中止または解消、養育者の保育不能、子供の性的な問題行動、子供の薬物乱用、子供を危険に晒す保護者の行動、体罰、子供に医療を受けさせるのを遅らせる、または受けさせないこと、一〇歳以下の子供の非行行為、家庭内暴力、教育を受けさせないこと、環境に有害な物を置くこと、危険物に近づけること、家から追い出すこと、保護しない、またはできないこと、ホームレス状態、そして適切な服装や衛生状態、身の回りの世話、食物の提供を欠くこと、不適切な養育者またはしつけ、他人によって与えられた傷害、隔離、などである。スクロールしていくと、幾度かスクリーンが変わるまでそのリストは続く。

児童福祉関連の調査の四分の三が身体的、性的、または精神的な虐待よりも、育児放棄にまつわるものだ。貧困の通常の状態と育児放棄を分ける線をどこに引くかは頭の痛い問題だ。充分な食べ物がないこと、不適切あるいは安全ではない住居、医療が受けられないこと、親が働きに出ている間、子供をひとりにしておくことなど、貧困家庭によく見られる問題は公的には児童虐待と定義される。ホームレスの家庭が子供を手元に置いておくためには、とりわけ難関が立ち塞がっている。というのも、ホームレスであること自体がネグレクトだと判断されるからだ。

現実には、ほとんどの児童福祉のケースワーカーは保護者が貧しいからという理由だけで、子供を里親に預けようはしない。保護者が手を施す術のない状態をすぐさま育児放棄と判定しようともしないだろう。反対に、児童福祉のケースワーカーが子供を里親に出さなければならなくなるという可能性を示して、その家庭の安全を守るための援助を得ようとすることはしばしばある。彼らは公共援助の事務所に電話をしてその家庭がフードスタンプを受給できるようにしたり、家主に必要な修理を行なわせたり、苦難に喘いでいる保護者にカウンセリングやコミュニティによる援助を提供することもある。

ペンシルベニア州では、児童虐待と育児放棄は比較的狭義に規定されている。虐待は機能的障害か激しい痛み、性的虐待や搾取、心理的損傷を招いたり、それらが起こる差し迫った危険がある場合に規定される。育児放棄は「長期間、または繰り返し監督が行き届かない状態」でなくてはならず、それもその状態が、「子供を生命の危機に晒したり、その成長の妨げとなるか、子供の機能的な損傷を招く」ほど深刻でなくてはならない、とする。パット・ゴードンと私がリスク／重大度のリストを基にを一つ一つチェックしていく間に、私はスティーブンもクシストフの両方ともスコアはかなり低いだろうと見積もった。

どちらも傷害被害は報告されておらず、実証された過去の虐待、深刻な精神的苦痛、あるいは立証された薬物使用の記録もない。一〇代のクシストフの家に適切な暖房設備がないことは気になったが、彼が差し迫った危険にあるとは言えないと思った。パットは六歳のスティーブンについて、二週間の間に二件の通報があったことを気にしていた。「虐待の危険性はないと思った途端にまた通報があったでしょう」と言って、ため息をついた。育児放棄か虐待のパターンが形成されつつある——または家庭が危機的状況に瀕しているとも考えられた。ホームレス・サービスの機関から連絡があったということは、家庭環境が急速に悪化し、スティーブンとその母親が路頭に迷うことになったとも考えられた。しかしパットも私もこの二人の男の子たちには一刻を争うほどの危険に陥る可能性も低く、身体的な安全が脅かされる危険性もほとんどないと考えた。

1から20の段階で表すとして、1をリスクが一番低いとし、20をリスクが一番高いとすれば、スティーブンは4、クシストフは6だと推測した。ゴードンはニヤリとしてボタンを押した。するとパットが予測した通りの数字が出た。スティーブンは5であり、果たしてクシストフはというと、なんと14だった。

私がピッツバーグに来たのは、アレゲニー・ファミリー・スクリーニング・ツール（Allegheny Family Screening Tool/AFST）が貧困層、労働者階級の家庭にどのような影響を与えたかを探るためだった。影響は大きいはずだ。アメリカ疾病予防管理センターによると、子供のおよそ四人に一人が彼らの一生のうちで何らかの虐待や育児放棄を経験していると言う。同センターによる逆境的小児期体験の研究は虐待や育児放棄は、薬物やアルコールの乱用や自殺企図の可能性、鬱病の発症を増大させるなど、「私たちの健康や生活の質に甚大な、一生続く影響」を及ぼすと断定している。[1]

アレゲニー郡の児童青少年家庭福祉事務所の運営事務所はアレゲニー川、モノンカヒラ川、オハイオ川が合流するピッツバーグ市の中心部と目と鼻の先にある。アレゲニー郡は長らく民主党保守派寄りの労働者階級の牙城であり、一七九一年にここから起こったウィスキー税反乱に始まり、政府の介入に抵抗してきた歴史がある。またここは、二〇世紀初頭、世界最初の一〇億ドル規模の企業、J・P・モルガンとアンドリュー・カーネギーが設立したUSスチール社が誕生した土地でもあった。

脱工業化経済による投資の引き上げと人口の減少が数十年続いた後、一九八〇年代半ばに郡の至るところにあったUSスチール社の工場が突如として閉鎖となった。しかし最近の一〇年の間のピッツバーグでは、医療、高等教育、テクノロジー、芸術などの分野の職を求めて若い大卒者がこの地域に大勢押し寄せる現象が起きている。かつての鉄鋼の町は今や四五〇〇人の社員が働くグーグルの支社、ウーバーの、ロボットによる自動運転車部門を含む、推定一六〇〇社のテクノロジー会社を擁している。

アレゲニー郡保健福祉局（Allegheny County Department of Human Service）の局長であるマーク・チャーナは一九九六年二月に、当時、まだ児童青少年福祉サービス局（Children and Youth Service/CYS）と呼ばれていた現在の郡保健福祉局の局長に就任したが、それは世間を非常に騒がせた二つの醜聞事件の直後のことだった。ベイビー・バイロン事件として知られる最初の事件は、里親先であった白人のデルザック夫妻が、アフリカ系アメリカ人の幼児、バイロン・グリフィンを福祉サービス局に返すことを拒んだことから始まった。バイロンは彼の母親と再び暮らすことが予定されていた。その時局長だったメアリー・フリーランドは、里親が預かっている子供を養子にすることを思い止まらせる、また異人種間での養子縁組を制限するという当時の規定の方針を曲げず、一九九三年一二月二七日、バイロンを引き取るため警察を引き連れてデルザック家を訪れた。バイロンが彼の母親、ラショーン・ジェフリーの元に戻った後、デルザック夫妻は一連の全国ネットのトーク・ショーに出演し、自分たちは幼児に救いの手を差し伸べたにもかかわらず、その手が払い退けられたと述べ、のちに事件にまつわる暴露本を執筆した。

その後の一九九四年三月、今度は二歳になるシャンティー・フォードの遺体がピッツバーグ市内のモーテルで見つかった。主任法医病理学者は幼児が撲殺されたと断定したが、それは父親に引き取られて数週間後のことだった。児童青少年福祉サービス局のケースワーカーたちはシャンティーの母親、メイブル・フォードが薬物治療を受ける間、母親の元から彼女を引き取った。その後、母親と娘はいったんは一緒に暮らすようになった。しかしニューヨーク州バッファローで二人が車の中で寝起きをしているところを見つかり、シャンティーはまた母親から引き離され、父親のモーリス・ブッカー・シニアが親権を申請したという経緯があった。

裁判で、児童青少年福祉サービス局のケースワーカーは裁判官に、ブッカーに関する調査が事前に行われ、福祉サービス局は彼が子供を養育することについて何の杞憂も持っていなかったと述べた。ケースワーカーたちは、ブッカーに飲酒運転と、無謀な行動により他人に危害を及ぼす行為のため逮捕された経歴があったことを述べなかった。ブッカーは大晦日の日に彼の恋人と子供二人を人質にして立てこもり、警察に包囲されるという事件を起こし、親権の審理の後、しかしまだシャンティーが亡くなる前の二月に告発されていた。シャンティーの死亡後まもなく、州の公共福祉局は児童青少年福祉サービス局に対し、保護者の犯罪歴の確認を時宜的に完了することを怠ったことを含む、七二の規則違反を挙げて運営の停止命令を出した。それから一年も経たないうちに、辞任を迫られたメアリー・フリーランドはフロリダ州の児童福祉協会を監督する新しい役職に移った。

「僕が児童青少年福祉サービス局の運営を引き継ぐためにやって来た時は、その不名誉な評判が全国に知れ渡っていた」とマーク・チャーナは言う。一九九六年に彼が就任した時、一六〇〇人の子供たちが養子縁組を待っていたが、当局で年間に取り持っていた養子縁組の数はたったの六〇件だった。アレゲニー郡のケースワーカーの給与は隣のエリー郡のケースワーカーの給与に比べ、三五パーセント少なかった。アレゲニー郡のケースワーカーの大部分はソーシャルワークに関する学位を持っていなかった。

過大な数のケースを抱え、一度に三〇かそれ以上の家庭に対応しなければならなかった。有識者たちによる、ある調査委員会は、この福祉サービス局とピッツバーグ市のアフリカ系アメリカ人のコミュニティとの関係を「深刻な敵対」関係と特徴づけている。[2] アレゲニー郡のアフリカ系アメリカ人の人口は全人口の一一パーセントに過ぎないが、郡の里親制度を利用している子供たちの七〇パーセントは黒人だった。福祉サービス局は養子先、ケースワーカー、そして運営管理者としての非白人の人材を集めることに苦労している。

マーク・チャーナがアレゲニー郡に採用された頃、コムパック21（ComPAC21）と題された委員会が郡の政治構造を調査するために開催された。委員会は、郡の行政部の三〇の異なる部署を統合し、九つの大きな機関に編成し直すことにより縮小することを提案した。高齢者、児童青少年、知的障がいと行動障がい、コミュニティのサービスは全部統轄された。こうして新しく出来た機関を保健福祉局（Department of Human Services/DHS）と命名し、チャーナをその局長に任命したのだった。

以前はニュージャージー州の青少年家庭サービス局（New Jersey Division of Youth and Family Services）の副局長だったチャーナは血色のよい顔をした快活な男性で、彼のトレードマークともなっている、茶色の背景に子供の手により多様な人種の幼児たちが描かれているセーブ・ザ・チルドレンのネクタイをよく着用している。彼は現在のポストに二〇年間とどまってきたことを大変誇りに思っているが、確かにこのように難問を抱えた局の長として在任し続けたことは非常に見事な業績だ。今日、保健福祉局は二〇万人の人々にサービスを提供し、九四〇人の郡職員を擁し、四一七の契約機関を管理し、年間予算八億六七〇〇万ドルで運営されている。

その在職期間の初め頃、チャーナは保健福祉局、その他の郡の機関、州の公共扶助プログラムから集められた情報をまとめる中央レポジトリ（保管場所）となるデータウェアハウスの設立を提案した。地元の複数の財団により集められた二八〇万ドルを使い、チャーナは一九九九年にデータウェアハウスを設立した。現在、それは保健福祉局本部の二つのサーバーに保存されており、アレゲニー郡の住人一人につき平均八〇〇項以上の記録にあたる、一〇億項以上の電子記録を保管している。

二九の異なるプログラム——成人向けの保護観察プログラム、薬物とアルコール依存症援助サービス局、住宅供給公社、郡刑務所、青少年保護観察所、アレゲニー郡警察、州の生活扶助相談所、精神衛生・薬物乱用サービス管理局、失業手当事務所、そして二〇近い地域内の校区を含む——から定期的に抽出されたデータが送られてくる仕組みだ。その抽出されたデータには対象者の氏名、社会保障番号、生年月日、住所、そしてどんな福祉サービスをどれほど受けたのかという情報が含まれている。多国籍の会計事務所、デロイト・トウシュ・トーマツ・リミテッド（Deloitte Touche Tohmatsu, Ltd.）との契約のもとに主に管理されているこのデータウェアハウスの年間運営費は一五〇〇万ドルを上回り、それは保健福祉局全体の年間運営費の二パーセントを占める。

マーク・チャーナとその部下である、データ分析・リサーチ・評価部門の部長補佐エリン・ダルトンはデータウェアハウスを保健福祉局のコミュニケーションの増強と説明責任を果たすことを推進し、対象者に密着したサービスを提供し、費用も削減するツールであると見ている。この部署は内部と外部のデータを付き合わせ、対象者の身元確認とプログラムが支給する扶助の受給資格の確認を行い、公共福祉サービスへのすべての関与を通し、対象者の行動に目を配っている。

局の運営は、単にデータを収集し分析することだけに集中しているわけではない。就任して日も浅い頃から、チャーナは里親、養親、生みの親、福祉サービス提供団体、児童擁護の活動家、弁護士、判事などに積極的に働きかけていった。福祉サービス運営のコンサルティング会社、スチュアード・オブ・チェンジ（Stewards of Change：変化の管理人）により書かれたチャーナの管理運営の事例研究で、チャーナは「児童福祉事務所の達成すべき目標はコミュニティの人々から敵ではなく、友人だと思われることだ」と述べている。

「マークはこの町の民間の資金提供者との間に揺るぎない関係を築いているわ。各福祉機関との間にも、とても前向きな関係を維持している」と言うのはピッツバーグ大学の小児発達支援機関（University of Pittsburgh's Office of Child Development）のローリー・マルヴィーだ。「彼はそういう関係こそが大事だということを明言している。彼は正直で率直で、熱心にこの仕事に取り組んでいるわ」。このピッツバーグへの旅の間、私が話をした、ほとんどすべてのコミュニティメンバーが、チャーナが率いるチームの参加型のアプローチや明確なコミュニケーション、高い倫理基準を称賛して、このマルヴィーの意見に賛成していた。今の児童青少年福祉サービス局はより多岐に亘り、対応が早く、透明性も増した機関だ。コミュニティによる意見提案や主導を受け入れる姿勢がある。過去二〇年に亘って、チャーナはコミュニティの信頼と善意を得てきた。

二〇一二年、ペンシルベニア州の上・下院合同州議会は福祉サービスの予算の割り当てを一〇パーセント削減し、保健福祉局の予算からは一二〇〇万ドル削減されることを決定した。この予算の削減は、郡の歳入額がどんどん減っており、二〇〇七年の不況に続いて福祉サービスへの需要が増加しているという当時の危機的状況を悪化させた。データは豊富だが物質的な援助資源に事欠く状態のなかで、チャーナと彼のチームは、「福祉サービスにおける決定支援ツールと予測分析システムを設計、実行する」という提案依頼書をまとめた。保健福祉局は、この、援助資源をもっとも有効的なところに集中させる決定を助ける自動トリアージシステムを構築する報酬として、最高で一〇〇万ドル——リチャード・キング・メロン財団（Richard King Mellon Foundation）からの助成金で賄われた——という額を提示した。

保健福祉局が採用した提案書はニュージーランドのオークランド工科大学（Auckland University of Technology）の経済学者、レイマ・ヴェイシアナサンと南カリフォルニア大学の児童データネットワーク（Children's Data Network）の所長、エミリー・パトナム＝ホーンスティーンに率いられたチームにより提出されたものだった。チャーナの設立したデジタルウェアハウスに保管されたデータを利用して、アレゲニー郡の子供のうち、どの子供が児童虐待と育児放棄の危険にさらされる可能性がもっとも大きいかを予測する、決定支援ツールを設計、開発、実施することを提案するものだった。

レイマ・ヴェイシアナサンとエミリー・パトナム＝ホーンスティーンをお互いに引き合わせたのは、児童虐待をその子供の出生の瞬間、それどころか出生の前に予測できたら、という共通の思いだった。二〇一一年のパトナム＝ホーンスティーンとバーバラ・ニーデルの共同執筆による論文は、出産前に虐待を予測するアルゴリズムは理論的には可能であると結論付けている。「出生日に使用し、虐待の危険性がもっとも大きい子供を特定できるリスク査定ツールは重大な意味を持つ」と彼女たちは書いている。「［出］産前のリスク査定はリスクのある子供たちを特定でき、［中略］それも、彼らがまだ子宮のなかにいるうちにそれができるのだ[3]」。一方地球の裏側では、オークランド大学［原文ママ］の経済学の准教授であるレイマ・ヴェイシアナサンがちょうどこのようなツールを開発しているチームに所属していた。

保守派のポーラ・ベネットが主導する、より大規模な福祉制度改革プログラムの一環として、ニュージーランドの社会開発省（Ministry of Social Development/MSD）はヴェイシアナサンのチームに、公共扶助、児童保護サービス、刑事司法制度などとの関与から得た保護者の情報をふるいにかけ、どの子供がもっとも虐待や育児放棄の犠牲になりやすいかを予測する統計モデルを作成するよう依頼した。ヴェイシアナサンは、パトナム＝ホーンスティーンに協力を頼んだ。パトナム＝ホーンスティーンは「子供の特定にリアルタイムのデータを使用する可能性を持ったシステムについて、レイマのチームと一緒に研究できたことは本当に胸の躍るような機会だった」と語った。

ヴェイシアナサンのチームは社会開発省の過去のデータの中から子供たちが虐待に晒される危険度を測定するための、一三二の変数項目――それには公共扶助を受給していた期間、過去の児童福祉制度の利用歴、母親の年齢、片親の元に生まれたかどうか、精神障がいの既往歴、犯罪歴が含まれた――を使った予測モデルを開発した。チームは彼らのアルゴリズムがこれらの子供たちが五歳になるまでに、「立証できる虐待が発見される」かどうかを「かなりの、そしてより正確に近づきつつある」確率で予測できるという結果を得た。二〇一三年の九月に発表された論文では、チームは、社会開発省が実現性の研究と倫理的観点からの再検討を経てリスクスコアを測定するモデルを配備し、その結果によって「虐待を予防する目的のために」対象を絞った、強制ではない早期介入プログラムを導入することを提案した。[4]

二〇一四年、ニュージーランドの大衆がこのプロジェクトのことを知った時、彼らの反応は懐疑的だった。学術研究者たちは、リスクモデルはチームが主張するほど正確ではない可能性がある、過去のデータからモデルがもっとも虐待を受ける危険度が高いと判定した子供の七〇パーセント近くがそうではなかった、と警告した。[5] その他の人々はモデルは主に貧困者の監視のための道具なのだと警鐘を鳴らした。[6] プロジェクトの検討の担当者は、子供が福祉サービスの手に委ねられる率が飛び抜けて高いマオリ族の家庭への適切な配慮がなされていないということに懸念を示した。[7]

二〇一五年、その前年にベネットに代わって社会開発大臣となったアン・トーリーは、ヴェイシアナサンのチームのツールの正確性を審査するため、六万人の新生児のリスク率を予測するという観察実験を行うべくいったんプロジェクトを中断させた。プロジェクトの概要をまとめた報告書の余白に、トーリーは「私の目が黒いうちは絶対に許可しません。それが後日マスコミに洩れてしまった。対象になっているのは子供たちなのよ。実験室のネズミじゃありません」と書いたが、それが後日マスコミに洩れてしまった。大衆の抵抗の前に、結局プロジェクトは挫折した。しかしその頃には、ヴェイシアナサンのチームは似たようなリスク予測モデルをアレゲニー郡で開発するという契約を手にしていた。

コールセンターでは、パット・ゴードンと私がスティーブンとクシストフのスコアについて推考していた。午後四時に近づくと、コールセンターは急激に騒がしくなってきた。私たちの周りの仕切りの中から、他の通報審査担当者がそれぞれ相手に尋ねている質問が聞こえてくる。「彼女はどんな薬物を乱用しているの?」「今、周りに貴方を支えてくれるような援助はあるの? 例えば、こういう状況で貴方を助けてくれる友達とか?」「ドゥクアンってどんな綴り?」隣の仕切りでは、あるケースワーカーがアレゲニー郡の民事訴訟裁判所からの親権に関する書類をパソコン上でスクロールしながら見ていた。また、ある人は通報者が問題の家庭の母親の名前と電話番号しか知らないため、フェイスブックで該当家庭を特定しようとしていた。通報審査担当の職員同士の間で交わされる冗談も、ストレスがピークに達するにつれ、ますます辛口のものになっていった。

パット・ゴードンのような審査担当者は、郡の児童虐待、育児放棄のホットラインの電話に応対し、またチャイルドライン（ChildLine）と呼ばれるペンシルベニア州のホットラインからの電子報告書も受け取る。どちらの通報からも、通報者がどんな懸念を持っているのか、当該事件の状況、そして氏名、年齢、事件の場所、住所などを含む、児童や関係者全員の人口統計的な情報を集める。また、虐待や育児放棄の申し立てに関連するすべての人々の過去についても情報を集める。通報審査担当者にはデータウェアハウスのなかの情報を検索する保健福祉局のアプリであるクライアントビュー（ClientView）へのハイレベルなアクセスが許されている。彼らはさらに、裁判記録、離婚の届出書類、出生届、ソーシャルメディアなど、公的にアクセスできる情報も利用する。

クシストフのケースは州の制度であるチャイルドラインから寄せられたものだ。ゴードンが受け取った報告書にはこう書かれていた。「ディヴァーシファイド・ケア・マネージメント（Diversified Care Management）のケースワーカー、［名前は黒塗りされている］は家の窓は滅茶苦茶な状態で、ドアは壊れていると報告していた。外が寒いと、家の中も非常に冷え込む。子［供］は服を何枚も重ね着している。家の中は犬や猫の尿の匂いがしていた。床には糞が落ちていた。居間には物が溢れ、散らかっている。子［供］は自分から好んで居間のソファーの上で寝ている。母［親］は居間の床で寝ていた」。

クシストフについては進行中のケースワークがあるため、パット・ゴードンはこの家庭をさらなる調査の対象に選び出すことも対象から排除することもしないだろう。彼女はこの報告を単に記録し、クシストフのケースワーカーに疑惑の究明を急ぐ必要性があることを伝えるにとどめるだろう。もしこのケースを取り上げるか、排除するかの選択を迫られるとすれば、「［ケースワーカーに］質問することが山ほどあるわ。例えば、最後に家の内部に入ったのはいつだったか？　どのぐらいこの家族の担当をしているのか？　どういうきっかけで担当するようになったのか？　家族は貴方が保健福祉局に通報しているのを知っているのか？　などね」とゴードンは言った。

パットはアレゲニー・ファミリー・スクリーニング・ツール（ＡＦＳＴ）は最近とみに注目を集めているが、それは、その家族をさらに調査するかを決めるスクリーニングを受けるかどうかを決定する三段階の受理プロセスの最終段階に過ぎないのだと説明した。通報審査担当者は、ペンシルベニア州の虐待の法律上の定義に当てはまっているか？　児童青少年福祉サービス局の法的権限を超えていないか？　など、まず申し立ての性質について考える。それから子供が緊急のリスクに瀕している可能性を考える。差し迫った危険はあるだろうか？　現在の危険は？　最後に、通報審査担当者は入手可能なすべてのデータソースをくまなく検索し、家族の過去を調べる。ＡＦＳＴは通報審査担当者がその家族の履歴をさらに付け足していく手助けをする補助的役割をしている。

パット・ゴードンのような通報審査担当者の裁量と、リスク予測モデルの、過去のデータに奥深く入り込んで調査する能力を合わせることがこのシステムの安全装置となっている。「ここが本来は私たちがもっとも情報を得難いところだから」とエリン・ダルトンは言った。「というのは、通報者が知っていることは限られている。一方、私たちは家族に関する多くの情報を持っている。［データの中には］過去の情報が沢山あるからよ。より多くの情報に基づいた助言ができるのよ」。

パットはクシストフのケースを細かく説明してくれた。「この子はもう幼くはない」と彼女は言う。「だから彼の脆弱性は低いとみなされる。現実に、怪我や何かの心配はないでしょう。これまでの虐待や育児放棄の履歴はどうかしら？　家族はＧＰＳ（ジェネラル・プロテクティブ・サービシズ：General Protective Services）の進行中の調査の対象にもうすでになっている。この申し立ての保護者や子供についての精神障がいの記録は見当たらなかったわ」。彼女は申し立ての重大度は「低い」と判定する。それから、子供の当座の安全について考える。壊れた窓とドアは快適性を損なうものだが、「それは差し迫った危険ではまったくないし、今、存在する危険のようにも見えない」と言う。彼女はＡＦＳＴが審査を行う操作ボタンを押した。スクリーン上にクシストフのスコアが温度計のようなグラフ状の図表に現れた。下の方がグリーンで上にいくほど黄色から赤に変化していき、一番上は真っ赤だ。クシストフの14というスコアはその目盛りの中の、「緊急！」と書かれた赤い部分の下の端に位置していた。

私はクシストフのスコアがスティーブンのスコアの三倍近くと出たのにショックを受けた。スティーブンはわずか六歳だが、クシストフは一〇代に入っている。ホットラインの報告書では、家の中に物が散乱していること、貧困層が入居できる住宅の設備はひどいことなど、貧困者にはよく見られる状態以上の危害の可能性は見られない。ではなぜこんなに高いスコアが出たのだろうか？　パットが説明してくれた。彼の家族が公共サービスを利用した記録は彼の母親が子供の時にまで遡る。だから、申し立ての内容が深刻ではなく、クシストフは安全であるように見えたとしても、この家庭のＡＦＳＴのスコアは高いのだ。

ＡＦＳＴのスコアを示しているスクリーンには、システムは「調査やその他の児童福祉関連の決定を行うものではない」とはっきりと書かれているが、二〇一六年五月にオークランド大学（University of Auckland）のティム・デアとカリフォルニア大学バークレー校（University of California, Berkeley）のアイリーン・ガンブリルが倫理的見地から行った再考察は、ＡＦＳＴのリスクスコアは通報審査担当職員が自分たちが下した判断の方を疑うほどに根拠があると思わせる事態を招くのではないかと警告していた。レイマ・ヴェイシアナサンは、通報審査担当者がシステムの予測の正確性の方を疑い、自分たちの判断の方に従うようにモデルは構築されていると主張する。「矛盾しているように聞こえるかもしれないけれど、私は通報審査担当者が、モデルの決定を若干疑う方がいいと思っているの」と彼女は言った。「彼らが『これ［モデルのスクリーニング後のスコア］は20だけれど、でもこの申し立ては些少なものだから、このモデルがこんなに高いスコアを出すのは過去の履歴のせい［に過ぎないの］だ』と言えるようであって欲しいわ」。

しかし、私が訪れた時に見たコールセンターの様子では、モデルは一部の通報審査担当者の仕事のやり方をすでにわずかに変えつつあった。「スコアは私たちがすべての調査をやり終えた後に報告書の作成の最終段階で出てくる」と言うのは通報受理部門のマネージャーのジェシー・シェムだ。「もし通報を受け取って、すべての調査を終えてスコアを出してみると、自分がやった調査結果とスコアが一致しない。そうなった場合、大抵、人間の方が何かを見逃している。もう一度、パズルのピースを一つずつはずしていかなくてはいけない」。

私たちは皆、機械に従おうとする傾向があるが、それはより中立的で客観的な選択のように見える。だが、上に立つマネージャーたちが通報審査担当者の査定結果とコンピューターの査定結果が一致しない時、人間の方がモデルからどこが間違っているか学ばなければならないと信じることは問題である。AFSTは、他のすべてのリスクモデルと同じように、可能性を知らせるだけで、それは正確な予測ではない。パターンや傾向を特定できたとしても、個々のケースの判定においては常々間違っている。ヴェイシアナサンとパトナム＝ホーンスティーンによれば、通報審査担当者たちは、モデルは人間の審査担当者よりも当てにならないとして、AFSTのスコアを見た後で、彼ら自身が見直し、査定スコアを変えることができるような仕組みにして欲しいと頼んできたという。これまでのところ、チャーナとダルトンはその提案を受け入れてはいない。通報審査担当者のリスクと安全の査定は勝手に動かすことはできないようになっており、ＡＦＳＴがスコアを出した後に変更することはできない。それができるのはマネージャーだけである。

コンピューターから弾き出されたスコアの表見的な正当性や客観性、リスクを回避しようとする傾向、あるいは子供たちが生命の危険に晒されているという過度な、だが理解できる危機感を前にして、点滅する真っ赤な数字が通報審査担当者の専門家としての判断を曇らせてしまうことは大いにありえることだ。ＡＦＳＴはコールセンターにおいて人間の意思決定の援助をするためのツールであり、その決定を人間から奪うためのツールではないはずだ。しかし、実際にはアルゴリズムの方が通報審査担当者を訓練しているようなのである。

さらに、もしもその家庭のＡＦＳＴのリスクスコアが20以上の場合、スーパーバイザーがそれを無効にしない限り、システムが自動的に調査を開始させるのだ。「アルゴリズムが働き、車輪が回り出すと、その結果の可能性の一つは、モデルがこの件を選別しなければならないと命令することだ」とアレゲニー郡の児童青少年家庭福祉事務所の通報受理部門の地域マネージャーであるブルース・ノエルは言う。

寒く汚い家に住む一四歳が、虐待を受けてきたのではないかと母親が心配する、そしてホームレスになっているかもしれない六歳の三倍近いスコアを得ている。これらのケースでは、モデルは通報審査担当者の決定を助けるのに役立つ情報の提供にあたって、常識的な基準に到達していない。これはどうしてだろうか？

データ科学者のキャシー・オニールは「モデルは数学に埋め込まれた複数の意見なのだ」と書いた。[8]

モデルが役に立つのは、無関係な情報をはぎ取り、私たちが、予測しようとしている結果にとってもっとも重大なものだけに集中することを可能にするからだ。しかし同時に、それらは抽象的な概念だ。何がモデルに盛り込まれるかという選択はモデルの作り手の優先事項、先入観を反映している。人間の意思決定はAFSTの三つの重要な構成要素に反映されている。それらは結果変数、予測変数そしてバリデーションデータだ。

**結果変数**は予測しようとしている現象を指し示すのに測るものである。AFSTの場合、アレゲニー郡は児童虐待、特に虐待による潜在的な死亡率を憂慮している。しかし、アレゲニー郡における児童虐待の数――虐待による死亡率、致死的に近い被害率は非常に低い――は幸運なことに、一年に一握りだけである。このような希薄なデータでは、統計学的に意味のあるモデルを構築することは不可能だ。

それができないとなると、実際に起こった児童虐待の代わりに、児童青少年家庭福祉事務所のケースワーカーによって裏付けされた虐待のケースを使うことは理にかなっているように見えるかもしれない。しかし、裏付けされたケースの数というのは不正確な測定基準だ。それは児童青少年家庭福祉事務所が、その家庭をサービス対象とするために、子供が被害に遭うかもしれないと疑うに足りる証拠があると判断したということに過ぎないからだ。ケースワーカーは、その家族がフードスタンプや入居できる住居などの必要な援助へのアクセスを得るためにケースを認めることがある。一部のケースワーカーは、もし確かな証拠がなかったとしても、その子供の身の回りで何かが起こっているという強い疑念がある場合、ケースとして成立させるだろう。怯えた保護者が実際には行われなかった虐待や育児放棄を認めるケースもあるだろう。このように裏付けされたケースというのは実体のないもので、結果変数として使うことはできない。

　より直接的な尺度が使えるのが一番だが、ＡＦＳＴは二つの、虐待に関連する変数――プロキシ［訳注：代理という意味］と呼ばれる――を児童虐待の代わりに使っている。最初のプロキシはコミュニティ・リーリファレル［訳注：コミュニティーによる再相談］で、いったんホットラインへの子供に関する通報が調査対象から排除されたのち、児童青少年家庭福祉事務所がその後二年の間に同じ子供について別な通報を受けたケースを指す。二番目のプロキシはチャイルド・プレースメント［訳注：子供を里親へ斡旋するなどの措置］で、ホットラインへの子供に関する通報が調査の対象として選別され、その二年以内に該当の子供が里親の元に引き取られたケースを指す。ということは、ＡＦＳＴはコミュニティによってなされた決定（どの家庭がホットラインに通報されるか）と福祉機関や家庭裁判所によってなされた決定（どの子供が家族から引き離されるか）を実際には予測しているわけで、どの子供が被害に遭うかを予測しているわけではない。

　予測モデルが正確に機能するためには、多くの関連データを伴った明白な、曖昧さのない測定基準が必要である。しかし、そうなると、予測モデルは手に入る材料を利用するしかなくなる。「私たちは完璧な結果変数を持っていないわ」とエリン・ダルトンは言った。「被害を直接表す完璧なプロキシは存在しないと私たちは判断しているの」。

　**予測変数**は、結果変数と相関するデータセットの中のデータビットである。ＡＦＳＴの予測変数を見つけるために、ヴェイシアナサンのチームはステップワイズ・プロビット・リグレッションと呼ばれる統計学的処理を行った。それは一般的ではあるがいささか異論も見られるデータマイニングプロセスだ。これは結果変数との間に統計学的有意性を持つほど高い相関性を持たない変数を排除するコンピューター上の技法だ。言い換えれば、それは測定しようとしているものによって変化するすべての変数を抜き出すため、手に入るすべての情報をくまなく探索する仕組みになっている——とすれば、それはデータ・ドレッジング［訳注：データの浚渫《しゅんせつ》］、あるいは統計的な別件捜査［訳注：非特定的に情報を探り出そうとする］と言えるのではないかという非難も生まれてくる。

ＡＦＳＴの開発のために、ヴェイシアナサンのチームはチャーナのデータウェアハウスで入手できる二八七の変数をテストした。リグレッションがそのうちの一五六を排除し、チームが児童虐待を予測できると信じる一三一のファクターが残った。[9]

もしもリグレッションが予想通りに一緒に上下するファクターを見つけたとしても、相関性がその原因だとは限らない。古典的な例を挙げれば、鮫に襲われる事件数とアイスクリームの消費量は非常に高い相関性を持っている。しかし、アイスクリームを食べることが人の泳ぐ速度を水中の捕食者から逃げられないほど遅くするわけでも、鮫がソフトクリームに引き寄せられるというわけでもない。そこには鮫に襲われることとアイスクリームの消費の両方に影響を与える第三の変数がある。それは夏だ。アイスクリームの消費も鮫に襲われる事件も暑い季節に増加する。

**バリデーションデータ**は、作り上げたモデルがどのぐらいうまく機能を果たすかをみるために使われる。アレゲニー郡において、リスクモデルは二〇一〇年四月から二〇一四年四月までに児童青少年家庭福祉事務所が受けた七万六九六四件の相談を使ってテストされた。[10] ヴェイシアナサンと彼女のチームはそれらを二つに分けた。七〇パーセントの相談は説明変数の重要度（予測しようとしている結果にとって、個々の変数がどれだけ重要か）を決めるために使われた。それから、適切な重要度を持たせた一三一の予測変数を備えた出来上がったモデルを残りの三〇パーセントのケースに試し、そのモデルが過去のデータの中の子供たちの実際の結果を確実に予測できていたかどうかをみた。

完璧な予測モデルなら、受信者操作特性（ＲＯＣ）曲線の下の領域ではいわゆる一〇〇パーセントの適合率を持っている。予測能力のまったくないモデルでは──その予測精度はコインを投げて表か裏かを当てることのできる確率とほぼ同じで──ＲＯＣ曲線の下では五〇パーセントの適合率を持っている。当初のＡＦＳＴのＲＯＣ曲線の下での適合率は七六パーセントだった。年に一度のマンモグラフィー検査の予測精度とほぼ同等である。[11]

七六パーセントは非常に良く見える数字だが、コイン投げと完璧な予測精度との中間値に過ぎない。マンモグラフィー検査との比較は説得力があるが、二〇〇九年、アメリカ合衆国予防医学専門委員会（U.S. Preventative Services Task Force）が、四〇代の女性にマンモグラフィー検査を勧めることを止め、五〇歳以上の女性には今までよりも少ない数のマンモグラフィー検査を勧めることとした事実も見逃すべきではない。偽陽性、偽陰性、そして毎年の放射線検査の影響を憂慮したためである。[12] 二〇一六年、アレゲニー郡では一万五一三九件の児童虐待と育児放棄の通報があった。現状の正解率をもとに計算すると、ＡＦＳＴは三六三三件の間違った予測を行っていたはずだ。

結論を言えば、ＡＦＳＴは正確さを制限する、内在した設計上の欠陥を持っている。それは児童虐待と育児放棄のホットラインへの相談と、子供が家族から離される可能性──どちらも子供に加えられる危害の代わりの仮定のプロキシである──については予測できるが、実際の児童への不当な扱いは予測できない。ＡＦＳＴが利用するデータセットは公共サービスと接触を持った家庭の情報だけを有し、児童虐待と育児放棄に影響を与える重要な要素が欠落している可能性がある。最後に、その正解率は平均的でしかない。虐待の危険がある、または危険がないと間違って予測される、年間何千というケースを生むことは確実だ。

モデルの予測能力は、結果変数が主観的である時、損なわれる。ある保護者が再びホットラインに通報されたのは、彼女が子供たちの養育を放棄しているからなのか？　それとも、近所に住む誰かが、先週彼女がパーティーを開いていたことに腹を立てていたのか？　ケースワーカーと判事が子供を里親の元に送ったのは、子供が生命の危険に晒されていたからなのか？　それとも彼らが良い親とはこう見えるはずだというある特定の文化に依存した考えを持っていたからなのか？　それとも手堅い選択をしなかった場合の結果を恐れたのか？

コールセンターで、私が児童青少年家庭福祉事務所のシステムに属している保護者に話を聞き、AFSTが彼らにどのような影響を及ぼしているかについて話してもらったことをパット・ゴードンに告げた。ほとんどの保護者は、実際にはリスクが少しもないにもかかわらず、彼らの子供が虐待やネグレクトに晒されるリスクが高いとモデルが判断するという、間違った危険判定を恐れているとゴードンに伝えた。もしクシストフの母親が自分の家庭に付けられたスコアを知ったなら、どんな思いをするかは容易に想像できる。

しかし、パットは実際に危険がある場合の間違った判定――つまり、申し立てやあるいは子供への差し迫ったリスクが深刻だったとしても、AFSTのスコアがその子供のリスクが低いと判断する場合についても憂慮すべきだと指摘した。「ある家族がいて、彼らには過去に重大な、虐待やネグレクトなどの履歴がないとするわね。福祉サービスも利用していないとする。でも実はその家族に対する申し立ての内容が本当に酷いこともあり得るわ。［児童青少年家庭福祉事務所は］私たちが自分たちで判断する余地を持たせてくれている。私は心配になってしまうのよ。例えば、子供が、成長板が損傷するような怪我をしていたら？　成長板を損ねるような怪我の原因は一つか二つぐらいしかない。それなのに、「スコアが」低く出る場合だってあるのよ！」

アレゲニー郡はそのデータウェアハウスに途轍もない量の郡の公共サービスの利用履歴の情報を保管している。しかし郡は、公共サービスを利用していない人々に関するデータにアクセスすることはできない。民間機関による薬物依存症治療、精神医療カウンセリング、経済的な支援を受けている保護者は保健福祉局のデータには現れない。彼らの行動を表す変数が設定されず、またリグレッションに含まれることもないということは、児童虐待を突き止めるためのパズルの重要なピースがＡＦＳＴから欠けているかもしれないということだ。アイスクリームと、鮫が人間を襲う事件を結ぶ重要な変数、「夏」が欠けているかもしれないのだ。

例えば、他の家々から離れているという地理的状況が児童虐待の重要なファクターになっていることがあるが、アレゲニー郡の公共サービスを利用する家族の大部分は密集した都市部の住居に居住しているため、それはデータには反映されない。私は、郊外に住んでいて周りの人が被害に気付かず、ホットラインに通報されないケース、もしくは養育者が私営の精神医療や薬物依存症の施設のサービスを利用していて、保健福祉局のデータに反映されないケースを憂慮しないのかとパット・ゴードンに聞いてみた。「私が心配しているのはまさにそれなの」と彼女は答えた。「ダウンタウンにいるお偉いさんは、それが本当に分かっているのかしらと思うわ。つまり、私たちはこのツールに私たちの仕事をやってもらおうなんて思っていない。本当に。偉い人たちがそれを理解してくれることを望んでいるわ」。

私がエンジェル・シェパードとパトリック・グジブに会ったのは、各家庭がプログラムに参加し、援助を受け、他の人々と繋がることができる二六のコミュニティの活動拠点のひとつであるデュケイン家庭支援センター（Duquesne Family Support Center）だった。二〇一六年の爽やかな秋の日、私は同センターの保護者協議会のメンバーと話していた。内容は時に陽気な騒いだものになり、話題も多岐に広がり、しばしば白熱した。保護者たちがアレゲニー郡の児童青少年家庭福祉事務所との関わりを通して経験した自分たちの体験談を語るにつれ、会議室の雰囲気は、憤りに満ちた侮蔑から涙ながらの感謝、ショックを伴う恐怖まで、様々に変わった。

最初、エンジェルとパトリックは目立つ存在ではなかった。というのは、彼らの体験がまったく平均的なもの、白人の労働者階級が経験する、日常的でありふれた侮辱に形作られた、典型的な経験だったからだ。二〇〇二年に一緒に暮らし始めて以来、ダラー・ジェネラルというディスカウントショップの事務から高校の武装警備員、ケイタリングの仕事まで、彼らはあらゆる種類のサービス業に就いた。パトリックはこの近くのマンホール地区で、その住民の主要な勤め先だったホームステッド製鉄所が一九八六年に閉鎖になる二〇年前に生まれた。彼は九年生［訳注：日本の中学三年にあたる］を終えた時点で学校を辞めた。自分を「物覚えが悪い」と言うが、利口で、フルタイムで働きながら三人の子供をほとんど自分一人で育て上げたのだから、勤勉だと言えるだろう。エンジェルは、二年間ネット越しにパトリックとの愛を育んだ後、カリフォルニアからバスに乗って彼と暮らすためにやって来るという非常に大胆な行動に出た。より最近になって彼女は、大学のサイバーセキュリティーの学位の取得を決意するという大胆な行動を再び取った。しかし、その結果は実らず、利益優先のオンライン大学は彼女に学費ローンの借金だけを残し、具体的な就職への道は閉ざされたままだった。

この家族の構成は複雑で、数世代に亘る。彼らの暮らす小さな賃貸メゾネット住宅には、パトリックの成人した子供の一人、タバサと、タバサの娘で、開けっ広げで愛想の良い赤毛の魅力的な六歳の女の子、デザレーが一緒に住んでいる。エンジェルの娘、ハリエットは早熟で活動的な、まるでつむじ風のような九歳の女の子で、コーヒー色の肌と黒いウェービーヘアを持つ。彼女はスカラスティック社の子供向けの本、表紙に火事や竜巻、火山の爆発、ナチスの占領から逃げる子供やティーンエイジャーの絵が描かれた「私は〜を生き延びた」(*I Survived*) シリーズが大好きだ。二〇一六年二月、私が彼らの家を訪れた際、ハリエットは私に、当時の彼女の一番お気に入りの本だという『私はハリケーン・カトリーナを生き延びた』(*I Survived Hurricane Katrina*) を見せてくれた。

パトリックとエンジェルは、創意の豊かな、子育て熱心な親だ。二人の女の子たちが言い争っていると、彼らはパトリックの大きなボタンダウンシャツ、「仲良しシャツ」を二人に着せる。一枚のシャツの一方の袖を一人の片手に通し、もう一方の袖をもう一人の腕に通し、空いている手をお互いの腰に回させる。二人は喧嘩をやめるまで仲良しシャツを着ていなくてはならない。「トイレに行きたくなってもね」とパトリックは薄茶色の目を輝かせて笑いながら説明する。

アスファルトの屋根板の彼らの茶色の家のドアの上ではアッシジの聖フランシスコが祝福を投げかけているにもかかわらず、この家族はアメリカの労働者階級にはよくあるすべてのトラウマを経験してきた。健康問題、長引く失業、身体的障がいなどだ。しかし、彼らは何度も逆境を跳ね返し、朗らかで、寛大であり続けた。エンジェルは、話している間、よくパトリックを冗談ぽく叩いている。穏やかな態度を崩さないパトリックはまるで仏教徒の元バイカーのように見える。広い肩をリラックスさせ、入念にセットした顔ひげが話すたびに震える。彼はエンジェルのことを「僕の天使」と呼び、ふっとした瞬間に彼女に微笑みかける。パトリックは糖尿病のために三本の足の指を失い、エンジェルは失業中なので、二人はほとんどの時間を家庭支援センターでのボランティア活動に費やしている。パトリックは夏の間、「レディー・フレディー」（Ready Freddy）という子供向けのプログラムのために働き、幼稚園入園前の幼児の早期教育を助けている。エンジェルは事務所で管理業務を手伝い、すべての会議の議事録を取っている。

エンジェルとパトリックは今までに数え切れないほど児童青少年家庭福祉事務所と関わった経緯があった。パトリックは二〇〇〇年代の初め、彼の娘タバサを救急処置室に連れて行った後、処方された抗生剤の代金を払えなかった際に、子供に医療を受けさせなかったとして調査された過去があった。タバサの具合が悪くなり、次の日、もう一度彼女を救急処置室に連れて行った時、パトリックは看護師に児童青少年家庭福祉事務所に通報すると脅された。驚きと怒りがこみ上げて、彼はタバサを抱き上げ、救急処置室を出た。その後、彼に対する調査が始められた。「彼らは夜遅くにやって来た」と彼は思い出しながら言った。「多分、一一時か一二時ぐらいだった。子供たちはもう眠っていた。彼らは警察を連れて来ていて、何故来たのか理由を言った。家に入って来て、家の中を見て回り、子供たちが眠っている部屋も見た。それから二日か三日後に、僕は、タバサが一八歳になるまで育児放棄のファイルに載ると知らせる手紙を受け取ったんだ」。

児童青少年家庭福祉事務所はハリエットが生まれ落ちたときから彼女の人生の一部だった。エンジェルはハリエットが生まれた日に彼女を里親に預けたが、彼女が里親によって虐待されているのではないかと疑い始め、彼女を取り戻そうと努力した。エンジェルは児童青少年家庭福祉事務所の育児の講習の受講とカウンセリングを希望し、その希望は叶えられた。そんなふうに、親権を取り戻そうとした彼女の体験は大部分において肯定的なものだった。ハリエットを家に迎えた後、エンジェルのケースワーカーは育児室の電気系統の故障を見つけ、家主に電話をして、資格のある電気技師を修理のためによこさなければ、親子をその住居から引き上げさせるとまで言ってくれた。

ハリエットが五歳になった頃、誰かが児童虐待と育児放棄のホットラインに相次いで通報をした。その匿名の情報提供者は、ハリエットが誰にも見守られることなく、近所を走り回っていると説明した。「私が彼女から目を離したことは今まで最長で二分しかなかったわ」とエンジェルは反論する。「でも近所には、電話してそんなことを言う人たちがいたの」。児童青少年家庭福祉事務所の調査官がハリエットに関する調査を開始し、彼らは家族や近所の人たちに対し、インタビューを行うために家にやって来た。調査官は母親のいないところで話を聞くために、一緒に通りを歩こうとハリエットの手を取った。「私の正しい指導と彼女の自衛本能の賜物ね」とエンジェルは思い出して言った。「ハリエットはこう言ったの。『そこには行っちゃいけないと言われているの。ルールに反するのよ。決められた範囲の外に出ちゃうわ』ってね」。それで仕方なく職員は、エンジェルを表の玄関に残したまま、ハリエットを裏口に連れて行った。

ハリエットと話した後、ケースワーカーはエンジェルを脇に呼んでこう言った。「驚いた！　本当に聞き分けのいい子ね！」エンジェルは「彼女がそういうふうに振る舞うよう躾けるのがどんなに大変だったか分からないでしょうね」と返した。エンジェルは自分がどんな躾けのアプローチを採っているのか分かってもらえるように次の例を挙げて説明した。ハリエットと一緒に歩道に「止まれ」という言葉が中に書かれた停止標識を描く。もしハリエットがその標識の向こうに行ってしまったら、罰として玄関のポーチに一定時間じっと座っていなければならないのだ。調査官は調査を打ち切った。

再びホットフインに、今度はハリエットが通りの先で犬をからかっていたという通報の電話がかかって来た。エンジェルはハリエットがトイレに行く時に裏庭を抜けて犬のところに行き、犬が届かないところに食べ物を投げて犬に向かって吠えてみせ、からかっていることを知っていた。エンジェルはその行動をやめさせようとあらゆる手を尽くした。そんなことを続けていると、怪我をするかもしれないと諭した。罰として、一日漫画を取り上げた。通りの先に住んでいる犬の飼い主に会いに行かせ、謝罪させた。「ハリエットにそれをさせた翌日に児童保護サービスに通報が入ったのよ！」エンジェルは肩をすくめて言った。「私はやって来た女性に、『嘘は言いません。ハリエットはこの犬を何回もからかっているのを見つかっています。私はこの事態を解決しようと努力しているところなんです』って言ったの」。しかし、調査官はハリエットが安全だと納得しなかった。「それはネグレクトに相当するかもしれないわ」。エンジェルは彼女がそう言ったのを覚えている。エンジェルがサービスの主任職員に自分はハリエットをいつでも見張ることができる、バスルームの窓からでさえそれができるのだと説明すると、児童青少年家庭福祉事務所はその調査を打ち切った。

また一連の通報がホットラインに届いた。今度はハリエットが適切な服も食べ物も与えられておらず、風呂にも入っていない、そして抗てんかん薬も与えられていないというものだった。エンジェルとパトリックは調査にあたっていたケースワーカーに、ハリエットの主治医の神経科医が二回立て続けに診察予約をキャンセルし、診察を受けてから一年以上経っているという理由から薬の処方を出すのを保留にしたのだと説明した。ハリエットが頭につけているてんかん発作の程度を測る医療装置のために、彼女の髪を洗うのは大変だった。しかし、通報者が言うように、彼女は寒いなか、裸足で歩き回っているわけではなかったし、新しい神経科医を見つけようとしていたところだった。エンジェルは、児童青少年家庭福祉事務所がハリエットの医療記録にアクセスできるよう、権利放棄書に署名をした。彼らの話の裏付けが取れると、児童青少年家庭福祉事務所はその調査を打ち切った。

パトリックとエンジェルは、隣人か家族の誰かが嫌がらせのために迷惑な通報を繰り返しているのではないかと疑っている。エンジェルは告訴したいと望んでいるが、彼女ができることはほとんどない。自発的に児童虐待や育児放棄のホットラインに通報する人はその人物が望めば匿名でいることができるし、発見したケースの通報を義務付けられた通報者は通報が善意を持ってなされたものであるなら、民事及び刑事責任の免除が許されている。エンジェルは、「隔週ごとに通報されているような感じだったわ」とイライラした様子で説明する。「彼らは何も発見しなかった。私たちのケースの調査は打ち切りになったわ。でもいまだに時々、彼らが車で確認のためにやって来るような気がする時があるの」。

パトリックが児童青少年家庭福祉事務所と関わった経験から学んだことは、もしも自分が不当に扱われていると思ったとしても、常に慇懃な態度を崩さない、向こうがいうことにすべて従うということだ。「僕は彼らがやったことが正当だとは思わなかったけれど、でも抗議をするつもりはなかった」と彼は言う。「もし自分が抗ったら、彼らは実際に娘を連れて行ってしまうと思ったんだ」。状況は常に児童青少年家庭福祉事務所の方に分があると彼は説明する。「怖いよ。『彼らが僕の子供たちを連れて行ってしまう』と考えてしまう。それが最初に脳裏に浮かぶことなんだ。児童青少年家庭福祉事務所が子供たちを連れ去ってしまうってことがね。吐き気がするようなショックだよ、警察がついて来るんだからなおさらだ。あれは絶対に忘れられない」。

エンジェル・シェパードとパトリック・グジブは、私が話を聞いたすべての児童青少年家庭福祉事務所と関わった保護者と同じように、この機関との経験について非常に複雑な思いを持っていた。彼らはその経験を恐ろしく、また苛立たしいと形容する一方で、彼らが受け取った支援や扶助を有難いとも思っていた。彼らは家庭支援センターで従事するボランティア活動が他の家族の子供の安全を守ることに貢献することを願っている。だが同時に、児童青少年家庭福祉事務所と関わることは、それがどんなものであれ、彼らのＡＦＳＴのスコアを引き上げてしまうのではないかと訝っている。

私がＡＦＳＴについて尋ねると、ほとんどの保護者たちは恐怖と憤怒をあらわにした。一部の人はシステムが不当に自分たちを監視の標的にしていると思っていた。ある人々は、自分たちが親としてやって来たことすべてが一つの数字に要約されてしまうことは非人間的だと感じていた。またある人々は、リスクモデルが彼らが制度内で持っているただでさえ限られた権利を行使することを、より難しくすると思っていた。

それは特にアフリカ系アメリカ人の保護者にとっては真実だ。児童青少年家庭福祉事務所の報復を恐れて、自分の苗字を伏せてファーストネームだけを使って欲しいと私に頼んだ女性、ジャニーンは、ペンシルベニア州ランキンの貧困家庭の擁護のために積極的に発言する活動家だ。私が彼女に予測モデルについてどう思うかと聞くと、ピシャリと言い返してきた。「うまくいくわけないわ。リスクが多すぎるもの。みんながリスクなのよ」。

ジャニーンが「みんながリスク」だと言ったのは、誰でも子供を殴ったりするという意味で言ったのではない。彼女のコミュニティのすべての保護者が、貧しく、黒人であるというだけでＡＦＳＴのプロファイルの対象になり得ると言いたいのだ。少年及び家庭裁判所判事の全国評議会（National Council of Juvenile and Family Court Judges）のまとめた統計によると、全米の三七の州とドミニカ共和国、プエルトリコにおいて、アフリカ系のアメリカ人とアメリカ先住民族の子供たちが親から引き離される割合は全人口に占めるそれぞれの人々の割合を著しく上回っている。例えば、二〇一一年、アラスカ州で里親に預けられる子供の五一パーセントがアメリカ先住民族の子供たちだったが、アラスカ州の年少人口に彼らが占める割合は僅か一七パーセントに過ぎない。イリノイ州では、里親に預けられる子供の五三パーセントがアフリカ系アメリカ人の子供だったが、彼らが同州の年少人口に占める割合は僅か一六パーセントである。

二〇一六年の、アレゲニー郡の里親の下で暮らす子供の四八パーセントがアフリカ系アメリカ人の子供だったが、郡の児童、青少年のうちのアフリカ系アメリカ人の割合は一八パーセントに過ぎない。言い換えれば、アフリカ系アメリカ人の子供たちは人口の比率から本来考えられる割合よりも二・五倍も多く里親に引き取られているのである。チャーナとダルトンはAFSTを、通報の受け付け段階に個人的な推量が入り込むことを防ぐツールであると見ており、それが、通報審査担当者の意思決定における偏見のパターンを探り出すデータを提供することを望んでいる。「今はばらつきが沢山見られるわ」とダルトンは言った。「不均衡性がそれ［AFST］によって解消できるとまでは言わないけれど、少なくとも、私たちがもっとはっきりと不均衡性を観察できることには繋がるわ」。ウェアハウスの豊富なデータを引き出すことにより、AFSTは主観的な通報審査担当者がもっと客観的な勧告をする手助けができると彼女は示唆しているのだ。

しかし、アレゲニー郡の児童青少年家庭福祉事務所における人種間の不均衡についての二〇一〇年の研究では、郡の児童福祉サービスの不均衡性の大半は相談そのものにおける偏見から起きており、審査の段階での偏見からではないということが分かっている。[13] ペンシルベニア州のランキンでは、そのコミュニティの黒人及び多人種の家庭についての児童虐待と育児放棄のホットラインへの通報は白人家庭についての通報より頻繁である。二〇〇六年の時点では、アフリカ系アメリカ人や異人種間の子供たちの三・五倍の白人の子供たちがアレゲニー郡に住んでいるというのに、それぞれの人種グループの児童青少年家庭福祉事務所への通報数は――約三五〇〇件で――同数である。

その研究は、通報の不均衡性は、通報を義務付けられた通報者による、本来の児童青少年家庭福祉事務所の使命と役割の誤解、非白人の居住区域の問題の認識の仕方、階級によって歪曲された子供の養育についての考え方などがしばしば原因であると考察している。その研究のなかで、インタビューを受けた一人は、「私が受けたあの扱いは絶対忘れないわ」と述べている。そしてさらに、「私はやっとその子供のセラピストと話すチャンスを得たの。私は、一体どういうこと？　彼は家に戻れるはずよ、と言ったわ。そうしたら、これは嘘じゃないのよ。セラピストはそのコミュニティに蔓延っている暴力を考えると、子供にとって悪い環境だ、と言ったのよ」と証言していた。またある人は、とある診療所が、子供の診察予約に現れないたびに、たとえ後から予約を取り直していても、児童青少年家庭福祉事務所にその両親についての通報を繰り返していた、と証言している。

一度子供が児童青少年家庭福祉事務所に通報された後は、審査担当者の裁量は不均衡性にあまり影響しないことをその研究は物語っている。通報の受け付け担当職員は、白人の子供のケースよりも、黒人や異人種間の子供のケースを調査に回す傾向がほんの少し多く見られた。彼らは黒人や異人種間の子供たちを扱ったケースの六九パーセント、白人の子供を扱ったケースの六五パーセントを調査に回していた。調査に回されたケースのうち、両方のグループとも、大体同じ割合のケースが立証されていた。黒人と異人種間の子供のケースの実証された率は七一パーセント、白人の子供のケースの実証された率は七二パーセントだった。

AFSTはその予測能力とコンピューター能力のすべてを、人種間の不均衡が実際にシステムに入り込む段階である通報そのものの段階よりも、通報のスクリーニングという、システムが実験に基づいてコントロールできる段階に集中させている。その裏側ではAFSTは二種類のスコアを弾き出す。その子供についての通報がもう一度ホットラインにかかってくる可能性、その子供が里親に預けられる可能性、その二つについてのスコアだ。AFSTはその二つを平均化することはない。それは児童青少年家庭福祉事務所の調査官や家庭裁判所の判事の専門家としての判断を助け、コミュニティからの通報により生じる不均衡性を軽減することに繋がるかもしれないのだが。しかし、モデルは単にこのスコアのうち高い方を採用するだけである。

エンジェルとパトリックが経験したような嫌がらせの通報は、モデルに不純なデータをもたらし、さらに正確さを損わせることになる。仲の悪い隣人、養育権を取ろうとしている別居中の配偶者、個人的な恨みを持った家主、家族など、そういう人々が懲罰や報復の目的で日常的に児童青少年家庭福祉事務所に電話をかけてくる。このことに関しての調査はなされていないが、一九九八年度の、カナダにおける通報された児童虐待と育児放棄の発生率調査（Canadian Incidence Study of Reported Child Abuse and Neglect）からのデータの研究は、児童虐待の通報の約四パーセントが意図的に事実と違う報告をしたものだったとしている。二〇一六年にアレゲニー郡に寄せられた児童虐待と育児放棄の通報の総計である一万五一三九件のうち、控え目にいって、六〇五件は意図的になされた、事実と違う報告だったと推定できるだろう。児童虐待と育児放棄のホットラインに悪意のある通報をすることは法で禁じられている。しかし、ペンシルベニア州では現在、匿名の通報を受け付けているため、もし隣人や親戚、知人などが嫌がらせや脅しのために通報したとしても、保護者側にできることはほとんどない。AFSTには嫌がらせの通報を見分けたり、除外できる機能はまったくないのだ。

電話での通報は児童虐待にとって深刻な問題を持つプロキシだ。それは巧みに操作され得るからだ。児童青少年家庭福祉事務所の独自の調査は、それが郡の児童保護システムにおける、ほとんどすべての不均衡を作り出しているということを示している。言い換えれば、システムにもっとも大きな人種偏見を入り込ませる行動が、リスクモデルが虐待を定義する方法そのものだということだ。この、もっとも容易に誤魔化すことができ、もっとも差別的な変数は、チャーナと彼のチームが成し遂げた類稀な業績を覆してしまう危険を潜ませている。

「私たちは通報の電話をコントロールしない」とマーク・チャーナは言った。「人々が救急処置室で質問にどう答えるかとか、文化的なファクターとか、他のすべての諸々のこと、［中略］そういうことは私たちがコントロールしない事柄だ」。しかし郡は、どんなデータを収集し、どんな変数を使うかをまさにコントロールしている。

アレゲニー郡の児童青少年家庭福祉事務所と関わる家族の圧倒的多数は、黒人も白人も、労働者階級か貧困層に属する。ピッツバーグ市内の子供たちの二七パーセントが公共扶助を受けているが、二〇一五年に里親に預けられた子供たちの八〇パーセントが貧困家族一時扶助（Temporary Assistance for Needy Families/TANF）、あるいは補助的栄養支援プログラム（Supplemental Nutrition Assistance Program/SNAP）に頼っていた家族から引き離されている。つまり、アレゲニー郡では、人種的な不均衡よりも、階級による不均衡の方が酷いということになる。しかし、これまで歴史的に不利な条件に置かれてきたグループとは違って、貧困層は法的に保護されるべき階級だとは広く認識されていないため、児童福祉事務所の貧困家庭に対する偏りのある差別的な扱いの多くは咎められることがなかった。

ＡＦＳＴは公共サービスの利用を子供へのリスクだと見なす。ＡＦＳＴの予想変数の四分の一は貧困度を測る直接的な尺度だ。彼らは貧困家族一時扶助や補助的補償所得制度（Supplemental Security Income/SSI）、補助的栄養支援プログラムや郡の医療援助など、資力調査に基づいた扶助プログラムの利用を追跡調査し、あとの四分の一は少年保護観察と児童青少年家庭福祉事務所そのものという、対象が貧しい労働者階級のコミュニティ、特に非白人のコミュニティに偏って集中しているシステムとの関わりを査定する。少年法制度は成人の刑事司法制度が抱えるのと同じ人種、階級の不平等という問題の多くを抱えている。[14] ある家族の児童青少年家庭福祉事務所への関与はその家族の社会階級に大きく左右される。専門的な職業を持つ中流家庭ならば、より多くのプライバシーを持ち、通報を義務付けられた人々と関わる機会も少なく、養育方法の文化的違いも労働者階級や貧困層の家族よりもっと許容される。[15]

アメリカの児童福祉関係の調査の圧倒的大多数が虐待ではなく育児放棄に関わるものだ。アメリカ合衆国保健福祉省の児童家庭局によると、二〇一五年に児童福祉関係の調査の対象となった三四〇万の子供たちのうち、七五パーセントは育児放棄の疑いで調査され、全体の四分の一の子供たちだけが身体的、精神的、あるいは性的な虐待の疑いで調査された。[16]

育児放棄を定義するには、身体的、性的な虐待よりも、より主観的な判断を要する。「育児放棄の範疇は本当に広いわ」とピッツバーグ近郊のイースト・リバティーの家庭支援センターのタニア・ハンキンズは言った。イースト・リバティーの住民の大部分はアフリカ系アメリカ人だ。「私が知っているケースで、家の前で二人が口論していて、母親が赤ん坊を家の中に残してドアから走り出ただけで誰かが児童青少年家庭福祉事務所に通報したものがあったわ。別のケースでは、児童青少年家庭福祉事務所が来てドアをノックした時、応対に出なかった母親がいたの。驚愕して動けなかったのよ。だから彼らは赤ん坊の様子を確認することができなかった。そうしたら赤ん坊を母親から取り上げる処置が取られたの」。

育児放棄のサインだと見なされるもののほとんどすべてが貧困のサインでもある。食料の不足、適切な環境ではない住居、無認可の託児先、安全ではない移動手段、電気やガス、水道の差止め、ホームレス状態、医療を受けさせないことなどだ。「本当にほとんどのケースは困難の多い、安全ではない地域に住む人々による、育児放棄よ」とキャサリン・ヴォルポーニは言った。ヴォルポーニは児童青少年家庭福祉事務所による調査や親権を失う危機に直面する親たちに法的援助を行う専門家による無料のボランティア活動、少年裁判所プロジェクト（Juvenile Court Project）のディレクターだ。「私たちが抱える問題は、住居、不適切な医療、麻薬やアルコールと様々だけど、それはみんな貧困が引き起こす問題なの。現実は、［児童青少年家庭福祉事務所によって調査される］大部分の子供たちは身体的、性的に虐待されているわけじゃないということよ」。

児童福祉サービスは資力調査に基づいたものではない。ということは、低収入でなければそれが受けられないというわけではない。児童青少年家庭福祉事務所は保護者に数多くの有益な援助を提供している。母親になったばかりの女性が洗濯などの家事をするため、一時間ほど赤ん坊の面倒を見てもらえる休息ケア、早期幼児教育プログラムや発育プログラム、家の中の雑事を手伝う訪問支援まである。しかし、専門職を持つ中流家庭はその代わりに民間の家庭支援のサービスを利用するため、彼らにそのような専門の援助機関や専門家との関わりがあってもそれはデータウェアハウス上では追跡されず、反映もされない。

もしもアレゲニー郡がもっと裕福な家庭の児童虐待を予測するために、子守やベビーシッター、民間のセラピスト、アルコホーリクス・アノニマス［訳注：アルコール依存者のための相互援助グループ］や、豪華な依存症のリハビリセンターからのデータをシステムに取り込むことを提案したら、どういう反応が返って来るかを想像すると興味深い。「民間の保険会社のデータが手に入るといいんだけど。私たちはそれを得られることを本当に望んでいるわ」とエリン・ダルトンは言う。しかし、彼女自身も認めるように、私的なデータを手に入れることは恐らく不可能だろう。専門職を持った中流階級がそのようなプライバシーに立ち入ったデータの収集に納得するわけはない。

もし、ある家族がそうする余裕があれば、児童青少年家庭福祉事務所を避けようとするだろう。というのは、児童青少年家庭福祉事務所は二つのまったく異なる、矛盾する役割を混同しているからだ。その二つの役割とは、家族支援の提供者、そしてもう一方は虐待の調査官だ。援助を受けることは、児童青少年家庭福祉事務所が自分たちから子供たちを取り上げる権限を認めることになる。これは侵略的な、恐ろしい交換条件であり、他の選択肢が可能な親ならば、決して選ぼうとはしない選択肢だろう。貧しい労働者階級の家庭は、プライバシーや理不尽な調査からの保護、自分たちの子供の安全を守るため必要とする援助やサービスを得る機会のための正当な法手続きなどの権利を支援と引き換えに差し出すことを強いられていると感じている。

貧困は間違いなく子供たちに害を及ぼす。そしてそれは親にとっても有害なのだ。公共サービスを利用している家庭のみについて収集されたデータに頼ることによって、ＡＦＳＴは貧困者を不当に児童福祉の詳細な調査の対象としている。「私たちは明らかに貧しい人々をオーバーサンプリングしているわ」

とダルトンは言った。「私たちが持っているすべてのデータシステムには偏りがある。私たちはそれでも、このデータが子供たちを守るのに役立つと考えているの」。

これは貧困のプロファイリングと呼べるかもしれない。レイシャル《人種による》・プロファイリングと同じように、貧困のプロファイリングも、人々の行動よりも個人的な特徴に基づいてそれぞれの人間をさらなる精密な調査の対象として標的にする。その特徴とは、貧困の中で生きているということだ。リスクモデルは貧乏《プア》な状態の中での子育てを、劣悪《プア》な子育てだと取り違えている。そのために、ＡＦＳＴは公共プログラムに助けを求める親たちを彼らの子供にとってのリスクであると認識するのだ。

二〇一六年の九月の暖かいある日、ジャニーンと私はピッツバーグのすぐ東の小さな自治地区ウィルキンズバーグの、ＣＶＳファーマシーの裏にある屋根付きのバス待合所に座っていた。ウィルキンズバーグの大部分は中流階級が住む郊外だが、ホームステッド製鉄所の閉鎖に打撃を受け、過去五十年間の間に人口はおよそ半分になった。ケンタッキー・フライドチキンがデイ・オブ・ギビング（施しの日）を催し、一万人に無料で食事を提供するというので、ジャニーンとその友人たちはこの機会を利用して人々に選挙登録を呼びかけることにしたのだ。四〇代後半のジャニーンはポイズ財団（Poise Foundation）の白のタンクトップと黒いゴムのブレスレットを身に付けていた。ポイズ財団は「堅実な黒人のコミュニティを築くことと黒人家庭を支援することを目的とした」アフリカ系アメリカ人のコミュニティ財団だ。

私は、子供を里親制度に奪われた過去を持つ人が児童青少年家庭福祉事務所に資金提供を受けている組織のために現在ボランティア活動をしていることに驚きを感じた。しかし、ジャニーンは一〇年以上前、自分の息子、ジェレマイアの養育には助けが必要だったと理解している。住居は安定しておらず、仕事に行く交通手段を得るのにさえ苦労しており、健康上の問題もあった。ジェレマイアは学校をサボるようになり、姿をくらますこともあった。そんな時、誰かがホットラインに彼女のことを通報したのだ。

ジャニーンの観点から見れば、自分がシステムの援助を得るには胸が締め付けられるような選択を要した。彼女の息子の不登校が通報されるとケースワーカーは調査を開始したが、彼女が何のサービスにもアクセス出来ないまま、すぐに調査は打ち切られた、とジャニーンは言った。結局児童青少年家庭福祉事務所はジャニーンが基本的な物質的援助を受けるためには息子を諦めることを要求したが、その援助があれば、ジャニーンが自分できちんと息子の面倒をみることは可能だっただろう。「私に援助を与えてくれる代わりに、彼らは『[ジェレマイアを]里親に預けなさい、そうしたら助けてあげるから』って感じだったの」と彼女は説明する。「子供を預ける手続きをしなければだめだ」。そうして彼女の息子は里親に預けられた。彼女は安定した住居と医療を得られる援助を受けた。今でも息子とは連絡を取り合っているが――ジェレマイアは今はもう二一歳で大学に入った――彼女が親権を取り戻すことはなかった。

それでもなお、誰かが子供を危険に晒していると思った時は児童虐待と育児放棄のホットラインに通報することを躊躇《ためら》いはしないと彼女は言う。「意地悪で電話するんじゃないのよ」と彼女は説明する。「何かが起こってしまって、悔やむことになりたくないでしょう。『なんで電話しなかったんだろう? 電話すべきだったのに!』ってね。害を与えようとしてるんじゃない、子供を守ろうと思って電話するのよ。絶対に確かなのは、私も母親であり、すべての子供を愛してるってことよ」。

私たちがバス待合所のベンチで話していると、黒っぽい髪の二〇代後半の白人女性が、自らの経験を話そうと自分から話に加わってきた。その女性、サラは七年間里親の下で養育されていた自分の娘を取り戻すため奮闘し、今はその娘を手元で育てていると言う。その日がその週の間で仕事を休める唯一の日だそうで、児童青少年家庭福祉事務所に定められた諸々の規定に従うため、あるところでの予約から次のところでの予約へと走り回っているのだと言う。養育のための支援が得られるのは素晴らしいことだというのは彼女も同感だった。しかし、仕事とシングルマザーとして一人で子育てをすることの上に、またもう一つ苛立たしい責任を課せられて、児童青少年家庭福祉事務所のサービスが援助というよりも障壁のように感じられることもしばしばだ。「システムに属したことがない人には分からないわ」と彼女は言う。「それがどんなものかは分からない。週に一度、麻薬／アルコール管理局が［麻薬検査に］うちに来るのよ。それに、三カ月ごとに裁判所に行ってるわ。私のためのセラピーと、子供たちのためのセラピーにも通わなければならないの」。

サラ、ジャニーン、エンジェル、そしてパトリックが頼った子育て支援機関にはどこも虐待の通報を義務付けられた人々が配置されていた。二〇一五年、ジェリー・サンダスキー事件——元ペンシルベニア州立大学のフットボールチームのコーチは現在、一〇人の少年たちに対し性的虐待行為を行った罪で三〇年から六〇年の懲役に服している——の発覚後、ペンシルベニア州は児童虐待とされる査定基準を下げた。州はまた、医療機関や学校の職員及びボランティア、聖職者、図書館員を含んだ、通報を義務付けられた人々の一五のカテゴリーを作成した。法の下では、通報を義務付けられた人々は直接的にそのことを発見した場合、またはそれを又聞きした場合にかかわらず、どんな児童虐待と育児放棄の疑いも通報しなくてはならない。通報を義務付けられた通報者は、その申し立ての児童虐待と育児放棄をどのように知ったかを報告する義務はない。告訴対象から免除されるので彼らが起訴されることはない。精神医療上、そして医療上の守秘義務に違反したとしても許される。反対に、彼らが疑いのあるケースを通報しなかった場合には、告訴されたり罰金を課せられたり、禁固刑を科される可能性があるのだ。この変更が加えられた後の一年間に、児童虐待と育児放棄のホットラインへの通報は四〇パーセント増加した。

貧しい保護者に助けと支援を差し伸べる人々はすべて通報を義務付けられた人々だと言っていい。教師、医師、看護師、精神科医、セラピスト、児童保育提供先、聖職者、放課後プログラムのボランティアの人々、福祉サービス機関の職員などである。このようにプライバシーに立ち入った詳細な調査網を目の前にして感じるプレッシャーや福祉機関が設定した要件を満たすことができなかった場合の代償は非常に大きい。すでに苦難に苛まれている保護者はこのようなプレッシャーを背負い切れないことが多い。

サラは、多くのケースワーカーが、なぜ母親が彼らに対して感情を爆発させるのか分かっていないことを不思議がった。「ケースワーカーの人たちは、『なんでそんなに怒っているの？』って言うのよ。何故って、付きまとわれるのがうんざりだからよ！　ほっといてよ。あなたを追い払ってしまいたいの。どこかに消えて欲しいのよ」。私はサラに私の名刺を渡し、ジャニーンは彼女に家庭支援センターに立ち寄るようにと言った。自分のバスが来たのを見ると、彼女は次の予約に間に合うよう駆け出して行った。

もしも児童虐待と育児放棄についての調査が無害な行為であれば、ＡＦＳＴの予測が不完全であってもそれほど構わないだろう。もしも児童虐待と育児放棄についての調査が結果として、不可避的に、適正で文化的に見ても適切で、懲罰的ではない援助を各家庭にもたらすのであれば、システム内に貧しい労働者階級の人々が過剰な比率を占めていても問題はないだろう。しかし、児童青少年家庭福祉事務所からの援助を得るにはより厳しい監視と行動上の遵守要件に耐えなくてはならない。多くの人々にとって、児童虐待と育児放棄についての調査はプライバシーを侵害する恐怖に満ちた体験であり、その後も長く負の影響を残す。

児童青少年家庭福祉事務所からの援助は高い代償を伴う場合がある。ジャニーンは、親が支援を得る前に、その親は里親に「子供を預ける手続き」をしなければならないのだ、と語った。サラのスケジュールは彼女を助けようとする専門家たちとの予約で一杯だ。彼女は追従の姿勢を示して彼らのご機嫌を取らなければならない。パトリック・グジブは子供に医療を受けさせないという育児放棄を告発された二〇年後も、監視、観察され、批判された当時の気持ちを覚えている。「彼らが家に来ると、家中を見て回り、親の一挙一動を観察するんだ」と彼は説明した。「まるで顕微鏡ででもくまなく調べられているような感じだった。子供たちが病気になるたび救急処置室に連れて行かなきゃならなかったんだけど、入って行くと、一斉に「こっちを」見るんだ。『ねえ、あの人よ。私たちが通報した人よ』って言われている気がした。長いこと、そんなふうに感じたよ」。

アレゲニー郡の多くの貧困層、労働者階級の保護者は、保健福祉局のデータウェアハウスやその他の変更が貧富の格差を縮め、複数のサービスに申し込む際の、しばしば面倒になるプロセスを容易にしたことを感謝している。しかしなかには、いったんその「システム」に登録されてしまうと極めて綿密な調査が彼らの育児のハードルを高くしてしまい、それが高すぎて超えられないと感じる保護者もいる。「彼らの言うことに従おうとするんだけど」とジャニーンは言った。「でもその通りには全部出来ないのよ。他に一〇もやらなきゃいけないことが出てくるんだから。そこからは負のスパイラルが待っているの」。

貧しさのなかでの育児は衆目のなかでの育児だ。ペンシルベニア州の児童の安全の目標は、「差し迫った身体的、精神的な害がないこと」だというが、それは資力のある家庭にとってでさえ実現の難しい問題であり得る。そこへのプロセスの各段階で主観性や偏見、そして運が入ってくるからだ。「本当に何が起こるか分からないわよ」。キャサリン・ヴォルポーニは彼女のピッツバーグ少年裁判所プロジェクト（Pittsburgh's Juvenile Court Project）の事務所でそう言った。「ある通報があったとするわね。子供たちだけで家にいたという通報よ。母親を取り調べている間に、彼女がマリファナを吸っていたと認めたとしましょう。その後、マリファナの使用を、さしずめ地獄の入り口みたいに思っている判事が裁判の担当になったら？　こんなふうに、何も心配していなかったことが起こって大きな問題に発展してしまうことがあるのよ」。

個々の児童虐待と育児放棄の調査の終わりには、その家族の状態に則した安全プランが文書として作成される。そこには目下、取られなければならないステップと長期的な目標が示されている。しかし、この取らなければならないとされる安全行動は遵守しなければならない必須要件でもあり、保護者の反応は注意深く観察されている。保護者のコントロールの範疇を超えているファクターがプランの実行を困難にすることもある。児童青少年家庭福祉事務所が関与する家庭にサービスを提供する委託機関や業者がプランの継続を怠ることもある。公共の交通機関は当てにならないし、過剰な仕事を抱えたケースワーカーが約束した援助を手配してくれるとは限らない。時には保護者が、行政が彼らの家庭内の事に立ち入ることに腹を立て、児童青少年家庭福祉事務所の指示することに逆らうこともある。

このように安全目標に到達できなければ、子供がその家庭から引き離される可能性は増す。「私たちは児童青少年家庭福祉事務所の関与する家庭を、以前営まれていた時のレベルに戻すのではないのよ」とヴォルポーニは言った。「私たちは、その家庭の育児についての基準を一旦上げるのだけれど、彼らはそれを維持できるほどの充分な援助資源を持っていないのよ。その結果、途轍もない失敗に終わる場合が多すぎるほどだわ」。

児童虐待と育児放棄の通報が確かなものだと判断された場合、それは保護者の人生にその後何十年も続く深遠な影響を及ぼす。ペンシルベニア州において、子供との交流が関わってくるほとんどの仕事やボランティア活動の志望者は児童虐待記録の証明の提出が必要だ。もしも児童虐待か育児放棄の加害者として州のチャイルドラインの虐待登録簿（ChildLine Abuse Registry）に載っている場合、子供に関わる仕事には応募できない。子供に関わる仕事をすでに持っていた場合、解雇される。ガールスカウトのリーダー、ソフトボールのコーチにもなれず、また自分の子供の学校でボランティア活動を行うこともできない。

「もしもそうなってしまったら、家族を養う方法を変えること［が必要でしょう］ね」。二〇一五年、社会貢献のために無償で、児童青少年家庭福祉事務所の犯罪記録抹消の訴訟を担当したピッツバーグの弁護士、アマンダ・グリーン・ホーキンズはそう言った。児童虐待の記録は「幅広い領域の仕事を得ることを不可能にするわ――子供と関わるものはそれがどんな仕事でもダメなのよ。教職は続けられない。ボーイズ・アンド・ガールズ・クラブ（Boys and Girls Clubs of America）の［中略］プログラム・マネージャーも辞めさせられる。そういう人たちがどうやって元の生活に戻れるか――本当に扱いにくい問題だわ」。

児童青少年家庭福祉事務所の調査を受け、家庭裁判所での審問を経て児童虐待で有罪となると――児童青少年家庭福祉事務所では有罪を表すのに「判明済み」（indicated）とか、「成立済み」（founded）という言葉が使われる――チャイルドラインの登録簿に名前が載ったという通知を受け取る。九〇日以内であればその記録の修正かあるいは抹消のための行政審理請求ができる。法廷での審問では、郡が虐待か育児放棄を証明するために使われた証拠を提示し、保護者側がそれを反証する。貧しい家庭が児童福祉制度に異議を申し立てるケースで、勝訴することも時折ある。しかし、児童青少年家庭福祉事務所を相手取り、裁判で争おうとする人はあまりいない。

トレーシー・マキャンツ・ルイスは弁護士で、デュケイン大学の法学部の無償の公益的プログラムのコーディネイターをしている。彼女は、自分は児童青少年家庭福祉事務所に対する記録抹消の訴訟の代理人にはなったことがない、その理由の一つは、「刑事上の犯罪記録の抹消よりも非常に広範囲に及ぶプロセスになるからだ」と私に話してくれた。アマンダ・グリーン・ホーキンズもこのような申し立てはほとんど皆無なほど珍しいとそれに同調した。「〔児童青少年家庭福祉事務所の〕記録抹消はとても難しいわ」と彼女は言った。「行政側を相手にすることになるからよ。〔訳注：旧約聖書の〕ダビデがゴリアテを相手にするようなものだわ」。アレゲニー郡には児童保護に関わる問題で訴訟を起こす場合、保護者の訴訟代理人となる非営利団体があるが、記録からの抹消を求める保護者に公選弁護人はつかない。彼らは無償で仕事を引き受けてくれる弁護士を見つけるか、自分で自分の弁護をしなければならない。もしも、「判明済み」、あるいは「成立済み」といった記録が早急に抹消されなければ、保護者は調査の対象となった児童が二三歳になるまで州の児童虐待登録簿に名前を連ねることになる。

この記録抹消のプロセスは、ペンシルベニア州のチャイルドラインの虐待登録簿に深刻な育児放棄、または虐待で載せられたケースのものである。深刻ではない傷害や育児放棄の申し立ては一般保護サービス（General Protective Services/GPS）に送られる。ＧＰＳのデータはアレゲニー郡の保健福祉局のデータウェアハウスに無期限に保管される。あのエンジェルの娘、怒りっぽいが大体においては従順なハリエットについての何件かの通報はどうなるのだろうか？　それは明らかに嫌がらせの通報だったが、抹消することは不可能だ。ハリエットがもし母親になったら、彼女のＡＦＳＴのスコアはスタートからすでに高い。理由は、彼女が子供の時に児童保護システムと関わった過去があるからだ。彼女は悪い母親に育てられた、だから子育てする上でのメンタルモデルがない、郡は彼女をマークしていなくてはならない、と仮定されているのだろう。その時、歩道にチョークで描かれた停止標識や、リビングルームの床に座って遊んだボキャブラリー・ゲーム、あるいはエンジェルが娘を見る時の目に表れている、娘に対する疑う余地のない誇り、それらを知る人は誰もいない。

マーク・チャーナとエリン・ダルトンは、ホットラインの報告がいかに偽造されたものであっても、それを保護者が抹消することを許すことは、虐待を探り出し予防するために必要とする児童青少年家庭福祉事務所の重要なデータを奪うことになると主張する。「情報はシステムに残される」とチャーナは言った。「大抵は火のないところに煙は立たないからね」。ダルトンもそれに同調した。「私は個人的には贖罪という考えに共感するわ」と彼女は言った。「でも虐待やネグレクトを予測できるかもしれないデータを除去してしまうことは、将来の虐待を予防するための最大のツールを手放すようなものよ」。

アマンダ・グリーン・ホーキンズはデータの潜在的な予測能力が保護者の憲法で保障された権利に勝るとは考えない。「私たちのシステムでは誰にでも適正な法手続きを受ける権利があるわ」と彼女は言った。「その法手続きこそが、［児童青少年家庭福祉事務所が］誰かについての報告書をその人が亡くなるまで保管し続けることができるかどうかを決めるのよ。状況を解決しようとして、法の審理を受ける権利が誰にもないと言うの？　それは憲法に抵触するわ。恥ずべきことよ」。

マーク・チャーナと彼のチームは児童青少年家庭福祉事務所がもっとも援助を必要としている家庭に的を絞って介入することができるよう、そのための、より有用で時宜的な情報をＡＦＳＴが提供することを望んでいる。彼らはデータの収集に多少は不都合な点があることを認識している。児童青少年家庭福祉事務所の主な役割は懲罰的なものではなく支援的なものであると理解しているからである。その家庭が調査の対象として選別されたとしても、その大部分の人々は子供と引き離されるのではなく何らかのサービスが提供される、とチャーナとダルトンは説明した。しかし児童青少年家庭福祉事務所と関わることから生じる社会的な烙印は深刻な意味を持ち、生活を侵害されるレベルは非常に高い。

自分の子供の養育上行う選択を逐一監視、観察され修正されれば、保護者が、自分が標的にされ、罠にはめられたように感じる度合いはますます強まるだろう。「ここには自分の手元で子供を育てていない女性がそこら中にたくさんいるわ」とカーメン・アレクサンダーは言った。彼女はニュー・ヴォイセス・ピッツバーグ（New Voices Pittsburgh）という、黒人の少女と女性の全般的な幸福のために活動する草の根運動組織のシニア・オペレーション・マネージャーだ。「まるで、子供の周りで変わったくしゃみをするだけで咎められそうな、そんな感じよ。息を潜めて目立たないようにしていないといけない。不信に満ちた思考様式が出来上がってしまうわ」。

児童青少年家庭福祉事務所による調査が始められると、保護者がとることのできる意味のある選択は二つしかない。児童青少年家庭福祉事務所の指示に抵抗し子供を失うリスクを背負うか、児童青少年家庭福祉事務所の権力に完全に服従するかである。デンバー大学の社会学者、ジェニファー・ライクによる学術調査は、警察官と同じく、多くの児童福祉のケースワーカーは保護者の抵抗を罪悪感の表れだと理解するとしている。パット・ゴードンが見せてくれたリスク／重大度を説明した書類が、ライクの意見を裏付けている。もし保護者が児童青少年家庭福祉事務所により「提示された要件に適切な態度で対応し」、「問題を認め」、そして「さらなるサービスを受け［るため］、ケースワーカーに連絡をし始める」ならば、彼女は子供たちにとって最小限のリスクでしかないとみなされる。もし保護者が「児童青少年家庭福祉事務所との接触やその関与に積極的に抵抗し［中略］調査を妨害し」、または「問題があることを否定するなら」、彼女のリスクは高いとみなされる。しかし、もし母親が不当に児童虐待や育児放棄で告発されたなら、児童青少年家庭福祉事務所の接触や関与に抵抗することもあり得ることだ。そして、子供のために戦う親なら、児童青少年家庭福祉事務所を相手に回しても戦おうとするだろう。

「本当に大雑把に分けると、この事務所に来る人間には二つのタイプがあるわ。一つのタイプは入ってくるなり敵意を剥き出しにして私に怒鳴るような人たち。あんたも問題の一部だ、と言ってくるのよ」とキャサリン・ヴォルポーニは言った。「もう一つのタイプは入ってくるなり、またここでも打ちのめされるのを覚悟しているようなタイプ。私はこっちに食ってかかってくるようなタイプの方がいいわ。彼らはまだ事態を諦めていない。最後に勝つのはそういうタイプの人たちね」。

専門職を持つ中流階級の家庭も常に外からの援助を得ている。セラピスト、民間の麻薬やアルコール依存症のリハビリ施設、乳母、ベビーシッター、放課後プログラム、サマー・キャンプ、家庭教師、そして家庭医だ。しかしそれらは私設であることから、それらサービスの依頼の情報はアレゲニー郡のデータウェアハウスには入ってこない。同じような援助を貧困層や労働者階級の家庭が得ようとすると、それが公共の扶助であることから、ＡＦＳＴでは子供に対するリスクだというレッテルを貼られてしまう。児童青少年家庭福祉事務所は援助を依頼してくることは、保護者の好ましい特性だとみなしているのに、である。[17]「もし母親が過去に郡の精神医療サービスを利用していたとして、なぜそれがリスクになるのかしら？　それが麻薬やアルコール依存症の支援サービスでも？」と疑問を投げかけるのはピッツバーグの人権弁護士でデュケイン大学の法律学の教授でもあるティファニー・サイズモア＝トンプソンだ。「それは彼女が本当は、自分が必要だと感じたサービスを自分から得に行った責任感のある人間だ、というサインだととらえるべきじゃないかしら？」

児童青少年家庭福祉事務所の関与を受けた家庭は、人間による意思決定が誤りを免れないことを理解していた。彼らは誰が調査の対象となるか、どんなサービスが与えられるか、どの子供が家族から引き離されるか、里親に預けられた子供たちがどのぐらいで実の家族の元に戻れるかを決定する、通報を受ける担当者、ケースワーカー、行政官、判事には、その決断を左右する偏見があることを充分に理解していた。それでもなお、彼らは自分たち家族に関する決定が欠点のないコンピューターよりも、むしろ不完全な人間によってなされることを望んでいた。「相手が人間なら、自分がどんなふうに扱われたいか伝えることができる」と、ウィルキンズバーグのケンタッキー・フライドチキンの、道を隔てた反対側に選挙登録のテーブルを配置しながら、パメラ・シモンズは言った。「初めは彼らに独自の意見があっても、時にはあなたがその意見を変えることもできるわ。人間が相手なら意見の相違を解決するチャンスがある。コンピューターが弾き出した数字を変えることはできないけどね」。

人間の持つ偏向性は児童福祉という領域の誕生の時から問題であり続けている。児童福祉の始まりの初期には、チャールズ・ローリング・ブレイズの発案した孤児列車が非常に多くのカトリック教徒の子女を親元から連れ去ることになり、宗教的少数派であるカトリック教徒たちは、それに全く類似する独自の児童福祉組織を作り出す必要性に迫られた。科学的慈善運動の活動家たちは、彼らの意思決定を歪める傾向を作り出す宗教的な偏見を持っていた。彼らはプロテスタント教徒の子供たちは彼らの家族によって救済され得るが、カトリック教徒の子供たちは矯正し難く、従って彼らは中西部の農場（その大部分はプロテスタント）での労働に送り出されなければならないと信じていたのである。今日、人種によって生じる偏向性はあまりにも多くの黒人やアメリカ先住民族の家庭の絆を打ち砕いている。その不均衡性のある程度は児童福祉の意思決定における、人間による裁量の結果に明らかに起因する。

しかし、人間の偏見はリスク予測モデルに内蔵された特徴でもあるのだ。

結果変数は子供に加えられる危害のプロキシであり、それが実際の育児放棄や虐待を表すものではない。プロキシ変数（代理変数）の選択は、変数を使うという選択でさえ、人間の裁量を反映するものだ。予想変数は公共扶助に関する情報のみを含む限られた領域のデータから引き出されている。このような限られたデータの使用を認める選択はモデルに埋め込まれた人間の裁量を——そして中流階級の家庭は貧困層の家庭よりも多くのプライバシーを享受する権利があるという思い込みを——反映している。モデルのバリデーションデータは人間のケースワーカー、調査官、判事によりなされた決定の記録であり、彼らの人間性の跡を残している。

その大きなブルーのボタンがクリックされAFSTが動き出すと、目に見えない多種多様な人間による選択が表出する。しかしそれは根拠に基づいた客観性と絶対確実性という覆いの奥深くに潜んでいるのだ。通報審査担当者も、パット・ゴードンのような地元ピッツバーグ出身のアフリカ系アメリカ人で一〇年以上の経験を持つ者から、郊外に住む白人のペンシルベニア州立大学の大学院生まで、その人生や経験によって様々だ。予測モデルの自動化された裁量は、少数派による裁量だ。人間による裁量は多数派による裁量だ。もちろん人間による裁量には欠点があり、誤りを免れない。しかし同時に修正することができる。

アレゲニー郡の保護者たちは、私がこの調査を始めて以来頭の中でこだましていた、まとまりのない考えを明確にするのを助けてくれた。インディアナ州、ロサンゼルス、そしてアレゲニー郡で、科学技術者や行政官たちは公共サービスにおける新しいハイテクツールが透明性を高め、偏見を低減させると私に語った。彼らは、福祉のケースワーカー、ホームレス・サービスの提供者、または通報審査担当者の頭の中で一体何が起こっているかは、彼らの意思決定におけるパターンをビッグデータを使って探り出す以外に、絶対に知ることができないと主張した。

私はそこにある、人間は計り知れないブラックボックスであり、機械は分かりやすい透明さを持っているとする哲学に不安を感じる。それは、私に言わせれば、他者との共感を持とうとするあらゆる試みを諦め、道徳的発達の可能性を締め出す世界観だ。人間による意思決定が不透明で理解し難いという思い込みは、私たちがお互いを理解しようとする社会責任を放棄したと認めることだ。アレゲニー郡の貧しい労働者階級の人々はそれ以上、つまり、彼らの人間性を認めること、彼らのいる状況を理解すること、そして他者との繋がりや共同体の実現の可能性を望んでおり、またそれらを持つ権利がある。

「コンピューターは人間がそこに入力する内容に過ぎないわ」とジャニーンは思案するように言った。「私はケースワーカーの方をより信用するわ。〔中略〕だって実際に話をして、『もっと大きな問題があるのが分からないの？』って言えるからね」。

インディアナ州における福祉扶助の受給資格審査の自動化システムと同じように、ＡＦＳＴは福祉援助の利用をその人物の弱さ、欠陥、または非道さの表われとさえ解釈する。マーク・チャーナは彼のキャリアの大部分を、児童青少年家庭福祉事務所に長所を生かした実務を重んじる気風、オープンなコミュニティ内の交流、仲間同士の支え合いなどをもたらすことに費やしてきた。しかし不幸にも、公共プログラムを利用する保護者を、その子供たちにとって危険であると判断する自動ツールを導入させてしまった。

「ハイリスク」の家庭を標的とすることは、彼らがサービスや支援を提供するネットワークやコミュニティから遠ざかる原因となるかもしれない。アメリカ合衆国疾病管理センターの暴力防止課（US Centers for Disease Control's Division of Violence Prevention）によると、児童虐待と育児放棄のもっとも大きなリスク要因は社会的孤立、物質的欠乏、子育てのストレスなどを含み、それらはすべて、保護者が四六時中監視されていると感じる時、必要とする援助を失った時、社会的烙印を押された時、あるいは公共のプログラムに援助を求めることを怖れてできない時に悪化するという。ここでの恐ろしい皮肉は、ＡＦＳＴは防止しようとする虐待そのものを生み出しているかもしれないということだ。

予測モデルが測定しようとしている結果を生んでいるとしたら、それが機能しているとは言い難い。ＡＦＳＴによってハイリスクだというスコアを出された家庭は、他の家庭よりもさらに詳細な調査を受けることになる。ＡＦＳＴに高いスコアを出される前は眉をひそめられることもなかった普通の行動が、査定の後は調査の対象に選別される決定を確実にする行動になるかもしれない。例えば、隣人たちが先週その家に児童保護サービスの職員が来ているのを目撃したことで、その保護者が再びホットラインに通報される可能性は高くなる。リスクスコアが高くなることが部分的な要因となり、保護者はより懲罰的な扱いを受け、児童青少年家庭福祉事務所の提示するより多くの要件に見合うことが求められ、判事の心証もより厳しいものになる。彼女が子供を手放さなければならない事態になった時、リスクモデルはそれを、また新たな予測の成功と見なすのだ。

ＡＦＳＴは二〇一六年八月一日、私がパット・ゴードンを訪ねる三カ月半前に稼働を開始した。最初の九カ月の間に、受理センターは七〇〇〇件以上の電話を受けた。データ分析・研究・評価局（Office of Data Analysis, Research and Evaluation/DARE）が二〇一七年五月に公開したデータによると、さらなる調査対象に選別された通報の数は、前年、ＡＦＳＴを使わなかった通報受理担当者によるものに比べ、ＡＦＳＴを使った通報受理担当者によるものの方が、やや多い（六パーセント）ということが分かった。しかし、選別されたなかから実際に調査が行われ実証された通報数は四分の一近く（二二パーセント）跳ね上がっていた。ＡＦＳＴによってより高いスコアが出された通報は、平均して、より実証される傾向があった。ＡＦＳＴのスコアが16から20だった通報の四八パーセント、同じくスコアが11から15だった通報の四三パーセント、スコアが6から10だった通報の四二パーセント、スコアが1から5だった通報の二八パーセントが実証されている。ＤＡＲＥの明らかに予備的な分析は、ＡＦＳＴを使った通報審査担当者によってより高いスコアが出されている通報が、より高い確率で児童福祉の調査官の調査に委ねられており、実証されていると結論付けている。児童保護の調査官ではなく通報受理担当者だけがスコアを知るので、ＤＡＲＥはこの初期段階での結果から見れば、このツールが示す実際のリスク差が正しいことが立証されたのではないかとしている。

しかし、データをより詳しく見てみると、いくつかの困った特質が見えてくる。AFSTが20以上のスコアを付け、それによって通常は義務付けられた調査に回されるはずの三三三件の通報のうち、九四件（二八パーセント）はマネージャーによってその決定を覆され、言下に棄却されているのである。その残りの、調査が義務付けられたケースの半数（五一パーセント）のみが実証に至っている。言い換えれば、当初義務的な捜査に回されると判断された通報の三七パーセントのみが調査に値《あたい》したという結果になる。そして、他にも矛盾がある。受理担当者たちは20のスコアを出した通報と、12のスコアを出した通報の両方から大体同じ数の通報を調査対象として選別している。また、9のスコアを出した通報も19のスコアを出した通報もその後の調査によって実証されたケースの数は大体同じだ。犯行が確証された調査の数が増加している一方で、調査対象に選別された通報の数が変わらないということは、AFSTは児童青少年家庭福祉事務所の意思決定を擬《なぞら》えているだけだということを示唆している。

私がコールセンターを訪れた数日後の二〇一六年一一月二九日、ヴェイシアナサンのチームはAFSTに大々的なデータ修正を加えた。AFSTが使用開始されてから数カ月の間にホットラインに通報された家庭の二〇パーセントのスコアが表示されなかったのだ。エリン・ダルトンは、「私たちは、保護者のみが福祉サービスを利用していた場合のスコアを計上してなかったのよ」と言った。「一番大きなリスクを持っているのは往々にして幼い子供だけれど、幼児にはまだ福祉サービスの記録がないでしょう。［AFSTは］たとえ父親が切り裂きジャックで母親がその花嫁であったとしても、その子供のスコアを計算できない状態だったの」。修正を加えられたモデルはその世帯全体――内縁関係者、叔父、伯父、従兄弟、従姉妹、祖母、同居人など、そして一緒に暮らしているすべての子供を一人残らず――を審査し、AFSTの査定は、たとえその子供がホットラインに通報された当の本人ではなくても、一番高いスコアを付けられた子供に基づいて行われる。今や、AFSTはホットラインに通報される家庭の九〇パーセント以上のスコアを計算し、そして、一八以上のスコアが出されるケースはますます多くなっている。

多くの点で、AFSTは児童福祉におけるリスク予測モデルの最良のシナリオだと言える。ツールの設計は開かれた、参加型のもので透明性もある。他のところで民間会社により設計、導入された児童福祉の予測システムは、一般からの意見提供や話し合いがほとんどなかった。アレゲニー郡での実施は思慮深く、時間をかけたものだった。AFSTのゴールは意図的に制限され、控えめに設定されていた。そしてツールは人間の意思決定を人間の代わりにするものではなく、人間の意思決定を助けるためのものとされている。

しかし、アレゲニー郡のこの児童虐待を予測するという実験は懐疑的な眼で見守るべきだ。その実験はアメリカ全土に広がる、児童福祉におけるアルゴリズムを使った実験の先駆け的な存在だ。最近、類似したシステムがフロリダ州、ロサンゼルス、ニューヨーク市、オクラホマ州、そしてオレゴン州で続々と実施されている。

この本が出版される頃、チャーナとダルトンはさらなるデータ分析学の実験を試みているはずだ。AFSTの次のイテレーションは、従来の統計モデリングではなく、機械学習を用いたものだ。彼らはまた、ホットラインへの通報にまったく頼らない第二の予測モデルを導入する予定だ。二〇一七年九月にダルトンから受け取ったメールによれば、計画されているモデルは「アレゲニー郡でその前日、あるいは前週に生まれたすべての新生児を対象に、日毎、もしくは週毎に測定される」ものだそうだ。ホットラインに電話をかけてくる一般の人々に頼っている現在運用中のモデルは潜在的な虐待者や育児放棄者の全体人口を把握していない。ということは、出生時に使われるモデルの方がより一層正確である。しかしダルトンは第一目標はより正確なモデルを使用することではない、と主張する。「私たちがこれを検討しているのはこれがより正確だからではないのです」とダルトンは書いていた。「これにより、虐待とネグレクトを防止する可能性があるからです」。

しかし、郡の援助を利用する家庭に生まれたすべての子供のリスクを測定するモデルを使うことは、その結果がどのように使われるのかという厄介な問題を提議する。「私たちは［訳注：妊娠や育児の相談の］訪問サービスや、訪問サービス用のホットラインも提供しているわ。援助が限られているとしたら、ハイリスクの人々にそういうサービスを優先的に提供するのはどうかしら？」とエリン・ダルトンは問う。「それは倫理的な判断だと私には思えるし、その類のことにはコミュニティの理解もあるかもしれない。それでも、また別の問題もあるわ。例えば、家庭支援センターに誰かがやって来て、サービスを依頼した。その人はそれらのサービスを切実に望んでいるとしましょう。でも必ずしもハイリスクには見えない。では、『サービスを切実に望んでいる』その人にサービスを提供するべきかどうか？」マーク・チャーナは、児童青少年家庭福祉事務所は「突然人の家のドアをノックして、『あなたは自分の子供を虐待するリスクが高いですよ』と言おうとしているわけではない」と主張する。しかし、これはシカゴ市警察の凶悪犯罪関係者の予測リスト、「ヒートリスト」を生み出すアルゴリズムのような他のリスクモデルがどのように実装されるようになったかと全く同じ経緯なのである。

チャーナの率いる運営陣は、介入がもっとも大きな違いを生む早期の段階で援助を必要としている家庭を特定することを望んでいる。しかし、コミュニティメンバーたちは最善の意図を持って収集された彼らのデータが将来彼らの不利になる使われ方をしないだろうかと憂慮している。「みんな、マークとエリンがいなくなったらどうなってしまうだろうと心配しているわ」と小児発達支援機関のローリー・マルヴィーは言った。保健福祉局は地元の機関や資金提供者、コミュニティメンバーに予測モデルを説明する一連の会合を開いた。そのような会合の席で、人々は口々に、「あなたを信頼してるわ、エリン。あなたを信頼してるわ、マーク。あなたたちがいなくなったらどうなってしまうでしょう」と言っていたとマルヴィーは語った。

条件が揃えば――緊縮財政、行政府による公共機関の規模の縮小、または乳幼児の死亡の多発などの――AFSTは自動的に子供たちを各家庭から引き離すための機械に容易になり得る。モデルをプログラムし直すことさえ必要ない。今日、その家庭のリスクスコアが20を超えると、児童青少年家庭福祉事務所は調査を開始する義務がある。将来、スコアが20だったら緊急的に子供をその家庭から引き取るということにならないという保証はない。そのスコアの基準が10、あるいは5にだってなりかねないのだ。

私が、AFSTの設計者であるレイマ・ヴェイシアナサンにモデルの乱用の可能性について憂慮しないのかと聞いてみると、彼女は仮想的な解決策を示してくれた。「一つできることは、［契約書に］『このモデルが非倫理的な使われ方をした場合、私たちはそれに抗議する権利を持つ』と明記することね」。しかし、学者がその研究がどのように使われるかについて抗議することが、公共政策や、あるいは各機関の実務に重大な影響を持つと考えるのは甘い。

もし隣人や救急処置室の看護師がもう一度エンジェルとパトリックの家庭をホットラインに通報をしたなら、彼らのAFSTのスコアは疑いなく高くなるだろう。彼らの世帯の子供の一人は六歳だ。子供の世話をする人間は複数おり、絆の強い家族だが、すべての家族が血が繋がっているわけではない。世帯全体が長い間公共援助を利用してきた過去がある。エンジェルは心的外傷後ストレス障害（PTSD）でカウンセラーから治療を受け、薬も服用している。この九年間は主にボランティア活動に従事していることやエンジェルが育児の講習や実用的な手伝い、休息ケアを依頼したぐらいだが、それ以前の彼らと児童青少年家庭福祉事務所との関わりは何十年にも遡る。

私たちのインタビューが終わりに近づいた頃、エンジェルは彼女の直面するジレンマについて言及した。「児童青少年家庭福祉事務所に『ねえ、助けが必要なの』って言って手を伸ばしたら助けてもらったような、有意義な体験をしたのは私だけじゃないはずよ」と彼女は言った。「［でも］私には娘についての履歴があるわ。郡のサービスも利用したことがある。だからスコアの数字は高くなるでしょう。［AFSTは］きっと私をハイリスクとして警告するわ」。

パトリックとエンジェルはまた誰かが彼らの家庭を通報し、AFSTが彼らの娘や孫娘を調査の対象にするのではないか、そしてひょっとしたら里親に預けられるのではないかという恐怖のなかで暮らしている。「私の娘は今九歳よ」とエンジェルは言った。「彼らがある日やって来て、娘が家の外で一人でいるのを見つけて抱き上げ、『この子をこれ以上ここに置いておけない』と言われるんじゃないかと今でも怖いのよ」。

# 5 デジタル上の救貧院

二〇一七年の暖かい四月のある日、私は、今はランチョ・ロス・アミーゴス・ナショナル・リハビリテーション・センター（Rancho Los Amigos National Rehabilitation Center）になっている、ロサンゼルス郡の救貧農場の写真を見つけに公立図書館へと徒歩で向かっていた。フィフス・ストリートとサウス・グランド・アベニューの角に近い歩道に、ピンクの野球帽と垢染みたパーカーを身につけた中年のアフリカ系アメリカ人の男性が立っていた。彼は風に揉まれるようにふらつきながら両手を宙で振り回し、苦しそうにグルグルと回り続けている。何か泣き叫んでいた。高く、それにしては驚くほど穏やかな声で、半ば啜り泣きのような歌のような、言葉にならない叫びを上げていた。何十人もの人々――白人、黒人、ヒスパニック系、観光客、地元民、富者も貧者も――が彼のことを見向きもせずに通り過ぎていった。その揺れ動く姿の脇をすり抜ける時、私たちは口元を固く引き締め、お互いの顔から目を背けていた。足を止め、大丈夫かと声をかける者はいなかった。

アメリカでは、富と欠乏は隣り合わせに存在している。とりわけロサンゼルスのダウンタウンでの両者の対比は鮮明である。専門職を持った階層の都会の住人たちが、そのすぐそばの手が届くところにいるまったくの極貧状態にある人々の傍らで、カフェラッテを飲みながらスマホをいじっている。しかしその、日々の暮らしに最低限必要な糧にも事欠く人々と、そうでない人々の間の見えない皮膜はアメリカのどこの市町村にも存在する。私はインディアナ州のマンシーでもペンシルベニア州のマンホールでもそれを目撃した。私の住んでいる街でも、それを見ている。

アメリカにおける貧困は目に見えないわけではない。私たちはそれを見るが、そこから目を背けるのだ。私たちの否定は根が深い。世界最大の経済国にもかかわらず、その国民の大部分が貧困を経験するというアメリカの基本的事実を唯一説明し得る理由はそれだ。マーク・ランクの画期的なライフコース研究によれば、五一パーセントのアメリカ人は二〇歳から六五歳までの少なくとも一年間は貧困線以下の生活を送るという。そのうちの三分の二は貧困家族一時扶助（TANF）、一般扶助（General Assistance）、補足的保障所得（Supplemental Security Income）、住宅扶助（Housing Assistance）、補助的栄養支援プログラム（SNAP）、メディケイド（Medicaid）などの資力調査に基づいた公共扶助に助けを求める。[1] それでもなお、貧困がほんの一部の少数派の病的な人々にのみ起きる、不可解な逸脱であると私たちは偽っている。

アメリカにおける、貧困との私たちの関係は、社会学者のスタンリー・コーエンが「文化的否定」と呼んだものにより常に特徴付けられてきた。文化的否定は残忍性や差別、抑圧について知るのだが、それを公然と認めないプロセスだ。また私たちが知りたくないこととは何なのかを知るようになるプロセスである。文化的否定はそれぞれの人間の個人的、または心理的な特質ではなく、学校生活、行政府、宗教、マスコミやその他の制度、機構により組織され、支えられる社会的プロセスだ。

私たちがロサンゼルス公立図書館の近くの苦しんでいた男性をただやり過ごし、何かできることはないかと聞かなかったのは、集団的に自分たちが彼にしてやれることはないと自分たちを納得させたからだ。すれ違った時、お互いに目を逸らしたのは、みんなが心の奥深くでそうすべきではないと分かっているお互いへのサインだった。アイコンタクトを取らなかったのは、目の前の問題を見ない、お互いへの責任を半ば意識的に放棄するという文化的儀式を行っていたからだ。そこにある苦しみを認識したにもかかわらず何も手を施さなかったことでかき立てられた罪悪感が、私たちの目を背けさせたのだった。これこそが、貧困を否定することが国としての私たち全体に与える影響なのだ。私たちに、その男性、男性が立っていた街角だけでなく、お互いのことさえ避けさせる。

否定は消耗と高いコストを伴う。現実を見ること、あるいは見ないことを必要とする、認知の不協和に耐えなくてはならないのは不快だ。それは私たちがインフラ——郊外、ハイウェイ、私立学校、そして刑務所など、そのなかでは専門職を持った中流階級が貧困層や労働者階級の人々と生活を共有することを避けることができる——を構築していくなかで、私たちの物理的な地理も歪めていく。それは、政治的共同体としての私たちの社会的な絆を弱める。お互いに目も合わせられない人々が共同統治を行うことは非常に難しい。

アメリカの貧困は私たちがそれを定義する仕方によって積極的に否定されている。それは貧困をほんの僅かな一瞬のみ任意の所得線の下に落ちることだとする定義の仕方だ。公式の貧困線は貧困を、間違った判断、個人的行動、文化的に病的な状態によって説明され得る遺憾な変則のように見せかける。実際には、貧困は非常に異なった境遇の無限に異なる行動形態を持つ非常に多くの人々が循環的に、そして多くの場合は一時的に経験する状態である。

私たちの公共政策は、貧困の影響を是正したりその原因を無くすよりも、貧困を糾弾することに固執している。「個人的責任」への執着が私たちの社会的セーフティネットを、道徳的に非難するところがないという条件をクリアした人々だけのものにしている。政治理論学者のヤシャ・モンクはその二〇一七年の著書、『自己責任の時代』（*The Age of Responsibility*）において、巨大で費用のかかる私たちの公共サービスの官僚機構は主に個人の苦難が彼ら自身の過失によるものかどうかを調査するために機能すると主張している。

貧困は、マスコミや政治評論家からも否定されている。彼らは貧困者を、専門職を持った中流階級の人々の社会にとって危険な、そして病的に依存的な少数派として描く。これは保守派と進歩派、どちらの姿勢を見ても真実だ。右派からの声が貧困者を寄生的と非難するのに対し、左派からの声は貧困者が彼ら自身の人生において行為主体性を発揮できないことに対し、温情主義的な心配を寄せる。貧しい人々やそのコミュニティに希望や価値がないとする考えは非常に制約的であるため、私たちの大部分に、そして直接貧困を経験している人々にもその人生における貧困を軽視し、否定させる。

否定が習慣的に、そして精力的に行われているために、貧困が認識されるのは、貧困層や労働者階級の人々が破壊的な抗議運動を通して現状に直接抗議する草の根運動を展開する時だけだ。フランシス・フォックス・パイヴンとリチャード・クローワードが彼らの古典的な名著、『貧困者の運動』（*Poor People's Movement*）、『貧困者を規制する』（*Regulating the poor*）のなかで指摘しているように、そしてそれは有名な指摘だが、貧しい人々が彼らの権利と生存のために組織化して戦う時、彼らは勝利する。しかし、貧困対策のための制度や機関――救貧院、科学的慈善運動、公共福祉制度など――は際立った順応性と永続性を兼ね備えている。貧困者の進路をそらし、彼らを封じ込め、取締り、罰する圧力は、貧困を統制する制度や機関の形を時代の変遷と共に変えながら、根強く存続する。

例えば、一八七七年の鉄道大ストライキは貧困者の苦難だけでなく、彼らの強大な政治力も浮き彫りにした。貧困層と労働者階級の人々の現状を改革しようとする運動は、エリートたちを脅かし、大きな成果を生んだ。その結果、貧困者を施設に入所させるやり方から現金や物資の供給を重視した救貧制度に立ち戻ったのだ。しかしほとんど間髪をおかず、科学的慈善運動がアメリカを席巻し始めた。そのテクニックは変わっても——貧困者をほとんど監獄のような施設に閉じ込めておくことに代わって、調査や取締りに重点をおいた科学的ケースワークが用いられた——結果は同じだった。何万という人々が公共扶助を否定され、家族は引き裂かれ、貧困者の生活は綿密な調査の対象となり、コントロールされ、危険にさらされた。

このパターンは大恐慌の間も、そして一九七〇年代の福祉権運動の反動の折にも再び繰り返された。そして現在、それは再び繰り返されている。

要約すると、アメリカの貧困層と労働者階級の人々が政治的に実質的な力を持つと、救貧機関や救貧制度、貧困者の管理のためのテクノロジーは変化するのだ。それは、文化的否定をより巧みに促進し、貧困者を再び従属状態に戻すという残酷な処置を正当化するためだ。救貧機関や制度は、貧困層と労働者階級の人々の集団的な力を弱体化し、その他のすべての人々の無関心を生み出す機械なのである。

私たちが今日の、人々と公共機関との間を取り持つテクノロジーに言及する時、私たちはその革新的な性質、因習を断ち切る方法などに焦点を絞りがちだ。それらの一番熱心な支持者たちは、そのようなテクノロジーを、従来の力関係を一新する「破壊者」と呼び、それらが透明性がより高く、対応が早く、効率的で、そして本質的により民主的な行政府を生み出すと主張する。

このように近視眼的に新しいものに焦点を置くことは、デジタルツールが実はどのように旧来の権力と特権の制度に埋め込まれているかという重要な点を見過ごすことに繋がる。インディアナ州の自動化された受給資格審査システム、ロサンゼルスの統合登録システム、アレゲニー郡のリスク予測モデルは最先端のテクノロジーかもしれないが、同時に根深く、憂慮すべき問題を含んだ歴史の一部なのだ。救貧院は合衆国憲法よりも一二五年も遡ることのできるアメリカの制度である。統計モデルや順位を付けるアルゴリズムが、世紀を越えて築かれてきた文化や政策、制度をまるで魔法のようにひっくり返すと考えるのは単なる幻想でしかない。

デジタル上の救貧院は、煉瓦と漆喰でできた救貧院と同じように、公共扶助から貧困者を遠ざける。科学的慈善運動と同じように、貧困者を調査、分類し、犯罪者として扱う。福祉権運動に対する反動から生み出された複数のツールと同じように、統合されたデータベースを使い、貧困者を特定、追跡、処罰する。

これまでの章で、私は新しいハイテクツールがアメリカ各地の福祉サービスのプログラム上でどのように運用されているのか、その現場での光景を伝えてきた。そのツールの主な標的となっている人々の話を聞くことは極めて重要だ。彼らが語ったことは、運営側や分析者たちからの観点で語られる話とは違っていた。次の数ページでは、貧困者を統制する影の機構を作り上げるために、どのようにこれらのツールが協働して動くかを鳥瞰的に描くべく、視点をズームアウトさせようと思う。

## 公共扶助から貧困者を遠ざける：インディアナ州

デジタル上の救貧院は共有の援助を得ようとする貧困層と労働階級の人々の前に立ちはだかる障壁を

高くする。インディアナ州では、受給資格審査の自動化と民営化の組み合わせが福祉登録簿の著しい削減を成し遂げた。面倒な手続きのプロセスと、理不尽な運営側からの要求が彼らが受ける権利のある、またふさわしい扶助にアクセスしようとすることを阻んだ。あやふやなルールとうまく設計されていない業務測定基準のために、何か間違いがあると、それは常に州や委託会社ではなく、申請者のせいにされた。決定を自動的に行うツールは決して誤りを犯さないという思い込みのせいで、申請者に公平性を提供するための手続きよりもコンピューターが行う決定の方が優先された。その結果が一〇〇万件もの扶助の不認可だった。

しかし、このように疑いなく申請者を遠ざけることを意図とした試みは限られた成功にしか終わらないものだ。インディアナ州では、むやみに不認可が乱発されたせいで明らかに苦難に喘ぐ人々の姿は州民の怒りを掻き立て、激しい抗議運動に発展した。扶助を認可されなかった人々はそれぞれの苦しみを語った。活動家が協力して立ち上がった。訴訟が起こった。その結果、インディアナの一般民衆は勝った……だがその勝利は確かに大きかったが完全なものではなかった。州知事のミッチ・ダニエルズはIBMとの契約を破棄し、家族福祉管理局は混合システムを開始したが、貧困家族一時扶助の受給者の数はいまだなお州の記録上歴史的な低さだ。

インディアナ州の資格審査の自動化の実験的な試みが失敗した原因は、ある一部の人々は給付受給に「値しない」のだという納得できる概念を作り上げることができなかったからだ。ダニエルズ陣営の貧困者に対する敵意は無差別的だった。自動化の影響は六歳の少女、尼僧、そして心不全で入院している誰かの祖母たちにも及んだ。活動家たちは彼らは罪のない被害者だと主張し、慈善と同情に自然と傾く州民たちの心を前に、州側が計画を続けていける術はなかった。

自動化された社会的排除がこの国全体で増加しつつある一方で、それは階層による抑圧の方法としては主要な弱点がある。直接的に貧困者を遠ざける試みが失敗すると、デジタル上の救貧院はより狡猾な構造を作り上げる。それは幸運な一握りの貧困者にその生命を救うような援助を提供する一方で、大部分の貧困者を犯罪者扱いする道徳的な踏み絵を備えた構造だ。

## 貧困者を分類し、犯罪者として扱う：ロサンゼルス

ロサンゼルス郡のホームレス・サービスの提供機関は、援助資源を効率的に使い、組織同士、お互いにより効果的に協力して動き、そしておそらく、六万人にのぼるホームレスの人々のうち誰が援助を受けるべきかという胸の痛くなる選択を外部に委託できる方法を探していた。

その設計者たちによれば、郡の統合登録システムはもっとも援助を必要とする人々と彼らに最適の援助を適合させるという。しかし、統合登録システムの順位付けの機能を違う見方で捉えることもできる。それが費用便益分析としての機能だ。もっとも脆弱な人々、恒常的にホームレス状態にある人々に恒久的な住居を与える方が、その人々が救急処置室や精神医療施設、刑務所などに行き着く場合よりも費用が抑えられる。一方、脆弱度がもっとも低いホームレスの人々の場合は、早期再入居プログラムなどの小規模で時期を限定した援助を行う方が、その人たちを恒常的なホームレス状態においておくよりも安い費用で済む。その社会的な分類法は順位の上位と下位にいる人間に優位に働く。しかし、もしゲイリー・ボートライトのように生存にかかる費用が納税者の潜在的な蓄えを超えてしまったら、その人の生命や生活の優先度は下がってしまう。

ホームレス状態にあるロサンゼルス住民のなかでまったく援助を受けていない人々——今これを執筆している時点で二万一五〇〇人——のデータはホームレス管理情報システム（Homeless Management Information System/HMIS）に七年間保管される。個人情報の保護のための安全対策はなく、ロサンゼルス市警が令状なしにデータにアクセスできる。これは法執行機関が特定の目的のない捜査を行うことを生み出す環境に他ならない。治安の取締りとホームレス関連のサービスの統合は、ホームレスの人々を追跡、捕獲する制約の網を狭め、経済的安全の維持と犯罪の捜査、そして貧困と犯罪の間の境界線をぼやけさせてしまう。この網に必要だったのが、それを取り囲むデータベースのインフラと、道徳的分類方法で人々をふるいにかけるデータベースによるシステムだった。

統合登録システムにより集められたデータはまた、ロサンゼルスのホームレスの新しいストーリーを生み出した。このストーリーが今後どう発展するかには二つの可能性がある。郡やひいては国は私たちの隣人であるホームレスの人々を見捨てているという恐ろしい破壊をもたらす失敗を犯しているが、楽観的なバージョンは、それを彼らに認めさせることに、このような、より微妙な差異を明らかにするデータが役立つというものだ。悲観的なヴァージョンは、脆弱性という尺度で個々のホームレスの人々を分類するという行為そのものが、グループとしてのホームレスの人々への公共援助システムを駄目にしてしまうというものだ。それは、真に援助を必要としている人々にはそれが与えられ、援助が与えられなかった人々は基本的に管理不可能な人々であるか、犯罪者なのだという印象を専門職を持った中流階級の人々に与えてしまう。

デジタル上の救貧院が、インディアナ州で起こったように、ただ単に公共扶助へのアクセスを妨げるだけなら、それに立ち向かうのはそれほど難しくない。しかし、この貧困者を分類し、犯罪者とする働きは貧困層と労働者階級の人々を、彼らの権利を制限し、基本的、人間的な生活に必要なものを与えないというシステムに引き込むことによって動く。デジタル上の救貧院はそういう人々をただ除外するのではない。彼らの人間性と自己決定を損なう管理システムの中に何百万という人々を引き込むのだ。

## 貧困者の未来の行動を予測する：アレゲニー郡

ホームレスの人々を道徳的に分類するシステムを生み出すためにロサンゼルスの何万というホームレスの人々を査定することは、骨の折れる、また費用のかかる仕事だ。予測システムを使えば、臨床的な方法を使って人間をいちいち調べる代わりに、現存の統計的なデータを利用し、それぞれの人間がどれぐらい援助に値するかを表すヒエラルキーが簡単に手に入る。貧困者を遠ざける試みが失敗し、彼らを分類するという方法も高くつくとなると、デジタル上の救貧院は未来を推測するための統計学的方法を使う。ロサンゼルスのＶＩ－ＳＰＤＡＴと呼ばれるツール（Vulnerability Index-Service Prioritization Decision Assistance Tool：脆弱性指数―サービスの優先度の決定支援ツール）のような調査は、その人が過去にどんな行動を取ったかを尋ねるものだ。アレゲニー郡のアレゲニー・ファミリー・スクリーニング・ツール（Allegheny Family Screening Tool/AFST）は、該当の人物に類似する人々の過去の行動パターンをもとに、将来、その人がどんな行動をとる傾向があるかを推測する。

分類は、類似する人々同士を同じグループに分けるために個人の行動を査定する。予測の場合はその代わりに、ネットワークに注目する。ＡＦＳＴはホットラインに通報された児童やその保護者だけでなく、世帯の全員を査定する。この新しい予測体制の下では、人はその人自身の行動だけでなく、その恋人、同居人、親戚、そして隣人の行動によって影響されるのである。

分類と違って、予測は世代を超えた影響を持つ。エンジェルとパトリックの行動はハリエットの将来のＡＦＳＴのスコアに影響する。彼らが公共援助を利用すれば、ハリエットのスコアは上がる。タバサが子供だった時、パトリックが児童青少年家庭福祉事務所（Office of Children, Youth and Families/CYF）と関わった過去はハリエットが大人になった時のスコアを上げるのだ。現在のエンジェルとパトリックの行動がハリエットの将来や、ひいてはハリエットの子供の将来を制限してしまう。

予測モデルの影響はこのように指数関数的だ。予測はネットワークに基づいてなされ、世代を超えて広がり、その害は感染源から親戚、友人、そしてその友人のネットワークへ、そしてコミュニティ全体にまで、ウイルスのように広がっていく危険性を持っている。

歴史上、貧困を規制する制度のなかでも、これほど対象とする人物がどのような行動を取る可能性があるかという推測を重要視したものはなかった。その背景にあるのは、私たちが集団的に、貧困のなかで暮らす人々の実際の苦難よりも、彼らが他者にもたらすかもしれない潜在的な脅威の方を気にかけているという事実だ。

ＡＦＳＴは真の重要な問題への解決策として生まれた。子供の世話をする人々が子供にひどい仕打ちをすることはあり、州が自衛の術を持たない子供を保護するため介入するのは適切なことだ。しかし途轍もない危害の可能性でさえも、貧困家庭になされる無制限な実験を正当化する理由にはならない。専門職を持つ中流階級の人々が自分たちの子供の養育方法をＡＦＳＴが査定するようなことを許すはずはないだろう。ＡＦＳＴが、従う以外に選択の余地がない人々に対して使われていることは差別であり、非民主的で許されないことだ。

一九世紀、医学部で行われる解剖用の死体の需要が高まった折には、死体の盗掘が頻発し、死体の盗難に対して厳しい法の規制が敷かれることとなった。救貧院内の埋葬場所は早速この新しい死体の不法取引の格好の供給源となった。病院や医師からより安価な死体を求める声が高まるにつれ、州は貧困者の遺体を取引する闇市場を合法化するための法案を成立させた。引き取り手のない救貧院や刑務所の収容者の遺体は解剖のため医学部に送られた。中流階級の人々の遺体であったなら考えられないようなこのような処遇も、貧困者が科学に貢献できる一つの方法だと見なされていたのである。

法医学人類学者は今でもよく救貧院の埋葬場所で、不正に売買された証拠を示す白骨遺体を発見する。その証拠とは、大腿骨や骨盤骨に残る鋸の後だったり、上部が蓋のように離れている頭蓋骨だったりする。[2] 過去において、私たちは貧困者の遺体を実験に使った。現在において、私たちは彼らの未来を弄んでいる。

問題が魔法のように解決するとみなす危険な考え方は、しばしば新しい技術の発達や自分たちのツールの革命的進歩が過去を一掃してくれるとする奇妙な確信と同時に起こる。このようなシステムをデジタル上の救貧院に喩える暗喩は、私たちがテクノロジーと不平等性について言及する時、歴史とその前後関係を消去できないことを表すためのものだ。

郡の救貧院とデジタル上の救貧院の間の類似性は際立っている。両方とも貧困者を公共扶助から遠ざけ、彼らの可動性を制限し、労働を課し、家族を離散させ、政治的権利の喪失を招き、貧困者を実験材料として使い、その生存を犯罪と見なし、怪しげな道徳的区分を作り、中流階級との倫理的な距離を生み、人間の相対的、絶対的価値の人種差別的、階級差別的なヒエラルキーを再生する。

しかし、公共サービスのハイテクツールと、煉瓦と漆喰でできた救貧院のあり方の間に類似性が見られない面もいくつか存在する。郡の救貧院が産業革命に適応したもので、科学的慈善運動がアメリカの革新主義時代に比類なく適応したものだったように、デジタル上の救貧院は私たちの時代特有の環境に適応するようになっている。過去の郡の救貧院はますます増加する産業的失業に対する中流階級の恐怖に対応していた。それは廃棄された労働者を中流階級の目の前から隠すが、またその労働力が必要となった時に備えてすぐ近くに待機させておく役割を果たした。科学的慈善運動は、資力と社会参入へのアクセスをコントロールする絶対的価値のヒエラルキーを作り出すことにより、アメリカ生まれのエリートたちが移民、アフリカ系アメリカ人、そして貧しい白人層に対して抱いた怖れに対処したものだった。

今日、デジタル上の救貧院は専門職を持った中流階級に存在する、バーバラ・エーレンライクが「落ちてしまうことへの恐怖」と形容したものに対応している。自分たちの下で労働者階級が崩壊し、一方で自分たちの上では富がグロテスクなほど拡張しつつあり、またアメリカ国内の人口統計学的な多様性が増すなかで、自分たちの地位を必死で守ろうとする専門職を持つ白人の中流階級は、正義、公正さ、公平性という理想の大部分を放棄した[3]とエーレンライクは説く。ドナルド・トランプの当選までは、彼らの高まる非自由主義は公《おおやけ》には些《いささ》か抑えられていた。それは特定の人たちだけが理解できる「犬笛」のような残酷性だった。黒人の学童に消火ホースを向けることは許されないが、マイケル・ブラウン、フレディー・グレイ、ナターシャ・マッケンナ、エゼル・フォード、そしてサンドラ・ブランド［訳注：いずれも警察官によって不当に死亡させられたとされるアフリカ系アメリカ人］が法執行機関により生命を絶たれることになったことは責められるべきではない、というのだ。貧困者に断種手術を強制したことは言語道断だったが、貧困家庭を罰し、飢えさせ、犯罪者扱いする福祉改革は暗黙のうちに承認されるのだ。デジタル上の救貧院はこのような政治的瞬間から生まれ、そしてそれに完璧に順応している。

過去の救貧院と現代のデジタル上の救貧院はお互いに非常に近しい存在だが、両者の違いは大きい。郡の救貧院という実在の施設に人々を閉じ込めておくことは、人種、ジェンダー、そして出身国の違いを超えて階級内の団結を生み出すという意図しない結果を生んだ。私たちが共同のテーブルを囲む時、そこで食べるものが薄がゆしかなかったとしても自分たちの経験のなかに相似性を見つけることもあるだろう。しかし、監視とデジタル上の社会的な区分けは、私たちをお互いから隔て、ますます極小に分けられていくグループはそれぞれ異なった種類の攻撃とコントロールの標的となっていく。目には見えない救貧院に住む時、たとえ周りの人々と同じ苦しみを分かち合っていたとしても、私たちはお互いから切り離され、どんどん孤立していく。

デジタル上の救貧院の新しい要素には他にどんなものがあるだろうか?

**デジタル上の救貧院を理解するのは難しい。**その動力を供給するソフトウェア、アルゴリズム、モデルは複雑で往々にして秘匿されている。援助を必要としているインディアナ州民に給付金、食料、医療へのアクセスを与えることを阻んだＩＢＭとアフィリエーテッド・コンピューター・サービシズ株式会社(ＡＣＳ)のソフトウェアのケースと同様に、時にそれらは保護された商業プロセスである場合がある。また時には、ハイテクツールの運用上の詳細はその対象者がアルゴリズムを操作できないように秘密にされる。ロサンゼルスのホームレス・サービスの職員たちのための「やるべきことと、やってはいけないこと」の注意を書いた書類がそれを示している。「サービスの利用者にＶＩ-ＳＰＤＡＴの用紙は渡さないこと。スコアが出ることはみんなに知らせないこと。[私]たちは利用者を警戒させ[て]ツールが無効になってしまうことを避けなくてはならない」。時には、対象者の保護のためにモデルの結果は秘密にされる。例えば、マーク・チャーナとエリン・ダルトンは、AFSTのリスクスコアが判事や、調査を行うケースワーカーの判断基準として使われ、彼らの決定に何らかの影響を及ぼすことを望んでいない。

しかし、透明性は民主主義にとって非常に重要である。収入が多すぎてある特定のプログラムの給付を受ける資格がなく、公共サービスを認可されないことは人を失望させ、不公平だと思わせるかもしれない。しかし、「協力しなかった」という理由で扶助を拒否されることはそれとは全く違ったメッセージを発している。自分には受ける権利があると知っている給付を否定され、なぜ否定されるかを説明されないことは、「あなたの価値は非常に低いため、私たちはあなたの生命を救う援助を与えません。私たちはただそうしたいからそうするのです」と言われているようなものだ。

政治的な決定における開示性は重要だ。公的機関への信頼を維持し、公平性と正当な法手続きを実現する鍵である。

**デジタル上の救貧院は大幅な拡張が可能だ。**自動化決定システム、マッチングアルゴリズム、リスク予測モデルなどのハイテクツールは急速に広がる可能性を持っている。インディアナ州のアフィリエーテッド・コンピューター・サービシズ株式会社のコールセンターはそれまで想像もできなかったほどの速さで福祉援助の申請を却下したが、その理由の一部は、コールセンターの職員たちが公共のケースワーカーほど時間のかかる他の人間との交わりを必要としなかったからだ。統合登録システムはある限られた地域の私的な資金提供による試験的プロジェクトから、四年を待たずに行政府の支持を得た、ロサンゼルス郡——一〇〇〇万の住民を擁する——のすべてのホームレスサービスへの通用口となるまでに成長した。ＡＦＳＴの場合は思慮深い福祉サービスの運営側により当初の目標を控え目に設定されていたが、似たような児童虐待のリスクモデルはニューヨーク市からロサンゼルス、オクラホマ州、オレゴン州まで急速に普及しつつある。

一八二〇年代、救貧院の支持者たちはアメリカのすべての郡に救貧院を建てるべきだと主張した。しかし、貧困者のための監獄をそれほど多く建てるのは費用も時間もかかることだった。それでも国中に一〇〇〇以上の救貧院が建設されるに至ったが、郡立の救貧院を増やすことはやはり困難だった。優生学者のハリー・ラフリンは、国の人口の「一〇分の一の最底辺の人々」、約一五〇〇万人に強制的な断種手術を行うことで、貧困を終わらせることを提唱した。しかし、ラフリンの人種浄化の方法はナチスドイツでのみ広がることとなり、第二次世界大戦後、「不適合者」を対象に広範囲に断種手術を行うという彼の計画は支持を失った。[4]

デジタル上の救貧院の急速な拡張を阻む障壁はこれらの例よりもはるかに低い。**デジタル上の救貧院は根強く存続する。**デジタルシステムがいったん増殖すると、そのシステムを廃止するのは極めて困難になり得る。例えば、グーグルのような巨大なデータ会社が実は途方もない背信行為を行っていることを世界が知ったら一体どうなるだろうか。議論を進めるための仮定上の話として、会社が国際的な盗難車のシンジケートにカレンダーのデータを売っていたとしよう。瞬く間に、会社のポリシーが不正で危険だ、またおそらく法に反していると広範囲で非難の声が上がるだろう。そして、メール、予約、記録の保管、ビデオ会議、ウェブ検索を他のプロバイダーによるサービスに乗り換えようとする利用者が相次ぐだろう。

しかしそうなっても、グーグルの管理下から私たちの電子上の生活を解き放つにはある程度の時間がかかる。しばらくはGmailを他のメールアカウントに転送しなければならないだろう。そうしなければ、誰もあなたに連絡のしようが無い。もしかしたらあなたのアンドロイド携帯で使えるのはグーグルカレンダーだけかもしれない。グーグルのインフラは非常に多くのシステムに組み込まれているため、それを排除するのは構造的に難しい。

同様に、ケースワーカーの仕事を置き換え可能な個別の作業に分け、順位付けを行うアルゴリズムやホームレス管理情報システムをインストールしたり、または、すべての公共サービスの情報をデータウェアハウス内で統合してしまうことがいったん行われると、その過程を逆行させることはほとんど不可能だ。システムの導入に合わせて新しく雇用された人々は新しい知識や技能、アプローチ、能力を職場にもたらす。数百万ドルの契約は企業がその利益を固守しようとする理由になる。児童虐待を予測すると約束されたスコアが無視できないものになるのは時間の問題だ。AFSTの使用が開始されてしまった今、それを使わなかった場合の結果に対する恐れが、AFSTがシステムの中心に永遠に置かれることを確実にするだろう。

新しいテクノロジーが制度や機関に組み込まれていく過程で、その使用を推進する力は増していく。そしてそれが定着するにつれ、異議を唱えたり、その方向を転換したり、あるいは根絶することはますます困難になっていく。

**デジタル上の救貧院は永続的だ。** デジタル上の救貧院のデータは非常に長く保管され続けるだろう。紙の記録の時代には記録の衰微があり得た。紙という性質上、保管には限りがあったからだ。デジタル上の救貧院では、その記録は永遠に保管される。

他者に害を及ぼした過去の決定にはその報いがあるべきだ。しかし、精神衛生面の診断記録、育児放棄の容疑、犯罪記録が一生ついてまわることは、人生の重要なチャンスを失い、自主性を制限し、自己決定を損なうことに繋がる。そのうえに、公共サービスのデータを永久に保管することはデータの不適切な公開や漏洩の危険性を高める。記録を永遠に残すことは懲罰と報復であり、正義ではない。

四〇年前、フランスの情報処理及び自由に関する国家委員会（ＣＮＩＬ）はデータシステム内の「忘れられる権利」の原則を認めた。デビッド・フラハティがその著書、『監視社会におけるプライバシー保護』（*Protecting Privacy in Surveillance Societies*）で伝えているように、委員会は公共のシステムにデータが無期限に保管される設定が最初からなされているべきではないという意見を示した。その代わり、電子情報は必要な目的を果たす場合のみ、特に、もし公開されると重大なリスクをもたらす場合には保管されるべきだとした。

アメリカではこの考えは多くの反対を生んだ。しかし正義は贖罪と、人生をやり直すことのできる可能性を要求する。正義は私たちがデータ収集システムに忘れることを促す方法を見つけることを要求する。それが誰の過去であっても、過去がその人の未来を完全に制限するべきではない。

**私たちは皆、デジタル上の救貧院のなかで生きている。**私たちは皆、常に私たちが貧困者のために作り上げた世界で生きてきた。私たちは、障がいを持った人々や高齢者を有用性がないと排除する社会を作り、そして障がいを負ったり、歳を取ると排斥される。私たちは人間の価値をいくら賃金を稼ぐことができるかという能力によってのみ測り、配慮とコミュニティを過小評価する世界で苦しむ。私たちは民族的、人種的少数派の人々の労働力を搾取することを経済の土台とし、長く続く不公平が人間の将来性を消していくのを傍観している。私たちは世界を血みどろの競争により必然的に引き裂かれるものだと認識し、お互いに協力し、倒れた時には助け合うための多くの方法が見えなくなっている。

過去においては、貧困者だけが郡立の救貧院の共同宿舎に住んでいた。貧困者だけが科学的慈善運動の診断用の顕微鏡の下に置かれた。今日、私たちは皆、貧困者を捕らえるために自分たちが仕掛けたデジタル上の罠の中で生きている。

デジタル上の救貧院を光ファイバーの糸が張られた見えない蜘蛛の巣だと考えてみて欲しい。それぞれの糸はマイク、カメラ、指紋認証リーダー、GPSトラッカー、仕掛け式警報機、そして占い用の水晶玉などだ。いくつかの糸は粘着性を持っている。それらは相互に繋がっており、ペタバイト（一〇〇万ギガバイト）単位のデータを動かすネットワークを作り上げている。私たちの動きは巣を振動させ、私たちの位置と進路が分かるようになっている。フィラメントの一つ一つのスイッチは自在に付けたり消したりできる。彼らは過去や未来にも自由に立ち入ることができる。私たちの知人や、愛している人々との繋がりのネットワークのなかで私たちを特定する。社会経済基準の下に行けば行くほど、糸はより緊密に編まれ、そのスイッチはONになっている。

私たちは一緒にこのデジタル上の救貧院を紡ぎ出している。私たちは皆、そこに絡め取られている。しかし、専門職を持つ中流階級の私たちは、糸と糸の間がより広く、作動している糸もより少ないところにいるため、今のところはさっと掠めるぐらいで済んでいる。時には、そのベタベタした糸に絡みつかれてそこから抜け出すのに一瞬立ち止まらなければならないかもしれないが、その影響は長くは続かない。

私たち家族が健康保険の不正請求の調査に引っ掛かった時、私たちはこの蜘蛛の巣の糸を一度に一つずつ解いていくだけでよかった。それに、刑事司法制度、メディケイド、そして児童保護サービスから出ている糸に絡め取られていたわけではなかった。私たちは親たちの過去や隣人たちの行動パターンによって縛られていたわけでもなかった。私たちはデジタル上の救貧院のか細い一本の糸を解こうと奮闘し、最後には勝利を収めた。私たちがこの困難に打ち勝ったということは、この本を読んでいる読者の多くも同じことができるということだ。では、なぜ専門職を持つ中流階級のアメリカ人が、大抵は貧困者を犯罪者扱いするために働くネットワークのことを気にしなければならないのだろうか？

## 私たちの自己利益のためである

もっとも恥ずべき私利的レベルにおいてでも、専門職を持った中流階級の人々はデジタル上の救貧院のことに気を留めるべきである。それはそうすることが、私たちの自己利益に繋がるからだ。私たちも、巣の粘着性のある目の詰まった部分に引っかかってしまうかもしれないのだ。労働者階級の階層が空洞化し、経済の梯子の最上部と最下部が混み合うことになれば、専門職を持つ中流階級の人々が貧困に陥る可能性はより高くなる。そうなれば、たとえ公式の貧困線を超えなくとも、ある時点で資力調査に基づいた福祉プログラムの援助を利用することになるだろう。

その時私たちの前に置かれるプログラムは、私たちがプログラムのもともとの対象者、恒常的貧困者に対して持っていた侮蔑により形作られたものだろう。私たちは公共援助の利用から人々を遠ざけるために作られた、生活を侵害する、複雑な手続きに耐えなくてはならない。私たちについての大量のデータは収集、調査、分析、共有される。私たちの値打ち、行動、交友関係のネットワークは調査され、私たちの過失は犯罪とみなされる。デジタル上の救貧院という蜘蛛の巣の中の、よりベタベタした部分にひとたび落ちてしまったら、その糸は絡み付いて、私たちをそこに落とした悪運や間違った決断から抜け出すのを難しくしてしまうだろう。

もしくは、システムの方から私たちを捉えに来るかもしれない。蜘蛛の巣の上部は今のところは糸と糸の間が広く、スイッチも入っていない。トロイに住んでいたある母親、ドロシー・アレンが二十年近く前に私に思い出させてくれたように、貧困者を対象に試験的に使われるテクノロジーのツールはいずれはすべての人を対象にして使われるのだ。国家的な大惨事や政治体制の変化が、デジタル上の救貧院によって可能となる、階層の範囲を超えた全面的な監視体制が敷かれるのを正当化してしまうかもしれない。デジタル上の救貧院はネットワークで繋がっているため、ある日突然専門職を持つ中流階級の生活の場のすべてを対象とする詳細な調査の「スイッチが入る」かもしれない。デジタル上の救貧院は持続性を持つため、今日においては不法でも何でもなかった行為でも、将来犯罪とみなされたなら遡及的に告訴されることもあり得るのだ。

## 自動化された不平等は私たち全員を傷つける

狭量な利己心から少し距離を置いても、やはり私たち全員がデジタル上の救貧院のことを気にかけるべきだ。それは、差別を増大させ、不公平な世界を構築するからだ。デジタル上の救貧院がどのように不平等を自動化するかを理解する鍵は、ペンシルベニア大学のコミュニケーション学の研究者、オスカー・ギャンディの説く「合理的差別」という概念だ[5]。合理的差別が起こるには階級や人種間の憎しみや、無意識的な偏見さえも必要としない。ただ既に存在する偏見を無視するだけでいいのだ。自動化された意思決定ツールが構造的な不平等を廃絶するという明白な目的のために作られたのではないなら、その速さとスピードは合理的差別を増大させる。

例を挙げると、一九三五年から一九六八年にかけて連邦住宅貸付銀行理事会（Federal Home Loan Bank Board）と住宅所有者資金貸付会社（Home Owner's Loan Corporation）はアフリカ系アメリカ人の居住区域の周りに境界線を引くべく情報を集め、その区域内の不動産をハイリスクな投資だとみなした。公設、私設を問わず、金融機関はこの区域内の住宅ローンを拒んだ。このようなレッドライニング〔訳注：金融機関による地図上の赤線引き〕」はあからさまな人種的敵意と欲に基づいていた。ダグラス・S・マッシーとナンシー・A・デントンは、一九九三年に書かれた彼らの名著『アメリカン・アパルトヘイト：人種隔離と下層階級の創出』（*American Apartheid: Segregation and the Making of the Underclass*）において、人種的敵意は、ブロックバスティングのような行為に利用されると説明している。ブロックバスティングは、不動産業者が、その地域の居住民の人種分布を逆転させる目的で労働者階級の白人の居住地域を選び出し、地域内の物件を数軒買収し、それを黙って黒人家庭に売ることから始まる。それからその不動産業者は近所を一軒一軒周り、この一帯が「侵略」されるというような人種差別的な恐怖を掻き立て、彼ら白人の家々を標準価格以下の値で買い取ることを申し出るのだ。レッドライニングは私たちの都市の成り立ちに非常に大きな影響を持ったため、いまだに郵便番号はその地域に住む人種を推定できる驚くほど有効なプロキシとなるほどだ。

しかし、明らかな人種差別的行為が政治的に許容されなくなると、表面的には人種的中立を装った行為がそれにとって代わった。今日、データベースに基づいた「逆行的な」レッドライニングが、過去の住居関連の差別の代わりに行われている。ロンドン・スクール・オブ・エコノミクス・アンド・ポリティカル・サイエンス（London School of Economics and Political Science）のシータ・ペーニャ・ガンガーダランによると、金融機関はデータブローカーから購入したメタデータを使い、不動産市場をより、そして時と共にますます複雑で細分化された人口グループに分け、「田舎で生活が非常に苦しい」、「特別に貧しい」などというカテゴリー名を付けているという。このようなターゲットマーケティングを進めるアルゴリズムは決定を行うにあたって明白に人種を使用することはないが——一九六八年の公正住宅法（Fair Housing Act）により法的に禁止された行為だ——「民族的にみて二流都市の困窮者」などというカテゴリーは明らかに人種と階級、両方のプロキシである。[6]こうして恵まれない状況にあるコミュニティはサブプライムローンやペイデイローン、あるいは他の搾取的な金融商品の標的となる。

逆行的なレッドライニングは合理的差別だ。人種差別者あるいは階級差別者によってなされる敵意のある選択による差別のみを差別とするならば、それは差別的ではない。実際、これはしばしば包括的な、「非銀行サービス利用者層」に金融商品へのアクセスを提供する手段だとみなされる。しかし、この表面的には中立的な区分分けも、累積する不利益を悪化させ、コミュニティ全体から富を奪う差別的な結果を隠している。

デジタル上の救貧院は前線のソーシャルワーカーによる、時に偏った意思決定をハイテクツールによる合理的差別に置き換える。行政側とデータ科学者はケースワーカーや不動産管理者、サービス提供者、通報センターの職員を通じて意思決定のシステムに入り込む偏見に一般大衆の注意を引き付けようとする。彼らは、大抵は労働者階級に属している自分たちの部下を、組織内の人種差別的、そして階級差別的な結果の主な原因だと遠回しに責めているのだ。そしてマネージャーやテクノクラートたちは自分たちより経済的地位の劣った人々の些細な人間的欠点を一掃することのできる、より「客観的な」システムを作り上げるために経済学者とエンジニアたちを雇う。エリートたちの階級主義と人種差別主義は、数学的な論理で人を煙に巻く考えに洗脳され、テクノロジーにより惑わされ、データに基づいたまやかしに中和されている。

私は二〇一六年一一月にピッツバーグを訪れた際、ずっとウーバーの有名な自動運転車を一目見たいと思っていたが駄目だった。というのは、自動運転車は大抵、下層住宅地区の高級化が早くに進んだ地域、ダウンタウンかストリップ地区で見られるからだ。私がいたのはデュケイン、ウィルキンズバーグ、ヒル地区、そしてホームステッドだった。一台も目撃できなかった。

自動運転車はウーバー専属の人間のドライバーにより集められた非常に大量の地理空間データと、どのように街中を動き回り、他の車、自転車や歩行者に対処するかをコンピューターに学習させるための二人一組で乗車して働くエンジニアを必要とする。ガーディアン紙のジュリア・キャリー・ウォンに、ウーバーの未来に果たす自分の役割についてどう感じているかと聞かれ、それまでウーバー社のために三カ月運転を行ってきたロブ・ジャッジは次のように答えている。「何だか自分たちがただのレンタル用品みたいな感じがする。僕たちはテクノロジーが完成するまでの代替物のようなものだからね」[7]。

私はアレゲニー郡の地域事務所のディレクターであるブルース・ノエルに、自分が管理している通報の受付け担当職員たちは、やがて彼らに取って代わるアルゴリズムを養成しているのではないかと心配にならないかと聞いてみた。「それは違う」と彼は主張した。「人間や人間同士の繋がりを代用できるものはないよ」。しかし、非常に実際的な意味において、すでに人間は福祉サービスの運転席から退いているのである。過去において、この国を経済的な困難が襲った時、アメリカのエリートたちは貧困者を犠牲にしてきた。そして今、彼らは貧困を軽減する鍵をロボットのドライバーに手渡しているのだ。

## デジタル上の救貧院は私たちの国家的価値を落とす

私たちは全員、デジタル救貧院に注意を払うべきだ。なぜならそれは自由、公正、そして包括的な社会という私たちがもっとも慈しむ集団的な価値を左右するからだ。

アメリカ人は建国の昔から自由を大事にすることを公言してきた。独立宣言にも奪うことのできない権利として明記されている。米国憲法修正第五条と第一四条は「何人も〔中略〕法の適正手続きなしに生命、自由、財産を奪われることはない」と保障している。子供たちは学校で「万民のための自由と正義」を約束する共和国に忠誠を誓う。

しかし、私たちが一般論を話すのではなく、この多様性を包有した国の最多数の人々のために自由を保護する最善の方法を決めようとすると、軋轢が生じる。自由をどう解釈するかは二極に分かれる傾向がある。一方においての自由は政府の介入からの自由、自分が望むことをする権利と解釈される。例えば、自由競争を阻む障壁を低くするため政府の商業に対する規制を少なくすることを望むグループの人々は、政府からの自由を求める。もう一方の側では、自由は自己決定により行動し、行為主体性を発揮するための自由を意味する。例を挙げれば、連邦政府による学資ローンが相場以下の金利で提供されることを望むグループの人々は、すべての学生は一生かかるような返済に悩まされることなく高等教育を受けることができるための自由を持つべきだと主張する。

デジタル上の救貧院は両方の自由を制限する。

デジタル上の救貧院は政府による介入、詳細な調査、監視を容易にし、それらからの自由は難しくなる。ハイテクツールの隆盛は貧困層と労働者階級の行動や選択についてのデータの収集、保管、共有を増大させた。この監視は主に処罰の対象となり得る犯罪を割り出すことに役立ち、その結果、貧困者を扶助から遠ざけ、彼らを犯罪者として扱うことを招く場合が多すぎる。また、この本で述べられているシステムが官僚的形式主義や政府の介入からの自由を促進すると主張できる人は誰もいないだろう。

デジタル上の救貧院は貧困層と労働者階級の人々が自己決定と自律性を発揮する能力も弱め、それらのための自由も蝕む。デジタル上の救貧院の複雑性は対象者たちの能力や技能に対する自信も侵食する。それらのツールは、彼らが援助、自主性、尊敬、そして尊厳など、当然その人が手に入れる権利があるものを諦めるまで、その決意を摩滅させてしまう。そんなケースは多すぎるほどだ。

アメリカ人は公正さを主要な国家的価値とするという幅広いコンセンサスを持っている。独立宣言は奴隷を所有していた人々によって書かれてはいるが、周知のように、「すべての人間は生まれながらにして平等であり、その創造主によって不可侵の権利を授けられている」と明記している。しかし自由と同じように、公正さの解釈は多岐に亘る。

多くの人は公正さを平等な扱いだと理解する。強制的に科せられる刑の設定を主張する人々は、加害者の特性や犯罪の状況にかかわらず、似たような犯罪には同じような処罰を科すべきだと言う。その一方で、多くの人々は公正さは異なる人々、多様なグループが公益や政治参加から同一の価値を引き出すことができる時にのみ確立できると信じる。この種の公正さが増強されるには、人々の機会を阻む構造的な障壁が取り除かれなくてはならない。

デジタル上の救貧院はこの両方の公正さを損なう。

デジタル上の救貧院は文化的な偏見を再生産し、適正な法手続きの価値を弱め、公正さをただの平等な扱いだとして蝕む。ハイテクツールの内蔵された権威と厳とした客観性の見かけのせいで、私たちはその決定が人間の手でなされたものよりも差別的ではないと思いがちだ。しかし偏見はすでにプログラミングの選択、データの選定、機能の測定基準により組み込まれているのである。要するに、デジタル上の救貧院は似たようなケースを同じように扱うことはない。

デジタル上の救貧院はまた、貧困層と労働階級の人々が公的資金と政治参加から同一の価値を引き出すことを難しくする。それは福祉を情報処理だと定義し直し、ソーシャルワーカーたちをコンピューターに差し替えている。残った人間はアルゴリズムの拡張部として働くだけだ。

しかし、ケースワークは情報処理ではない。ゴールドバーグ対ケリー訴訟で自ら下した判決を振り返って、最高裁判事、ウィリアム・J・ブレナンが述べた有名な言葉にあるように、公的扶助における公正さには「出来事の公式の解釈の下に生身の人間の心臓の鼓動を感じ取ろうとする熱意」が必要なのである。[8]その能力を最大に発揮できる場合、ケースワーカーは、複雑な官僚的手続きに苦労する家庭を助け、時にはより高度な正義の実現のために規則を曲げることにより、公正さを促進する。

またデジタル上の救貧院は、標的とする人々を時間という枠に閉じ込め、彼らをもっとも問題点の多い集合として表現することで、同一の価値としての公正さを制限する。公正さの達成には発展し、進化する能力が必要だ。しかし、キャシー・オニールも書いているように、「数学的モデルは本質的に、過去と、そのパターンが繰り返されるという仮定のもとに成り立っている」[9]。二〇一六年の大統領選挙のドナルド・トランプの当選を、政治的世論調査の専門家たち、そして彼らの使用したモデルが予測することができなかったのは、投票者たちが、過去の投票者の行動の統計的分析が予測した通りに動かなかったからだ。人々は変わる。運動が起こり、社会は移り変わる。正義は進化する能力を要求するが、デジタル上の救貧院は私たちを過去のパターンに縛り付けるのだ。

アメリカ人は一般的にアメリカの三番目の国家的価値を政治的、社会的一体性（インクルージョン）だとする考えに賛同する。この一体性には民主的な制度、機関とその意思決定に参加することが必要だ。リンカーンがゲティスバーグ演説の中で述べた、「人民の人民による人民のための」政府の意味するところだ。一体性はまた、社会的、文化的な融合、国への帰属意識、相互義務、お互いへの共有責任を必要とする。この理想はパスポートや硬貨、紙幣に記載されているエ・プルリブス・ウヌム（E Pluribus Unum:「多数から作られた一つ」）というアメリカ合衆国の事実上のモットーにも表されている。

自由と公正さと同じく、一体性の定義の仕方は色々ある。もっともよく見られる定義の仕方は一体性を同化と捉えるものだ。その社会に所属するには、個人や集団は既存の構造、価値、生活様式に合わせなければならないとする考えだ。アメリカの政府関係の資料は英語でのみ書かれていなければならないと考えるグループは同化としての一体性を推進しようとしている。一体性のもう一つの捉え方は、コミュニティにおいて、個々の人々が自分の可能性を最大限に発揮することが一体性だと考えることだ。個々の人間が自分の可能性を最大限に発揮しながら社会の一体性が達成されるためには、すべての子供、女性、男性の同一の価値を支持し、尊重するために社会的、政治的構造を変えることが必要とされる。

デジタル上の救貧院は両方の種類の一体性を損なう。

デジタル上の救貧院は同化としての一体性を蝕む。インディアナ州における公的扶助の受給の不認可の爆発的な増加のようなもっとも酷い例に見られるように、それは単に行政府のプログラムから人々を排除するために働く。それよりも目立たない例としては、デジタル上の救貧院はまた、政策のマイクロターゲティングを通し、社会的、政治的な分裂も促す。データマイニングが統計学に基づく社会集団を形成し、政策決定者たちは社会の中のそれぞれ正確に分けられた区分に合わせた介入を設計する。あらかじめ予測され、個別化された統治管理はおそらく一体性を促進するよりもむしろ社会的分裂をより固定化させてしまうだろう。カスタマイズされた行政府は一部の人間にとっては役立つものかもしれない。しかし、あるグループが優遇されているという認識が高まると、グループ間の敵意を増大させることにも繋がる。

デジタル上の救貧院はそのターゲットとする人間たちが自分の可能性を最大限に発揮して一体性を成し遂げる能力を制限する。貧困層と労働階級の人々は詳細な調査の対象となった時、自らの相対的、また絶対的な社会的価値についての教訓を学ぶ。スタイプ家の人々とシェリー・バーデンは彼らの人生は自分たちの裕福な隣人たちよりも重要ではないのだと学んだ。リンゼイ・キドウェルとパトリック・グジブは行政府に逆らって勝てる者はいないと学んだ。ゲイリー・ボートライトとエンジェル・シェパードは、彼らが恭順と服従の意思を示すことを期待して、誰かがいつも彼らを見張っていると学んだ。それらは公正で民主的な政治システムの一員になるにはどうしたらよいかを教える恐ろしいレッスンだ。

デジタル上の救貧院は共有資源へのアクセスを阻む。プライバシーを侵害し、トラウマになるような質問をする。どのように行政府の官僚制度が働いているのか、誰が貴方の情報へアクセスできるのか、またそれをどのように使うのかを分からなくする。デジタル上の救貧院は、私たちが書類記入の細かいところまで気を抜かず、決められた予約を絶対に忘れなければ、決して間違いを犯さなければ、そうして私たちが完璧であるならば、政治的なコミュニティに所属できるのだ、と教えている。でもそうしたところで、郡専属の精神科医の一五分間の診察、数ドルの現金、賃貸住居支援が得られるチャンスなど、与えられるのは僅かなアメだ。ところが振るわれるムチの方は甚大な影響を及ぼす。子供や医療保険を奪われ、収監される危険もある。デジタル上の救貧院は「嘘当てゲーム」の統治体制だ。致死的な素早いパンチを繰り出してくる、弱者を狙って痛めつける目に見えない卑怯者だ。

## デジタル上の救貧院は政治を先取する

デジタル上の救貧院は一九七〇年代、福祉権運動の政治的な勝利と専門職を持つ中流階級の公共扶助に対する反発の間の軋轢を水面下で和らげるために作り上げられた。この目的を達成するためには、その新しいハイテクツールは重大な政治的決定というより、むしろ単なる行政上の機能の向上を体現するものと見られる必要があった。

デジタル上の救貧院が生まれた時、アメリカは自分たちに以下のような難しい問題を問いかけていた。不平等な状態においての、私たちの、お互いへの義務とは何なのか？　誰かの世話をすることにどのように報いるのか？　自動化とコンピューター化によりもたらされた経済的変化にどう直面するのか？　デジタル上の救貧院はこのような大きな政治的ジレンマを、どのように援助資源とそれを必要とする人々とを一番うまくマッチングさせるか？　どのように医療保険詐欺を無くし、扶助資格のない人々を遠ざけるか？　どのように最小限の予算を最大限に有効に使えるか？　というような、効率性とシステム工学のありふれた問題として捉え直した。デジタル上の救貧院はもっと大きな、極めて重要な問題についての話し合いを終わらせてくれたのだ。

今日、私たちはその自分たちの問題の否定がもたらした結果に直面している。二〇一二年、アメリカの経済的な格差は一九二八年以来最大を記録した。そして一日二ドル以下で生活する新しい極貧困層が出現した。社会の最上部の巨大な富の蓄積は、それを観察する者に私たちの生きるこの時代を、誇張ではなく、第二の［訳注：南北戦争後の］金ぴか時代と形容させるぐらいだ。

しかも、この本で述べられてきた三つのコンピューターシステムすべては、行政府の規模を縮小することと、国の問題に政治的重要性が低い解決策を見つけるという暗黙の目標を共有している。「二〇四〇年までに、ビッグデータは公共セクターの規模をすっかり縮小させてしまっているだろう」とAFSTの設計者、レイマ・ヴェイシアナサンはニュージーランドのドミニオン・ポスト紙上の二〇一六年の意見記事で述べている。「ひとたび私たちのデータが仕事がこなせるようになれば、その仕事が大勢の公務員によって従来ながらの方法でなされる必要はもうなくなるのである。システムの情報と洞察力はそのうちに、即時かつリアルタイムで、オーダーメイド的なものになり、比較も簡単になる。そしてすべての人の賛成を得て完全に非政治的なものになるのが理想だ[10]」。自動化された資格審査システム、統合登録システム、そしてAFST、これらはすべて同じようなストーリーを語っている。それは、私たちがアルゴリズムを完璧にすれば、自由な市場と自由な情報は最多数の人々に最善の結果を保証するだろうとするストーリーだ。私たちは行政府などまったく必要としないだろう。

行政府が最小限の統治を行えば、最善の統治が行われることになるというこの考えの問題点となるのは、歴史的に見て、私たちが根強い貧困に対し何らかの成果を成し遂げたのは大規模な抗議運動が連邦政府による実質的な援助投入を強いた時だけだという事実だ。社会保障法（Social Security Act）、復員兵援護法（GI Bill）、貧困撲滅運動（War on Poverty）の多くのプログラムには致命的な欠点があった。女性と有色人種の男性をそのプログラムから排除することで、平等をもたらす可能性を制限してしまったことだ。しかし、それらのプログラムはリスクへの幅広い社会的な解決を提供し、そこに繁栄は広く共有されるべきだという認識はあった。

社会的セーフティネットの存在そのものは、不確実性の社会的コストを分かち合おうという合意の前提の上に成り立っている。福祉国家は不運によりもたらされた結果を社会のメンバーに均等に分配する。福祉国家は、私たちが一つの社会として勝者とそして敗者、不公正と機会を生み出すシステムを作り出すことへの集団的な責任を共有すると認識している。しかし、デジタル上の救貧院の道徳的な計算法はリスクを個人のものとし、社会的責任をズタズタに裂く。

ハイテクツールによる社会的選別への心酔は、全体主義者により統治され、激しい格差により引き裂かれた国々においてもっとも極端に現れると覚えておくことは、私たち皆にとって有益だろう。エドウィン・ブラックが『ＩＢＭとホロコースト：ナチスと手を結んだ大企業』（*IBM and the Holocaust*）で伝えているように、何千というホレリス式のパンチカードシステム――コンピューターのソフトウェアの初期のバージョンと言える――がナチス政権がユダヤ人やその他の彼らが標的とした人々をより効率的に特定、追跡、搾取することを可能にした。ぞっとするような真実だが、アウシュヴィッツの収容者たちの前腕部に入れ墨された通し番号はパンチカードの識別番号として始まった。

南アフリカの二五〇〇万人の黒人の行動、雇用機会、医療、住居をコントロールしていたパスブック制度は、一九五一年に行われた、すべての人を四つの人種カテゴリーのどれかに振り分ける一元化した人工台帳を作るための人口調査が可能にした制度だった。アパルトヘイトを幇助《ほうじょ》、扇動したとしてIBMを訴えようとする黒人の南アフリカ人を代表して二〇一五年に提出されたアミカスブリーフ［訳注：法廷助言書］のなかで、電子フロンティア財団（Electronic Frontier Foundation）のシンディ・コーンは「南アフリカの国立識別システムの技術的な基幹は［中略］アパルトヘイト政権を助け、国内の黒人人口の『国籍剥奪』を効率的に実行することを可能にした。それはすなわち、白人政府による南アフリカの黒人の身元確認、強制的な隔離、究極的な迫害に他ならなかった」と書いている。[11]

社会から取り残された人々を、「特別な注意」を払うために分類、標的にすることは助けとなる個別化をもたらすことになるかもしれない。しかしそれは迫害にも繋がりかねない。デジタル上の救貧院のハイテクツールがどちらの方向に転ぶと思うかの大部分は、アメリカ政府は私たち国民すべてをこのような恐怖から守ってくれると信じるか――もしくはそう信じないか――にかかっている。

私たちはこの恥ずべき歴史を取り合わなかったり軽視したりするべきではない。強力な人権保護が講じられないまま、非常に効率的なテクノロジーが蔑視される外部グループに対し、その不利になるように使用される場合、そこには暴虐の大きな危険性が待っている。現在のところ、デジタル上の救貧院の管理運営は集中的に少数のエリートの手に託されている。その統合データシステムとデジタル式の監視のインフラは歴史上匹敵するものがないほどのコントロールが可能だ。貧困者を分類するための自動化ツールは、このままの状態で、もし私たちが明確な意志を持ってもう一つの道を作り出さなければ、非常に大きな不平等を生み出すだろう。それなのに私たちはまるで正義がすべてを解決するかのように振る舞っている。

そこに別の選択肢がなければならないならば、私たちはそれを自分たちの手で作り出していかねばならない。こつこつと、一バイトずつ。

# 終章
# デジタル上の救貧院を打ち壊すには

一九六八年三月三一日、マーティン・ルーサー・キング・ジュニア牧師は、ワシントンDCのワシントン大聖堂で「偉大なる革命を見届ける」(Remaining Awake through a Great Revolution)と題した彼の人生最後となる日曜礼拝の説教を行った。キング牧師は世界は三つの革命を経験するだろうと明言した。一つは自動化と「サイバーネイション［訳注：自動プロセス制御］」によるテクノロジー革命、二つ目は核兵器により生じる戦争行為上の革命、三つ目は世界各地で起こる自由を求める反植民地的運動により啓発された人権尊重の革命だという。テクノロジーの革新は世界にいずれ「地理的な一体化」をもたらすだろうが、私たちが果たすべきお互いへの倫理的な責任という観点から見ると、私たちはその進歩に追いついていないと彼は説いた。「我々の科学的、技術的な才能は世界の人々を近づけてお互いの隣人としたが、我々はいまだ、お互いと同胞愛で結ばれるという倫理的な誓約を果たしていないのだ」と彼は言った。「我々はどうにかして、何らかの方法でこれをやり遂げなくてはならない。［中略］我々は運命という一枚の布で包《くる》まれ、避けることのできない相互関係の網に捕らえられているからだ」。

二一世紀に入って、私たちはキング牧師の予言した地理的な一体化は達成した。しかし、彼が思い描いた倫理的な高みに達するにはまったく遅れをとっている。キング牧師はこのアメリカの、人種により生じる不当性という国としての病《やまい》を直ちに根絶することを訴えていた。そしてまた、私たちが「アメリカと、そして世界から貧困を無くす」ことを求めていた。彼は、無関心な人々も社会運動により目を覚まさせられ、革命が来ることに気づくことになるだろうと警鐘を鳴らした。

結びに、「我々はワシントンで貧者の行進（Poor People's Campaign）を行う」と彼は言った。「我々はこれを読み上げるだろう。『以下の事実を自明のことと信じる。すなわち、すべての人間は生まれながらにして平等であり、その創造主によって、生命、自由、及び幸福の追求を含む不可侵の権利を与えられているということを［訳注：トーマス・ジェファーソンによる独立宣言よりの抜粋］』。そして、アメリカがかつて大昔に署名したこの大いなる約束手形に忠実であるよう求めるのだ」。

キング牧師はその四日後、ストライキを行うアフリカ系アメリカ人の清掃作業員たちを支援するために訪れていたテネシー州メンフィスで暗殺された。

キング牧師の死後、貧者の行進は行われたが、彼が期待した結果はもたらさなかった。このキャンペーンは一〇〇万ドルの予算を持ち、肌の色の違いを超えてあらゆる貧困撲滅運動グループの幅広い連立を実現し、コレッタ・スコット・キングやハリー・ベラフォンテなどの有名人の支援も得た。九つの主要な集団が全米各地から――ニューヨーク、ロサンゼルス、シアトル、セルマ［訳注：アラバマ州］、そしてもっとも有名になったのが、ミシシッピー州マークスから騾馬に引かれた荷車で向かった一行だった――ワシントンＤＣに向かい、大した事故もなく無事現地に集結した。彼らには明確な、遠大とも言える計画があった。それは、アメリカのもっとも貧困に苦しむ人々が大挙して首都ワシントンに押し寄せ、連邦政府が権利章典（Bill of Rights）に則った経済的、社会的な法案を成立させるまで、徹底的な非暴力の運動を行うというものだった。

しかしこのキャンペーンは並々ならぬ困難にも直面した。キング牧師の暗殺は南部キリスト教指導者会議（Southern Christian Leadership Conference/SCLC）を内部分裂に追い込み、貧困を根絶するという問題に団結してその力を集中させることはもはやできなくなった。キング牧師の死後、全米各都市で起きた暴動が専門職を持った中流階級の白人層のなかの強迫観念を増大させ、公民権運動の反動の高まりを招いた。

Ｊ・エドガー・フーバーが率いるＦＢＩはこのキャンペーンに特別な注意を払っていた。運動者たちはナショナル・モール国立公園に「復活の街」を建設したが、ＦＢＩはそこで暮らす三〇〇〇人の貧困者たちを対象に対反乱工作を行っていたという。ジェラルド・マックナイトの一九九八年に出版された著書、『最後の聖戦』（*The Last Crusade*）によると、運動者たちの野営地はＦＢＩだけでなくアメリカ陸軍の情報部、アメリカ国境警備隊、公園警察、コロンビア特別区首都警察による二四時間体制の監視に晒されていたという。司法省とコインテルプロの諜報員から成る混成の諜報班から派遣された、金で雇われた情報提供者がテント村に潜入し、暴力行為を扇動したり、運動に異議を唱えるなどの工作を行った。「犯罪者とテロリスト」を特定するために、この復活の街にあった数少ない電話は盗聴され、無線の送受信は傍受された。

キャンペーンは南部キリスト教指導者会議の主導者たちのジェンダーや階級に関する無意識のうちの偏見によっても蝕まれた。グループは福祉権運動のリーダーたち――そのほとんどは貧しい黒人女性たちだった――がこのキャンペーンを可能にした組織の全国的なネットワーク作りに重要な役割を果たしたことを強調することを繰り返し避けた。有名な話だが、キング牧師が福祉問題に関する知識を欠いたまま全国福祉権協会に協力を求めたところ、会長のジョニー・ティルモンに嗜められるという一件があった。

ジャーナリストのメアリー・リンとニック・コーツは一九七七年に出版された彼らの著書、『平等への情熱』(*A Passion for Equality*)で、一九六八年のシカゴでの企画のための会議で福祉権運動のリーダーたちから鋭い質問が飛んだ時、まごついた様子のキング牧師を見て、ジョニー・ティルモンが穏やかに「キング博士、質問についてご存じなければ知らないと仰るべきです」と言ったことを伝えている。それに応えてキングが「その通りです、ティルモンさん。我々は福祉のことを何も知らない。我々はそれを、ここに学びに来たのです」と言ったことは賞賛に値するだろう。[1]

このような謙虚な態度はキング牧師が暗殺された後には見られなくなった。ワシントンに着いた南部キリスト教指導者会議の主導者たちは復活の街の運動者たちと合流はせず、近くのモーテルに泊まった。テント村には料理ができるような設備は整えられなかった。南部キリスト教指導者会議のスタッフたちが温かい食事に有り付いている一方で、一般の運動者は何週間もドーナツ、シリアル、ボローニャソーセージとチーズのサンドイッチなどで凌いでいた。テント村の衛生と治安の状態は不適切で、一時は「希望の街」と呼ばれた場所もいつしか何週間もの雨と泥にまみれ、物資の不足と個人間の暴力に侵食されていった。マックナイトによると、連邦政府が六週間に亘って抵抗運動を続けた「復活の街」のテント村を遂にブルドーザーで撤去した時、南部キリスト教指導者会議の主導者たちは安堵したという。

貧者の行進はまだ達成していない我が国の大いなる課題の一つだ。その完遂は五〇年前と変わらず、今も危急な問題だ。そして、デジタル上の救貧院はキングが予想もしなかった新しい困難をもたらしている。私たちは重大な岐路に立っている。国中で、キングが述べたテクノロジーの革命が、彼が渇望し、その実現のために組織し、戦った倫理的な革命の実現を台無しにしようとしている。

私たちは比類のないコミュニケーション能力を手にしながら、公正と多元的共存を甚だしく減損させる危機の真っ只中にいる。すべての人に基本水準の「職と収入を今すぐ」提供する代わりに、私たちは、歴史上、類をみないほどのひどい経済的格差に見舞われている。私たちが人種差別主義を根絶し、貧困を排除しようという一九六八年のキングの呼びかけに国として応えることができなかったという失敗は、差別を自動化し、不平等の根を深くする驚異的な、そして精巧なテクノロジーの時代を出現させた。

しかし、この事態が招く結果のなかで私たちが避けられないものは何もない。私たちの手でデジタル上の救貧院を解体することができるのだ。

私たちが貧困者をプロファイリングし、取締り、罰するために構築した制度を打ち壊すためには、ハイテクツールを使った微調整以上のものが必要になるだろう。文化、政治、個々の倫理観に大々的な変化を加えることが必要だ。

デジタル上の救貧院を解体する上でのもっとも重要なステップは、私たちが貧困についてどのように考え、話し、感じるかを変えることだ。これは直感や常識に反するように聞こえるかもしれないが、ビッグデータの誤使用の一番の解決策はもっと注目を集める話を人々に伝えることだ。しかし私たちの見方は貧困層と労働者階級の人々について語るという目的のために作り上げられた狭い枠組みによって抜本的に狭められている。ジャーナリストのモニカ・ポッツは、私たちが許容できるのは、［訳注：貧困についての語りのなかの］苦難の描写、しつこいほど繰り返される悲惨な状況の説明、または間違った選択とそれによる悪い結果を教える道徳的な話だと言う。人々の経済的な困難について話すことから得られるのは、あたかも「『貧しい人々をかわいそうだと思わなくてはならない』、もしくは『そう思うべきではない』」の二種類の教訓しかないようだ。[2]

私たちの見方をさらに制限するのは、貧困者は私たちとは別の人々だとする考えだ。貧困がアメリカの大部分の人々が経験するものだと理解すれば、「貧困の文化」が存在すると言う主張は、奇妙で妄想的な説だと分かってくる。しかしそれだからといって、貧困層に生まれてくる人々がそこから抜け出すために特別な苦難に直面しないというわけではない。もちろん彼らはそれに直面する。成人後にその人が貧困状態にあるかどうかを一番確実に予測できる一つの要素が、貧困家庭に生まれたかどうか、だ。貧困は教育の質、周囲の環境、暴力やトラウマに晒される危険度、医療を受けられるかどうか、に影響を及ぼす。それに、すべての人の貧困の体験が同じだというわけでもない。人種的な不平等と差別、ジェンダーによって他者の世話をすることに対する期待が異なること、慢性的な健康問題、精神疾患、身体的障がい、それから不法滞在、不法就労の移住者や犯罪歴のある人々が直面するさらなる逆境、これらは貧困に陥りやすく、そしてそこから抜け出すのを難しくする要因だ。

しかし、貧困は島のようなものではなく、境界で分けられた地続きの土地のようなものだ。経済の末端部分、特に貧困層と労働者階級の間の曖昧な境界にかけてには、非常に多くの動きが見られる。この経済の境界地帯に住む人々は、労働者階級の人々からできるだけ多くのお金を絞り取ろうとし、また同時に貧困層の人々のための福祉プログラムを削減しようとする、そして専門職を持つ中流階級と富裕層の社会的義務を免除するという政策のなかで、互いに競わされている。この境界地帯には多くの自己非難と仲間に対して向けられた暴力が存在するが、と同時に多くの共有された経験がある。私たちがデジタル上の救貧院を解体するにあたってまず第一に取り組まなくてはならないのは、勝利を得るための政治的連立を打ち立てるべく、貧困層と労働者階級の間に共感と理解を築き上げることだ。

この使命はすでに実行に移され始めているというのは良い知らせだ。過去二〇年間に亘り、アメリカ国内では貧困者に率先された、幅広い層を土台とした包括的な貧困撲滅運動が高まりつつある。例えば、貧者の経済的人権のための行進（Poor People's Economic Human Rights Campaign/PPEHRC）は福祉改革の壊滅的な影響を人々に見てもらうため、一九九八年六月に企画されたニュー・フリーダム・バスツアーから生まれたものだ。ツアーの数カ月後、福祉権運動の活動家シェリー・ホンカラが主導となって、このバスツアーを主催した組織がＰＰＥＨＲＣとなった。ＰＰＥＨＲＣにとって、貧困を定義しなおし、自分自身を貧者だと見なす人々の結束の輪を広げることが「肌の色の違いを超えて貧者を団結させる運動を起こしていく」というその目標の中心に据えられている。

もし一九四八年の世界人権宣言が保障する経済的権利――医療、住居、生活賃金を得る仕事、そして質の高い教育を含む――を一つでも欠いているなら、ＰＰＥＨＲＣはその人を貧者の一人と見なす。この再定義の仕方は戦術的だ。貧困者と労働者階級の人々がお互いに相手の経験のなかに自分自身が投影されていると気づくことを促そうとしている。組織はテント村を造営したり、立ち退きなどにより打ち捨てられた家を「人権の家」として占拠することから、抗議のための行進を主催したり、経済的人権の侵害のケースを記録するなど、幅広い戦術を使って活動している。しかし彼らの活動の中心は、ストーリーテリング［訳注：話を語り伝えていくこと］である。

例えば、二〇一三年、ＰＰＥＨＲＣはフィラデルフィア州にて貧困についての世界女性裁判を行った。

世界女性裁判とは、私たちの基本的な人権の侵害を含む、女性に対する暴力に注意を喚起することを目的とした公聴会である。普通の人々が幾日にもわたって証言を行うことができる機会を設け、陪審団がそれに耳を傾け、考察し、政府や企業が行ったことが人権侵害の罪にあたるかどうかの証拠を集める。

三日間にわたり、およそ一〇〇人の東部の州からの出席者がその場を共有し、それぞれのストーリーを語った。「ここは目に見えない存在にされていた人々、私たちの前から姿を消されていた人々、自分は無価値だと思わされていた人々の話を聞く神聖な場所です」。第一日目にホンカラはそう言った。「声を上げないように、姿を隠しているようにと言われてきた人々の声を聞くことは非常に意味のあることですし、この活動を成功させ、続けるためにも重要なことです。それはただ単に良い行いではありません。単に道徳的に正しいことでもありません。それは勝利のために必要なこと、物事を変えるために必要なことです。世界を変えるために必要なことなのです」。

このような持続的、実践的な共感は私たちの経験や人生で与えられる機会における実際の違いを曖昧にすることなく、私たちの考え方を「私たちを／彼らを」というものから「私たちは」という考え方に変える助けになるだろう。自分たちの共通の苦難を認識するときに湧き上がる正当な怒りは世界を揺るがすような、従来の構造をひっくり返すような、先見的な力だ。

ＰＰＥＨＲＣの活動に近年加ったのは新しい貧者の行進（New Poor People's Campaign）という団体だ。宗教あるいは公民権、経済的正義の活動家たちやオーガナイザーたちの連立団体で、貧困と人種差別主義が生じさせる大規模な人的被害や抑圧を訴えることを活動の主旨としている。ＰＰＥＨＲＣのように、真実和解委員会（Truth Commissions）を通したストーリーテリングが彼らの戦略の要だ。

しかし、正義の実現にはストーリーテリング以上のものを必要とする。現体制を打ち壊すには草の根運動による力を動員させることが必要だ。今日の貧困者たちの運動は、五〇年前の貧者の行進と同じように真に人種と階級の枠を越えた、貧困者たちが自らの主導により進める運動を構築しようと苦闘している。貧困層と労働者階級の人々の手のみで運営を行う組織は、援助資金がなかなか集まらないという他の組織には見られない困難に見舞われる。その理由は、貧困者にお金の管理はできないと見なす財団がほとんどだからだ。貧困層や労働者階級の人々は専門職を持った中流階級の活動家を含む、進歩派の連立のなかでは末端に押しやられることが多い。というのは、彼らの言葉遣いや行動が必ずしも運動の思想面での支配的な規範に適合するとは限らないからだ。彼らの行動や方針の提案が主要メディアで取り上げられることは非常に少ない。反対に、専門職を持った中流階級が貧困者の代理として主宰する組織は資金や、進歩派の支持者、大衆の注目を成功裡に得ることができている。しかしそれらの組織は貧困層や労働者階級のコミュニティの実地的な分析や彼らの無尽蔵のエネルギーからは切り離されていることが多い。

　一九六八年二月、キング牧師と南部キリスト教指導者会議のメンバーたちは彼らの要求する経済的、社会的権利を記した権利章典とはどんなものかを明記した、ジョンソン大統領と議会に宛てた手紙を作成した。「私たちは慈善を求めに来たのではない」とその手紙には記されている。「私たちは正義を求める。［中略］私たちは黒人の男性と女性として、そして黒人の男性と女性を代表して述べている。しかし私たちが主張する権利は私たちだけに当てはまるものではない。それらはこの国が宣言したにもかかわらず、保障が実現されなかった［中略］すべての人間の権利である」。そして、彼らはすべてのアメリカ人が［訳注：独立宣言で約束された］生命、自由、及び幸福の追求を獲得するために必要な六つの基本的な人権を挙げた。それらは次の六つである。

一、すべての就労可能な国民がきちんとした仕事を得る権利
二、すべての国民が最低限の収入を保障される権利
三、まともな住居と住む地域を選択する自由を保障される権利
四、適正な教育を受けることのできる権利
五、意思決定のプロセスに参加する権利
六、医療において現代医学の最大限の恩恵を受けることができる権利

彼らの遠大な計画のための資金を得るため、南部キリスト教指導者会議はジョンソン政権にベトナムからの即時の撤退、手頃な住居を建設するため、国民総生産の三パーセントを割いた国内向けのマーシャル・プランを作ること、何百万という貧しい若者たちが高等教育や職業訓練を受けることを助ける平時の復員兵援護法を成立させることを要求した。

「これらの権利が保障されることにより」と彼らは結びに述べた。「アメリカ合衆国は独立宣言の発布の二〇〇周年までに、果たせなかったアメリカン・ドリームの完遂に向けて大きな躍進を遂げることができるだろう」。支持者への手紙のなかで、キングは、貧者の行進は、アメリカの「建設的、民主的な変化へと向かおうとする良心」を掻き立てる「最後のチャンス」だと警告していた。[3]

それとは裏腹に、一九七六年にはデジタル上の救貧院が出現し、貧困家庭の権利を制限しようとする運動がこの国を飲み込んでいった。より制限的な規則とより速い処理能力、人間の裁量が入り込む余地が狭められたこと、そしてより徹底した監視はすでに適正ではなかった社会のセーフティネットをズタ

ズタに切り裂いた。議会はベトナム戦争の経費を理由に貧困撲滅運動のプログラムの削減を正当化していった。貧者の行進を通して求められていた平時の復員兵援護法、公共サービス関連の仕事、最低限の収入の保障などが実現されることはなかった。

今日においてなお、これらの目標は時に救いようがないほど私たちの手の届かない彼方にあるように感じられる。だが、もし私たちが真剣にデジタル上の救貧院を打ち壊そうとするなら――そして貧困を終わらせようとするなら――この五〇年前の要求リストから始めるのも悪い考えではない。充分な数のまともな収入を得られる雇用先を生み出すことは、労働者階級の人々――そして専門職を持った中流階級の人々も――が貧困線の下、そしてデジタル上の救貧院の一番目の細かい巣の部分へと落下してしまった際に、公共プログラムを繰り返し利用する状況の多くを無くすことになるだろう。しかし、キャスリン・J・エディンとH・ルーク・シェファーが『一日二ドル：アメリカで無に等しい生活費で生活する』(*$2.00 a Day: Living on Almost Nothing in America*) で指摘するように、雇用がすべての人にとって解決になるとは限らない。「私たちには一時的に衝撃緩和材として現金が支給されるプログラムが必要だ」と彼らは書いている。「私たちがどのような方策を講じようとも、仕事は〔中略〕時に上手くいかなくなることもあるからだ」。[4]

自動化の波がこれからどんどん仕事をなくしていくという恐怖に直面し、現金補助プランや、ユニバーサル・ベーシックインカム（基本所得保障／UBI）というアイデアが再び復活してきている。UBIに関する実験は現在、フィンランドや、カナダのオンタリオ州で行われている。二〇一七年五月、ハワイ州は「すべての家庭は〔中略〕基本的な経済的保障を受ける権利がある」と謳った議案を採択し、U

ＢＩの制定に向けて模索し始めた。フェイスブックのＣＥＯであるマーク・ザッカーバーグや自動車会社テスラの創業者、イーロン・マスクなど、ハイテク事業の起業家たちもＵＢＩがすべての人が革新的なアイデアを試したり、導入したりすることを可能にする援助システムだと考えている。

ＵＢＩのプランは通常、年に八〇〇〇ドルから一万二〇〇〇ドルを提供するものだ。原則的に、ＵＢＩは真の意味で万人のためのもの――すべての国民に与えられる――なのだが、政治的な実践の上では、適切な収入を保障するプログラムは、失業者や最低限の収入のラインに満たなかった人々に与えられる傾向がある。ＵＢＩは無条件に現金を支給するのだ。つまり、ＵＢＩの支給を受ける人は、仕事もできるし、給付金を遣おうが、貯めようが好きにできるのである。政治的なイデオロギーの差異を越えたＵＢＩの支持者たちは、ＵＢＩが賃金の伸び悩みを埋め合わせ、福祉の官僚的な仕事を縮小させ、人々を経済ショックから保護し、低賃金で働く労働者の補助的収入となると説く。ＵＢＩはまた、基本的な人間の尊厳の保持を可能にする。麻薬検査や、子供の養育法についての詳細な調査を受けたり、経済状態の動向を監視されることもない。無条件の現金給付は、どのようにお金を使うか、どのように家族を養うか、最善の方法を知っているのは彼ら貧困層や労働者階級の人々自身だと認めることを意味する。

しかし、福祉権運動の活動家たちが彼らの提案する適正収入保障プランがニクソン大統領の家族援助プログラムと対峙した時に学んだように、ＵＢＩはすべてを解決する万能薬ではない。それは貧困層と労働者階級の人々に政治的、社会的にそして労働力としても除外されることを受け入れさせるための賄賂と判断される場合もある。これらの保障設定額は通常非常に低く、低賃金の仕事と組み合わせたとしても次の世代に繋げることのできる経済的安定を築くことは難しい。他の人々の賃金を低くしたり、企業が今まで以上に不安定で搾取的な雇用形態を設定することを助長するかもしれない。ＵＢＩは社会福祉国家の大規模な代替システム、あるいは民営化だと捉えられ、公営住宅、医療、栄養補助、児童保育、職業訓練のプログラムにアクセスすることをより難しくするとする見方もある。

しかしながら、ＵＢＩはデジタル上の救貧院を解体する大きな第一歩になるかもしれない。医療保険詐欺を見つけなければならないことも、援助に相応しくない人々を遠ざけようとすることも、制裁の対象となるような違反項目を作り出すことも、少ない援助しか許されない環境でトリアージを行うこともすべて必要なくなれば、時間、資金、そして人間の潜在能力を無駄にする、過度に精巧なテクノロジーのインフラという、デジタル上の救貧院の懲罰的な機構のありのままの姿が見えてくるだろう。

また、公的扶助の懲罰性を減らし、より寛容なものにすれば、私が説明したホームレス・サービスと児童保護サービスにおける多くの問題は改善されるだろう。ロサンゼルス・タイムズ紙のゲイル・ホランドによれば、ロサンゼルス郡の公的扶助に頼る人々のうち福祉援助が適切なものでなく、また支給を受け続けることが困難だという理由から、毎月一万三〇〇〇人がホームレス状態に陥っているという。[5]経済的な危機を救う緩和策として給付金が保障されれば、虐待よりも育児放棄に起因する、毎年二六〇〇万件の児童の不当な扱いのケースはおそらく解消されることになるだろう。

マーティン・ルーサー・キング・ジュニアを含む多くのＵＢＩの提唱者は保障された収入は活発な社会福祉国家の代わりになるものではないと主張してきた。懲罰的でない現金援助のシステムはデジタル上の救貧院の解体を促すかもしれないが、貧困を終わらせるものではない。

貧困の文化的理解と貧困への政治的対応を変えることは困難な、長期的な仕事だ。テクノロジーの発達が私たちの新しいストーリーと構想が固まるのを待つためにその発達の速度を遅らせることはあり得ない。その間、私たちは被害を最低限で抑えられるように根本的なテクノロジーのデザインの原則を作り出す必要がある。

講義や会議、会合などで、私はその設計や開発がもたらす経済的、社会的影響についての意見交換をエンジニアやデータ科学者から求められる。私がよく彼らに、以下の二つの質問に答えることで簡単な「再検討」を行うことを勧めている。

そのツールは貧困者の自己決定と行為主体性を助長するだろうか？

そのツールは貧困者ではない人々を対象とした時に、許容されるだろうか？

この本で紹介してきたツールのなかでこの慎ましい基準をクリアできるものは一つもない。私たちはもっと多くを要求すべきだ。

アメリカの貧困に対する新しい捉え方と政治環境を創造しながら、私たちはデジタル上の救貧院を打ち壊していかなくてはならない。そのためには想像を働かせ、全く違う種類の問いを自分たちに問いかけなくてはならないだろう。貧困層と労働者階級の人々が彼ら自身のやり方で必要に合わせて援助が利用できることを促進する目的のために、データベースシステムはどのように運用されるべきだろうか？

貧困者やその家族や地域内の人々を限りない価値と想像力に富む人々と見る意思決定のシステムとは一体どんなものだろうか？　私たちの技能も研鑽していく必要がある。人権を保護し、人間の才能を伸ばすハイテクツールの開発は、そういう機能を持たないものよりも一段と難しいからである。

次に述べる、弊害をもたらさないための原則を、新たな時代のデータ科学者、システムエンジニア、ハッカーたちのヒポクラテスの誓い［訳注：医師の倫理や責務などについての宣誓文］の原案として考えてもらいたい。

【ビッグデータ時代における危害を防ぐための誓約】

・私は以下の盟約を果たすために自己の能力の許す最善の努力をすることを誓います。
・私はすべての人間がそれぞれの人生を司る能力があると理解し、その人格と叡智を尊重し、私の持つ知識のすべての恩恵を進んで彼らと分かち合います。
・私は自分の技能と資源を、人間にとっての障壁ではなく人間の持つ可能性への架け橋を建設するために使います。私は援助とそれを必要とする人々の間の障害を取り除くためのツールを作り出します。
・私は、私のテクノロジーに関する知識を、歴史上繰り返されてきた人種差別主義、階級主義、障がい者差別、性差別、同性愛者差別、外国人差別、トランスジェンダーの人々に対する差別、宗教に対する不寛容さ、その他のあらゆる形の弾圧により作られてきた不利な状況を助長するために使うことはありません。
・私はこれまでの歴史を心に留めてシステムの設計を行います。四世紀の長きに亘る、貧困者を罰してきたパターンを無視することは、公正さと善意が最初から存在すると仮定された場合に起きる、「意図しない」にしても、まったく予期可能な結果を招くことに加担することを意味します。
・私はデータのためではなく、人々の必要とするもののためシステムを統合します。私は至るところに目を光らせる監視を容易にするためではなく、人間の必要を満たすためのメカニズムとしてシステムの統合を選択します。

・私はデータの収集を、データの利得となるために行わず、ただ自分がそうできるからという理由でのデータの保管もしません。
・インフォームド・コンセント［訳注：状況を説明の上、相手の同意を得ること］と設計上の便宜が相反する事態には、常にインフォームド・コンセントを優先させます。
・私は、現在保障されている貧困者の法的権利を覆すようなデータベースシステムを設計しません。
・私は、私が設計するテクノロジーがデータポイント、確率、パターンではなく、人間を対象とすることを心に留めます。

デジタル上の救貧院が人々を孤立させ、彼らに汚名を着せることにより、私たち共通の大望の価値を下げてしまうこともあり得る。しかし、その反対の効果も起こり得る。ハイテクツールが偏在することにより私たちの苦難、希望、夢がそれぞれどのように繋がっているかが見えてくるのだ。インディアナ州で自動化の実験が福祉扶助の受給者、州のケースワーカー、非営利団体、そして地域の行政府を等しく蝕んだ時に起こったように、通常ではなかなか考えられない者同士の同盟が生まれる場合もある。張り巡らされた蜘蛛の巣が私たちを引き寄せる場合もある。しかしそれは偶然には起こらない。キング牧師が私たちに諭したように、「人間の進歩は必然的にどんどん起こるものでは決してない」[6]。デジタル上の救貧院には組織化した、目に見える抵抗によって対抗しなくてはならない。

過去一〇年間の間に、私たちにもっとも活力を与えるような複数の社会運動が階級主義と貧困に取り組み始めているが、運動員たちはまだ、デジタル上の救貧院の持つ、経済的な暴力を永続させる役割を認識してはいない。

ウォール街占拠運動（Occupy Wall Street）は人口の一パーセントに見られる異様な富の拡張に非常に意義深い注意を向けさせた。しかしその残りの九九パーセントの人々の間で人生で与えられる機会には、専門職を持つ中流階級と、労働者階級、貧困層の人々との間では真の違いが存在することを曖昧にしてしまった。この運動は最低限の賃金を上げ、さらに債務に対する許容度を上げる契機を作ったが、公共サービスに関しては大体において触れられることはなかった。ホームレスの人々が占拠運動の一翼を担うことがしばしばあったが、運動はリーダーシップと、抗議の趣旨の中心軸が定まらずに難航した。

ブラック・ライブズ・マター（Black Lives Matter）運動の核心である、すべての黒人の生命の尊さの肯定は、階級間の分裂を繋ぎ合わせ、通常では見られないほどの幅広い層の人々を立ち上がらせた。彼らは警察の残虐行為に抗議し、大量に行われる収監を終わらせ、強固で愛情に満ちたコミュニティを築くために立ち上がったのだった。この運動の創始者、アリシア・ガーザ、オーパル・トメティ、パトリス・カラーズはこの運動が警察の暴力だけではなく、すべての国家暴力を非難するものだと明確にしている。賠償の基盤として、ムーヴメント・フォー・ブラック・ライブズ（Movement for Black Lives：黒人の生命、生活、人生のための運動）――ブラック・ライブズ・マター・ネットワークを含む五〇もの組織の共同体である――はすべての黒人の人々に生活できる最低限の収入が無条件に保障されることを要求している。

しかし、ブラック・ライブズ・マター運動の包括的な視野にもかかわらず、世間の関心をもっとも引いたのは刑事司法制度による黒人の身体、精神、魂に対する暴力に焦点を絞った介入だった。公的扶助、ホームレスサービス、児童保護サービスにおける、それに類似する残忍で非人間的な監視も私たちが社会正義を達成させるための課題の中心に据えられて当然である。私の同僚であり、ストップ・ＬＡ

PD・スパイング・コーリション（Stop LAPD Spying Coalition：ロサンゼルス市警察がスパイ行為を行うのを阻止する会）を主宰するマリエラ・サバがいつも私に思い出させてくれるように、徽章（バッジ）に向ける注意を怠らないことが肝要だ。しかし、治安維持という思考様式には多くの異なる制服が関与している。国家が人を殺すには必ずしも警官を必要としない。

デジタル上の救貧院は人々の命を奪う。その被害者の大部分は女性、子供、精神障がいを抱えた人々、障がい者、高齢者だ。多くは非白人の貧困層、労働者階級の人々だ。その他、貧困層、労働者階級の白人の人々も多い。デジタル上の救貧院の問題に取り組むことは、進歩的な社会運動の注目を「警察」から取締りのプロセスへと移す手助けになる。

取締りは法の執行よりも幅広い意味を持つ。私たちの秩序を保ち、人々の生活を統制し、この不公平な社会に適合するように人々を型にはめるすべてのプロセスが含まれる。郡立の救貧院は超法規的な施設であり、有罪だと認められた人たちではない人々を収容するための施設として建設された。科学的慈善運動は貧困層と労働者階級の人々を二世代にわたって取締り、無残な結果を生んだ。今日、デジタル上の救貧院は推察や予測を行うため、すなわち、まだ起こってもいないことを取締るためにハイテクツールを使う。

もっとも悲観的な思いに駆られる時、私は、デジタル上の救貧院が牢獄という物理的な施設を必要としなくなるまさにその歴史的瞬間に、私たちは、大量に行われている収監に対する戦いに勝利を収めようとしているのではないかという恐怖に襲われる。すでに複数の企業が塀のないデジタル上の刑事施設国家を作り上げることで大幅な経費削減ができる可能性に期待を寄せている。例えば、二〇一二年に作成されたデロイト・トウシュ・トーマツによる、「崩壊する公共セクター」(*Public Sector, Disrupted*)と題された報告書は「電子機器を使いモニターすることで刑事司法を変貌させる」ことを、行政サービスにおける「破壊的イノベーションを起こす機会」だと見ている。

この考えは図形で表すとよく分かる。図の左側には牢屋の格子の後ろに丸と線で描かれた一人の人間が立っている。真ん中には等号(=)が描かれている。その右側には、電子デバイスを付けた足輪を科された五人と半身の、丸と線で描かれた人間がいる。デジタル上の救貧院の暴力は警察の残虐行為に比べ、直接的ではなく、行われているところも見えにくい。しかし私たちはその道徳的説明を使った分類に抵抗しなくてはならない。デジタル上の救貧院がそれぞれの歴史や前後関係、機構を消そうとする動きに抵抗しなくてはならない。

デジタル上の救貧院の暴力を暴くには、大変な勇気が必要だ。貧困層と労働者階級の人々はお互いの共通点を認め、お互いの差異の上に揺るぎない連帯を築き、自分たちの経験のなかの真実に忠実にならなくてはならない。長年の間、人種は私達を隔てる要因の中心にあり続けてきた。だからこそ、まず最初にやるべきなのは貧しい人々の運動の反人種差別的な性質を拡張し、育むことだ。同様に重要なことは、多くの進歩的な組織の根深い階級主義に立ち向かうことだ。真の革命は人々のいるところから始まる。まずは人々が基本的かつ物質的に必要とするもの、すなわち安全、住まい、健康、食料、そして家族に関わるところが出発点となる。そしてその革命は貧困層と労働者階級の人々の深い知識、強さ、そしてリーダーシップをとる能力を高く評価するものになるだろう。

同時に、専門職を持った中流階級と富裕層の人々は経済的な不公正が招く多大な困難を認識し、自分たちの責任を認め、より公正な世界を作るにあたっての自分たちの役割を見直さなければならない。これは専門的な知識、ツール、時間そしてお金という計り知れない資源を持つテクノロジーの専門家たちにとっては二重に真実だ。その構築においては意図のない参加者だったかもしれないが、デジタル上の救貧院を解体するため、彼らは自分たちのツールを変化させなくてはならない。

一九六八年三月三一日の説教のなかで、マーティン・ルーサー・キング・ジュニア牧師は「貧困に対する戦いにおいて良心的な反対者となる人［々］」に道徳的な報いがあると呼びかけた。そのよく響く声で、彼はアメリカの首都に立ち、厳かに話した。

これがアメリカに突き付けられている問いである。結局、偉大な国とは思いやりを持った国だ。アメリカはいまだ貧困者に対するその義務と責任を果たしていない。いつか、我々は歴史の神の前に立ち、我々が何をしたかを話さなければならなくなる。もちろん、我々は海を跨ぐ壮大な橋を架け、空に届くような巨大な建物を建て、そして海の底まで潜る潜水艦を作ったと言うことができるだろう。我々の科学とテクノロジーの力で、我々は他の多くの物をこの世に生み出してきた。

歴史の神がこう言うのが聞こえるようだ。「それでは不足だ！　私が空腹の時、汝は糧を与えてくれなかった。私が着る服を持たなかった時、汝は服を恵んでくれなかった。私がきちんとした衛生的な家を持たなかった時、汝は住まいを与えてくれなかった。そのため、汝は神の御国に入ることはできない。私の兄弟であるこれらのもっとも小さい者の一人にしたのは、すなわち、私にしたのである［訳注：私の兄弟である〜は、マタイによる福音書二五章四〇節］」。これが今日、アメリカに突き付けられている問いだ。

五〇年後の今、キングのこの問いは一層差し迫ったものになっている。彼は自身が称賛したテクノロジーの奇跡そのものが貧困者の不利になるように使われることは予見しなかった。私たちの倫理的な進化はいまだに私たちのテクノロジー革命に遅れをとっている。しかしより重要なことは、アメリカがキングのもっとも重要な課題——人種差別主義を崩壊させ、貧困を終わらせる——に対処しなかったため、デジタル革命は私たちのなおも不公正な世界の形に合わせるために歪んでしまったことだ。

私たちもまた、正義の眼の前に立って自分たちが何をしたかを話さなければならない時が来る。私たちは人間のように会話をするインターネットボットをプログラムした。私たちは自動運転をする車も開発した。私たちは警察の職権の濫用を記録し、抗議運動のために人を結集させることを可能にするアプリさえ手にしている。

歴史の神はまだこう言うだろう。「それでは不足だ!」と。

# 謝辞

この本の核心となっているのはインディアナ州、ロサンゼルス、アレゲニー郡において、それぞれデジタル上の救貧院に囚われた人々のストーリーである。自分たちの体験を語ることを承諾してくれた人々の多くは、非常に大きなリスクを冒して自らのストーリーを語ってくれた。生死に関わる医療サービスや、食料、住居そして子供の養育権を失う可能性もあったのだ。そして、その体験をもう一度辿ることは、負った傷の痛みをもう一度感じることになる場合も多い。自分たちのストーリーをここで分かち合ってくれたすべての人々の勇気に私は大いに感服する。この本のなかで、彼らに当然与えられるべき尊敬と正確さを持って、彼らの真実が伝えられていることを願っている。

多くの人からフィードバックと励ましを貰ったが、ここで特筆に値する一部の人々に感謝を述べたい。ニック・マテュリスは原稿の一字一句を読み、時には何度も読み返して編集上のすこぶる貴重なフィードバックを与えてくれた。果敢に、そして執拗に文章のなかから辛口過ぎる皮肉を拾い出し、私がこの本の趣旨と核心を失うことなくストーリーをまとめ上げることを助けてくれた。アレシア・ジョーンズは地下鉄のなかや、週末や深夜のわずかな合間を縫ってこの原稿を読んでくれた。彼女がそれらを即座に熱心に読んでくれることは、私が本書を書き続ける間、常により高い水準を目指すことを促してくれた。また彼女の誠実さが、書物が会話と行動の始まりとなり得ることを思い出させてくれた。パトリシア・ストラッチからのフィードバックは惜しみないもので、また同時に洞察的だった。彼女との会話がこの本をより揺るぎないものにしてくれ、彼女の不動の支えが執筆途中の迷いを乗り越えることを助けてくれた。そして、私の書いた文章は、ナディア・ローソンが口に出して読んでくれる時ほど素晴らしく聞こえることはなかった。彼女が私のアーメン・コーナー〔訳注：礼拝中、アーメンと唱えるのを主導する人々がいる教会の一角〕でいてくれて、感謝している。

エイドリアン・ニコール・ルブランクは、私が苦境に追い込まれたその時に手を差し伸べてくれ、この本の制作を辛抱強く支えてくれた。

セント・マーティンズ社の担当編集者、エリザベス・ディセンガードはこの本とその作者の可能性に大きな賭けを張ってくれた。私がこの本を書き始めた時に彼女が寄せてくれた信念と、執筆に苦闘している時に見せてくれた柔軟性、それに、私がこの本を書き上げるのに必要だった断固とした後押しを与えてくれたことに感謝している。その他の、セント・マーティンズ社のチームの人々、ローラ・アッパーソン、アラン・ブラッドショウ、ローリー・フリーバー、サラ・ベックス、そしてダニエル・プリリップ――彼らは最後の推敲の段階まで、あらゆる手段でこの本がなり得る最高の状態に行き着くまで努力してくれた。

私のエージェント、サム・ストロフは非の打ちどころがないほど快く、すべての手順を通常とは逆に行うことを承諾してくれた。彼自身も啓蒙家で、また頼りがいのある味方であり観察力に富んだ読者、そして心を許せる友人でもある。

私のファクト・チェッカーであるステファニー・マクフィータースは、まるで目の細かい櫛のような眼力で私が認めるのが些か厭わしいほど頻繁に間違いを見つけてくれたヒーローだった。

ニーナ・ボールドウィン、キャロル・ユーバンクス、ジュリー・ノヴコフ、メリッサ・ソーン、そしてニューヨーク州スカティコークのダイヴァー・ライブラリー・ライターズ・グループは原稿の余白が埋まるほどの見識を与えてくれ、また私の心を勇気で満たしてくれた。ジェシー・スタイルズ、オリヴィア・ロビンソン、ローレン・アレン、リッチ・ペルはピッツバーグでの滞在の間、私を温かく迎え入れてくれた。

原稿の執筆の間中、アワ・データ・ボディーズ（Our Data Bodies）のチームのシータ・ペーニャ・ガンガーダラン、タミカ・ルイス、タワナ・ベティ、そしてマリエラ・サバとの継続的な会話は私にとって慈しむべきものだった。彼女たちの使命感、ユーモア、洞察力は私がどんな人間になりたいか、何を成し遂げたいかという目標を絶えず高めてくれた。

この本は新米国研究機構（New America）のフォード・アカデミック・フェローシップ（Ford Academic Fellowship）の支援なしには書けなかった。その奨励金でインディアナ州、ロサンゼルス、アレゲニー郡での調査のかなりの部分を賄うことができた。アンドレス・マルティネスとピーター・バーゲンには特に御礼を述べたい。加えて、二〇一五年度の新米国研究機構の研究員とスタッフの方々、特にモニカ・ポッツ、アンドレア・エリオット、ファズ・ホーガン、ベッキー・シェイファー、クリステン・バーグ、レイチェル・ブラック、アレタ・スプレーグ、ベッキー・シェイファー、エリザベス・ワインガートン、アンドリュー・ボールデン、クリストファー・レナード、グレタ・バイラム、アンディ・ガン、ライアン・ギャレティー、そしてジョシュ・ブライトバートは私の大事な助言者であり仲間だった。新米国研究機構のTDM部門（Talent Development and Management Department）、なかでもリサ・ワトソン、ファニー・マッキーセンは私の家族が深刻な事態に陥った時に助けの手を差し伸べてくれた。それに対する感謝を忘れることはないだろう。

本書の執筆はまた、ちょうど重要な時期に得た、著述研究に与えられる二つの助成金にも助けられた。ハリエット・バーロウ、ベン・ストレーダー、ゾハー・ギトリス、そしてブルー・マウンテン・センターのその他すべてのスタッフと支援者にも感謝する。同期の研究員たち、特にアンドレア・クイハーダ、モニカ・ハルナンデス、キャスリーン・サットクリフ、そしてマリン・ワッツは、ジェイソンが襲われ、私が途方に暮れている時に力になってくれた。感謝を表したい。

ケリー・インスティテュート・フォー・グローバル・グッド（Carey Institute for Global Good）からはローガン・ノンフィクション・フェローシップ（Logan Nonfiction Fellowship）を支給され、それは困難な時期に小休止を得て、また研究に集中することを可能にしてくれた。ティム・ウィーナーにはまだ未完成だった原稿に対し、慧眼的見識と寛大でかつ重要な批評を戴き、御礼を述べたい。キャロル・アッシュ、ギャレス・クロフォード、ジョシュ・フリードマンはこの素晴らしい研究助成制度の提供する支援とその運営に大いに寄与している。タミー・クックとジョン・マレー、そして円滑に活動が行われるために貢献しているその他のスタッフにも御礼を述べたい。

私の勤め先であるニューヨーク州立大学オールバニー校（University at Albany, State University of New York/SUNY）にも感謝している。過去一二年にわたり、その女性学、ジェンダーとセクシュアリティ研究科の私の教え子たちと同僚は、私にとって活気に溢れる、やりがいのある研究環境を提供してくれた。また政治学科の同僚たちは、本書の制作を進展させる柔軟性と援助を提供してくれた。

最後に、私のもっとも深い感謝を私のパートナー、ジェイソン・マーティンに捧げたい。この四年間の不安定な紆余曲折、悲惨な出来事、そして再生の旅のなかで、彼は類まれな寛大さと正直さ、勇気を見せてくれた。自分自身が苦難に呑まれそうな時に、どういう方法でか、私を強く支え続けてくれたのは彼だ。ジェイソン、地獄を共に歩くなら、私が選ぶパートナーは貴方以外にいない。

# 解説

国際ジャーナリスト　堤未果

「待ちの姿勢だった行政サービスは、生まれ変わります。困難を抱える人を行政側が見つけ出し確実に支援を届ける、それを可能にするのがデジタル化なのです」

こんな明るい謳い文句が、自治体議員のホームページに並ぶ。縦割り行政の無駄をなくし効率化すれば、必要な場所に必要な支援が届くはずだという。アルゴリズムが、社会の片隅の声なき声をすくい上げ、誰も取りこぼさない、より人間的な社会を作り出してくれる、まさに革命的なツールなのだ、と。

だが本当にそうだろうか。

「これは革命ではなく、過去からの続きにすぎないのです」

政策アルゴリズム、予測リスクモデル、データマイニングが、米国の貧困層や困窮する労働者階級に与える影響を体系的に調査してきたヴァージニア・ユーバンクス准教授が鳴らすのは、浅はかなデジタル万能論と現実との乖離がもたらす危機への警鐘だ。

効率化を掲げて導入されたデジタル化政策によって、現場では一体何が起こったか。

インディアナ州では電子化された州のシステムが、食料配給切符や現金給付、低所得者用医療保険への申請書を処理している。僅かな誤りを見つけるや否や、申請書を自動的に却下するコンピューターのおかげで、事務処理にかかる時間は大幅に短縮されたものの、一〇〇万人が給付を受けられなくなった。ロサンジェルスでは五万八千人のホームレスのうち、限られた公共施設に誰が入居できるかを、アルゴリズムが決定する。移動追跡や交友関係、あらゆる個人情報が監視されるこのシステムに、人権侵害ではと疑問を表明した男性は、路上生活を抜け出すチャンスを永遠に失った。

貧しくても真面目に働き、家族仲良く暮らしていた夫婦が、心ない隣人の通報によって子供と暮らす権利を奪われる危機に見舞われたのは、将来子供を虐待する可能性をアルゴリズムが予測する、ピッツバーグの児童保護機関だ。

これらの事例が示すのは、デジタルという新しいツールを動かす側の持つ、「貧困とは何か」という前提が、一九世紀のまま変わっていないという現実だろう。

一八〇〇年代のアメリカで、「救貧院」はその名前とは裏腹に、貧者を閉じ込める刑務所同然だった。劣悪な環境にすることで、身分不相応な人間が不正に援助を受けるのを防ぐという、はっきりとした政治的意図があったからだ。困窮者に手を差し伸べることは、社会は助け合いで成り立っているという「共生」を基盤にした制度ではなく、特権階級による「施し」に過ぎなかった。

その思想は時と共に強化され、一九世紀後半には「科学的慈善事業」の名のもとに、施しを受ける側のデータを収集し、仕分け、選別するという、システマティックな方法論に移行する。

だが六〇年代から七〇年代にかけての福祉権運動は、これに対しノーを突きつけた。ニューヨーク市がデジタル化を導入した年、八千人の福祉ケースワーカーが、自らの待遇改善でなく困窮者への給付を手厚くするためにストライキを起こした。公的援助を断たれた受給者が勝訴した裁判で、福祉とは「施し」ではなく、憲法で保障された個人の正当な「権利」だとする最高裁の判決は、絶望的に貧富の差が拡大した今日のアメリカにとって、輝ける歴史の一幕だろう。

だがその後八〇年代になって、自己責任論を中心とした〈新自由主義〉の波が、米国社会全体を飲み込み、世界中に拡がってゆく。かつて社会問題化された「救貧院」の優生思想が、デジタルという新しい技術によって再び息を吹き返し始めているというユーバンクスの警告は、米国の後を追い新自由主義政策を続けてきた日本にとって、もはや他人事ではない。

取り締まられるべき貧困地域、公共サービスをうけるべき家庭、不正行為を行う高リスクから、厳重監視すべき人々。彼らのデータを分析し、その答をスピーディに弾き出すアルゴリズムが鏡のように映し出す、設計する側の「新自由主義的優生思想」が、見えるだろうか?

私たちが気付かされるのは、歴史を紐解くことの重要性だ。新しい技術に目が眩み、今を形作ってきた過去を振り返ることをしなければ、今の日本で苦しい状況に置かれている、貧困層やシングルマザー、障害者や外国人、性的マイノリティやホームレス等、当たり前の権利から最も遠い場所にいる人々に、性悪説に基づいたデジタル監視を強制し、今よりずっと過酷な状況に追いやってしまう事になるだろう。困窮者に寄り添うはずの福祉現場の職員が、できるだけ短い時間の中でデータが示す事実のみ捌く調査員になり下がることで、社会から失われるものとは何か。

テクノロジーが加速する今、問われているのはその根底にある人間の価値観なのだという、ユーバンクス氏の貴い問題提起と、二〇二一年九月に日本で「デジタル庁」が発足するタイミングでこの翻訳書を日本に出した人文書院の英断には、心からの感謝を捧げたい。

テクノロジーは魔法ではなく、常に政治的意図が動かしている。そして私たち市民の意思によって、未来のギアはいつだって入れ直すことができるのだ。

# 訳者あとがき

本書は、Virginia Eubanks, *Automating Inequality : How High-Tech Tools Profile, Police, and Punish The Poor*, St. Martin's Press, 2018 の全訳である。直訳すれば「不平等の自動化――ハイテクツールがどのように貧困者をプロファイルし、取締り、処罰するか」であるが、日本語タイトルは『格差の自動化――デジタル化がどのように貧困者をプロファイルし、取締り、処罰するか』とした。

この本の翻訳にあたっていたのは、ちょうどコロナウィルスが世界を席巻した時期と重なっていた。世界中の国々が未曾有の医療、経済危機に見舞われ在宅ワークやインターネットショッピングなどがますます日常生活の一部となり、人と人とのコミュニケーションさえもコンピューターに頼ることを余儀なくされた日々のなかで、本書の一文一文を訳しながら著者の訴えの重みがなおさらずっしりとこたえた。またアメリカのニュースなどで、コロナで入院し回復したものの、退院後何千ドルという莫大な医療費が請求されたケースなどを見聞きするにつけ、日本の保険制度の有り難みが身に沁みた。

アメリカに住んでいた時、一番の頭痛の種だったのは、なんと言っても医療費の高さだった。毎月の保険料もバカにならず、たとえ保険に入っていたとしても、（もちろん保険のプランや治療内容によって異なるが）私の場合は、日本の自費治療とあまり変わらないか、高いものではそれよりも数倍以上の高い医療費を払っていた。それに加え、通常の健康保険のプランは歯科の治療が適用されておらず、歯科治療の保険を希望する場合、その分余分に上乗せされた保険料を払わなくてはならない。自分の契約している保険会社のネットワーク内に属さない医療機関では治療を受けられないし（ちなみに、本書の第三章で言及されているメディケイドを受け付けないという医療機関の数は、私の周りでは非常に多かったと思う）、近年は医院経営専門のコンサルタント会社に経営を依頼するところが多く、コンサルタント会社が変わると同時に今までの保険のネットワークから離れたりして、違う医療機関に転院しなければならないこともあった。保険のプランによってどんな治療がカバーされるかは契約書に明記されていて保険会社のウェブサイトで確認できるというが、治療を受ける前に全部をいちいちチェックできるわけもなく、ある日突然予期しない額の請求書を受け取って、びっくりすることもある。私も、本書の著者と同じように、保険でカバーされるはずの治療費を間違って請求されたり、いつも保険でカバーされていた治療がある月に限って保険会社から突然支払いを却下されたりなどのトラブルに見舞われたが、その後始末は本書の序章で書かれていた経緯とまさしく同じで、その度に本当に辟易した。

未払いの医療費は一定期間が過ぎると集金代行会社に回されるので、医療機関と保険会社と、私の場合、時には医療機関の経営コンサルタント会社も加わって、この三つに繰り返し電話をし、その間をたらい回しにされているうちに一定期間が過ぎ、著者の言う「忌々しいピンクの封筒に入った督促状」が届き始めてしまう。そうなると、電話しなければならない先は四箇所になる。最大のストレスは保険会社や医療機関の経営会社に電話しても、なかなか生身の人間と話せないことだった。長い時では二時間ぐらい、受話器をハンズフリーにして他のことをしながらオペレーターと話せるのを待っていたこともある。経済的に余裕がある人や仕事が忙しい人、また請求された金額が多くなければここで諦める人は多くいるだろうし、それを意図してこのような仕組みにしているのだろうと思った。著者の説明する、公的扶助の申請者を遠ざける仕組みと同じだ。そして幾度も電話してやっと誰かと話せたとしても、相手の言うことけ大体、「コンピューター上ではそうなっている、ここではどうしてそうなったかは分からない、他のところに電話してくれ」の一点張りだった。言葉にすると陳腐に聞こえてしまうかもしれないが、コンピューターの決定を人間が覆すことがこれほどに難しいと思い知らされるのはシュールで空恐ろしい体験だった。

二〇〇二年からアメリカと日本を行ったり来たりしているが、この約二〇年間のアメリカの「小さな政府」を目指す潮流のなかで、福祉に限らず、公教育や、免許や査証、その他の証明書などの公的書類の発行など、日常の生活に関わるありとあらゆる公共事業が次々と民営化、縮小していくのを目の当たりにし、肌で感じてきた（今回、この翻訳の下調べをしていて、福祉専門の経営コンサルタント会社もできていることを知って、改めて驚いた）。オバマケアが辛うじて成立した二〇一〇年、私はちょうどニュージャージー州プリンストンに住んでいた。成立までの経過が連日あらゆる媒体で報道されていたが、その時の共和党の反対は凄まじかったと記憶している。大きな争点の一つが本書の第五章の後半で触れられているような、アメリカとは何なのか、どういう国なのかというイデオロギーだったのが外国人として興味深かった（これに限らず、アメリカ人であるということは、多くの場合、彼らの自負心とアイデンティティーの非常に大切なプラットフォームだと事あるごとに感じる）。オバマケアは個人の自由や自立というアメリカ固有の価値を阻害する、私たちの社会保障に介入するな、というのが反対派の主な言い分で、ちょうど第五章の著者の説明の、「政府の介入からの自由」を求める人々の主張と多分にオーバーラップする。アメリカのこの深刻なイデオロギーの対立は著者の提唱するデジタル上の救貧院の解体に立ちはだかるもっとも高い障壁の一つだろうと思う。

本書の第三章で「ウェルフェア・クィーン」に言及したスピーチが引用されていたロナルド・レーガンは、「The nine most terrifying words in the English language are, "I'm from the government and I'm here to help."（英語の言葉の中でもっとも恐ろしい九つの言葉は、『私は政府の人間です。助けに来ました』だ。）」という有名な言葉を残している。果たして、五年後、一〇年後のアメリカで、この「私は政府の人間です。助けに来ました」というセリフが言える人間は一体どれ位いるのだろうと思うと不安に駆られてしまう。「政府の介入からの自由」、「小さな政府」を求める人々のなかに、レーガンの信奉者は少なくない。私が一時住んでいたヴァージニア州の空港（ワシントンDCの南、有名なアーリントン墓地とペンタゴンのすぐ近くにある）も彼の名前を冠している。余談になるが、コロナ禍の昨今、この「政府の介入からの自由」を求める人々の一部がマスクの着用を強制されることは国家権力による自由の抑圧だと抵抗し、また波紋を広げている。

本書の最終章でも出てきたキング牧師は、「Rarely do we find men who willingly engage in hard, solid thinking. There is an almost universal quest for easy answers and half-baked solutions. Nothing pains some people more than having to think.（すすんで物事について徹底して熟考する人間はなかなかいない。手っ取り早く中途半端な解決策を求めるのは世界一般の人間の常だ。ある人々にとっては思考を強いられるほど苦しいことはないのだ）」と述べている。テクノロジーという利器は、本当に多くの恩恵を現代の私たちに与えてくれている。しかし本書を訳しながら、そのテクノロジーが、熟考の必要な問題を別の問題にすり替え、私たちがそれについての結論を出すために苦しむよりも、「手っ取り早く中途半端な解決策」を選択することを、いかに残酷なまでに容易にしてしまうかを改めて痛感した。本書は、私たちがそのテクノロジーに自分たちの先行きを決める決定権を安易に手渡してしまう前に、もう一度苦痛を伴う熟考をしなくてはならないと促している。

私たち日本人にとっても、本書の著者、ユーバンクス氏が訴えることはもう対岸の火事では済まされないのではないだろうか。アメリカ人がビッグ・テック（Big Tech）と呼ぶ（日本ではＧＡＦＡの呼び名の方が知られているかもしれない）グーグル、アップル、フェイスブック、アマゾンなどの巨大ＩＴ企業はすでに膨大な量の私たちの個人的な、あらゆる情報を収集しており、私たちはそれらの情報がどのように使われているかの全貌を知ることも、もはやそれをコントロールすることも出来ない。例を挙げれば、二〇一六年のアメリカ大統領選挙でトランプ陣営が雇ったイギリスのコンサルタント会社、ケンブリッジ・アナリティカ（Cambridge Analytica）がフェイスブックから吸い上げられたネットワークと膨大な量のデータを利用し、それがトランプ勝利の大きな推進力になったことは多くが知るところとなっている。日本でも、このまま高齢化と少子化が進み、高齢者の医療費と年金が国の経済に重くのしかかってきた時、政策立案者たちの目に、本書で述べられているようなコンピューターシステムやハイテクツールがうってつけの解決策だと映らないという保証はない。それらのシステムやツールは新たに開発を待つまでもなく、もうすでに存在し、稼働している。そして巨大なデータの蓄積も手を伸ばせばすぐそこにあるのだ。それに対する抑止力となるのは、まずは私たち自身の意識と警戒心だろう。コンピューターがさらに人間性の否定を自動化し推し進める危険性に備え、それを防ぐのに役立つ警鐘に、本書がなることを願っている。

今回、本書の訳にあたって、人文書院の編集者、井上裕美氏には訳語の選択や校正などについての助言、さらには作業の進捗についての励まし、スケジュールの変更など、ひとかたならず御世話になった。ここで心からの感謝を申し上げたい。

最後に、翻訳作業の終盤では趣味の料理も打っ遣って連日ひたすらパソコンに向かっていた私の傍らで、約半世紀前のワシントンDCの復活の街の運動者さながら、「ドーナツ、シリアル、ボローニャソーセージとチーズのサンドイッチ」、それにインスタントパスタで凌ぎながら温かく見守ってくれた私の家族に感謝を表したい。明晩あたり、奮発して彼らの好物のスキヤキでも作り、労いとしようかと思っている。

二〇二一年春

ウォルシュあゆみ

4 Edin and Shaefer, 2015: 168.
5 Holland, 2015.
6 King, 1968b.

7　例えば，Baxter 2013 参照。.

8　Vaithianathan, 2016: 35–41.

9　Ibid: 12.

10　Ibid: 15.

11　Collier, 2010.

12　O'Neil, 2016: 21.

13　Rauktis, 2010.

14　Birckhead, 2012.

15　モデルの残りの半分の変数にはその家庭の子供の年齢と数、親の年齢と数、虐待や育児放棄の容疑者の特徴、通報者は誰か、また容疑者の精神衛生状態、そして麻薬の使用の有無が含まれる。

16　U.S. Dept. of Health and Human Services, 2015.

17　マーク・チャーナはモデルの予測変数のすべてが、システムによって否定的に解釈されるわけではないと指摘している。ということは、公共の精神医療サービスの利用が、システムによって肯定的に、子供にとって保護的であると解釈されるかもしれず、それはスコアを上げるというより下げる働きをするということになる。それぞれのファクターのモデルにとっての重要度、また各ファクターと AFST のスコアとの相関関係がそれぞれ否定的、あるいは肯定的なのかが明確になるよう、ヴェイシアナサンとパトナム＝ホーンスティーンに変数の負荷の内容を公開してくれるように頼んだが、残念なことに、それは拒否されるに至った。

## 5

1　Rank, 2004: 102–3.

2　Killgrove, 2015.

3　Ehrenreich, 1989.

4　Cohen, 2016.

5　Gandy, 2009.

6　Gangadharan, 2012.

7　Wong, 2016.

8　Brennan, 1988: 22.

9　O'Neil, 2016: 38.

10　Vaithianathan, 2016.

11　Cohn, 2015.

## 終章

1　Kotz, 1977: 249.

2　Potts, 2014.

3　King, 1968a: 1.

3 Daniels, 2007.
4 Greenhouse, 1990.
5 Corbin, 2009.
6 Kusmer, 2009.
7 Complaint for Damages and Declaratory Relief, *State of Indiana v. International Busi- ness Machines Corporation,* 2006: 22.
8 Finding of Fact, Conclusions of Law, and Judgement for IBM, *State of Indiana v. International Business Machines Corporation*, 2012: 35.
9 Ibid: 4–9.
10 Riecken, 2010: 13A.
11 Higgins, 2009: A1.
12 " 'Welfare Queen' Becomes Issue in Reagan Campaign," 1976.
13 Ernst, 2013.
14 Soss, Fording, and Schram, 2011.
15 Leadership Conference on Civil Rights, 2000.

## 3

1 Boyle, 1947.
2 Lopez, 2005.
3 Irvine, 1939.
4 Posey, nd.
5 Culhane, 2016.
6 OrgCode Consulting Inc. and Community Solutions, 2015: 5–6.
7 Cunningham, 2015: 1.
8 O'Brien, 2008: 693.
9 Ibid.
10 Gustafson, 2009: 669.
11 Blasi, 2008.
12 Lyon, 2003.
13 Gandy, 1993: 1–2.

## 4

1 U.S. Centers for Disease Control and Prevention, nd.
2 The Independent Committee to Review CYS (The Murray Report), 1995: 5.
3 Putnam-Hornstein and Needell, 2011: 2406.
4 Vaithianathan, 2013: 355.
5 Wilson, 2015: 511.
6 TCC Group, 2015: 5.

# 注

## 1

1 State Board of Charities, 1905.
2 Massachusetts General Court Committee on Paupers Laws and Josiah Quincy 1821: 14.
3 Ibid: 10.
4 Katz, 1996.
5 1857年の報告書はニューヨーク州アルスター郡の救貧院の177人の収容者のうち50人がその前年に亡くなっていることを示している。デビッド・ワグナーの著書、『普通の人々』（*Ordinary People*）では「30年近くもの間、［マサチューセッツ州の州立救貧院のある］トゥックスベリーに送られていた何百人という捨て子の、そのほぼ全員が死亡していた」と述べられている。(Wagner, 2008:25)
6 Trattner, 1999: 53–54.
7 *The Washington National Republican,* 1877, quoted in Bellesiles, 2010: 144.
8 Richmond, 1917: 39.
9 Almy, 1910: 31.
10 Priddy from Lombardo, 2008: 128; Buzelle from Trattner, 1999: 100.
11 *274 U.S. 200* (1927), Justia U.S. Supreme Court Center, https://supreme.justia.com/cases/federal/us/274/200/case.html#207. [Accessed July 21, 2017.]
12 Peel, 2007: 133.
13 Nadasen, 2012: 18.
14 Kennedy, 1963.
15 Nadasen, 2012: 12.
16 Ibid: 107.
17 Gilens, 2003: 102.
18 Jackson and Johnson, 1973: 201.
19 Rockefeller, 1959.
20 New York State Department of Social Services, 1975: 1.

## 2

1 Schneider and Ruthhart, 2009.
2 Sedgwick, 2006.

Movement for Black Lives. "Platform: Reparations." https://policy.m4bl.org/reparations/. [Accessed Aug. 1, 2017.]

Potts, Monica. "The Other Americans." *Democracy: A Journal of Ideas* 32 (2014). http://democracyjournal.org/magazine/32/the-other-americans/. [Accessed Aug. 1, 2017.]

## 文　書

公民権運動に参加した活動家についてのオンラインの資料閲覧サービス：http://www.crmvet.org/ は類まれな資料の宝庫だ。私は貧者の行進に関する多くの一次資料をここで見つけた。それには次のものが含まれる。

Martin Luther King. *Statement Announcing Poor People's Campaign*. Dec. 4, 1967.

Martin Luther King. *Letter to Supporters Regarding Poor People's Campaign*. Apr. 1968 (1968a).

SCLC ~ Martin Luther King. *Economic Bill of Rights*. 1968.

Unsigned, assumed to be Dr. King and perhaps others associated with SCLC. *Draft: To the President, Congress, and Supreme Court of the United States*. Feb. 6, 1968.

## 終章　デジタル上の救貧院を打ち壊すには

### 刊行物


Alexander, Karl L., Doris R. Entwisle, and Linda Steffel Olson. *The Long Shadow: Family Background, Disadvantaged Urban Youth, and the Transition to Adulthood*. American Sociological Association, Rose Series in Sociology. New York: Russell Sage Foundation, 2014.

Deloitte Touche. *Public Sector, Disrupted: How Disruptive Innovation Can Help Government Achieve More for Less*. 2012. https://www2.deloitte.com/content/dam/Deloitte/global/Documents/Public-Sector/dttl-ps-publicsectordisrupted-08082013.pdf. [Accessed Aug. 1, 2017.]

Edin, Kathryn J., and H. Luke Shaefer. *$2.00 a Day: Living on Almost Nothing in America*. Boston: Houghton Mifflin Harcourt, 2015. Garza, Alicia. "A Herstory of the #Blacklivesmatter Movement." http://blacklivesmatter.com/herstory/. [Accessed June 28, 2017.]

Gillespie, Sarah. "Mark Zuckerberg Supports Universal Basic Income. What Is It?" *CNN Money*, May 26, 2017. http://money.cnn.com/2017/05/26/news/economy/mark-zuckerberg-universal-basic-income/index.html. [Accessed June 28, 2017.]

Hiltzik, Michael. "Conservatives, Liberals, Techies, and Social Activists All Love Universal Basic Income: Has Its Time Come?" *Los Angeles Times*, June 22, 2017. http://www.latimes.com/business/hiltzik/la-fi-hiltzik-ubi-20170625-story.html. [Accessed June 28, 2017.]

Holland, Gale. "13,000 Fall into Homelessness Every Month in L.A. County, Report Says." *Los Angeles Times*, Aug. 25, 2015. http://www.latimes.com/local/lanow/la-me-homeless-pathways-20150825-story.html. [Accessed Aug. 1, 2017.]

House of Representatives of the State of Hawaii. *Requesting the Department of Labor and Industrial Relations and the Department of Business, Economic Development, and Tourism to Convene a Basic Economic Security Working Group*. 29th Legislature. http://www.capitol.hawaii.gov/session2017/bills/HCR89_.HTM. [Accessed Aug. 1, 2017.]

Jackson, Thomas F. *From Civil Rights to Human Rights: Martin Luther King, Jr., and the Struggle for Economic Justice*. Philadelphia: University of Pennsylvania Press, 2007.

King, Jr., Dr. Martin Luther. "Remaining Awake through a Great Rev- olution." Sermon in the National Cathedral. Washington, DC, Mar. 31, 1968 (1968b). http://kingencyclopedia.stanford.edu/encyclopedia/documentsentry/doc_remaining_awake_through_a_great_revolution.1.html. [Accessed Aug. 1, 2017.]

Kotz, Mick, and Mary Lynn Kotz. *A Passion for Equality: George A. Wiley and the Movement*. New York: W. W. Norton & Co., 1977.

McKnight, Gerald. *The Last Crusade: Martin Luther King, Jr., the FBI, and the Poor People's Campaign*. Boulder, CO: Westview Press, 1998.

社　1995]

Flaherty, David H. *Protecting Privacy in Surveillance Societies: The Federal Republic of Germany, Sweden, France, Canada, and the United States*. Chapel Hill, NC: University of North Carolina Press, 1989.

Gandy, Oscar H. *Coming to Terms with Chance: Engaging Rational Discrimination and Cumulative Disadvantage*. New York: Routledge, 2009.

Gangadharan, Seeta Peña. "Digital Inclusion and Data Profiling." *First Monday* 17 (5–7), 2012.

Haney López, Ian. *Dog Whistle Politics: How Coded Racial Appeals Have Reinvented Racism and Wrecked the Middle Class*. New York: Oxford University Press, 2014.

Killgrove, Kristina. "How Grave Robbers and Medical Students Helped Dehumanize 19th Century Blacks and the Poor." *Forbes,* July 13, 2015. https://www.forbes.com/sites/kristinakillgrove/2015/07/13/dissected-bodies-and-grave-robbing-evidence-of-unequal-treatment-of-19th-century-blacks-and-poor/#468b84886d12. [Accessed Aug. 1, 2017.]

Massey, Douglas S., and Nancy A. Denton. *American Apartheid: Segregation and the Making of the Underclass*. Cambridge, MA: Harvard University Press, 1993.

Mounk, Yascha. *The Age of Responsibility: Luck, Choice, and the Welfare State*. Cambridge, MA: Harvard University Press, 2017. ［ヤシャ・モンク『自己責任の時代――その先に構想する、支えあう福祉国家』那須耕介・栗村亜寿香訳　みすず書房　2019］

O'Neil, Cathy. *Weapons of Math Destruction: How Big Data Increases Inequality and Threatens Democracy.* New York: Crown, 2016. ［キャシー・オニール『あなたを支配し、社会を破壊する、AI・ビッグデータの罠』久保尚子訳　インターシフト、合同出版　2018］

Rank, Mark R. *One Nation, Underprivileged: Why American Poverty Affects Us All*. New York: Oxford University Press, 2004.

Stone, Deborah A. *Policy Paradox: The Art of Political Decision Making*, 3rd ed. New York: W. W. Norton, 2012.

Taube, Aaron. "How Marketers Use Big Data to Prey on the Poor." *Business Insider*, Dec. 19, 2013. http://www.businessinsider.com/how-marketers-use-big-data-to-prey-on-the-poor-2013-12. [Accessed Aug. 1, 2017.]

Vaithianathan, R hema. "Big Data Should Shrink Bureaucracy Big Time." *Stuff,* 2016. http://www.stuff.co.nz/national/politics/opinion/85416929/rhema-vaithianathan-big-data-should-shrink-bureaucracy-big-time. [Accessed June 26, 2017.]

Wong, Julie Carrie. " 'We're Just Rentals': Uber Drivers Ask Where They Fit in a Self-Driving Future." *Guardian*, Aug. 19, 2016. https://www.theguardian.com/technology/2016/aug/19/uber-self-driving-pittsburgh-what-drivers-think. [Accessed June 28, 2017.]

[Accessed Aug. 1, 2017.]

Wilson, Moira L., Sarah Tumen, Rissa Ota, and Anthony G. Simmers. "Predictive Modeling: Potential Application in Prevention Services." *American Journal of Preventative Medicine* 48 (5), 2015: 509–19. Woods, Darian. "New Zealand's Child Abuse Analytics Study Hits Political Snag." *Chronicle of Social Change,* Aug. 7, 2015. https://chronicleofsocialchange.org/featured/new-zealands-child-abuse-analytics-study-hits-political-snag. [Accessed Aug. 1, 2017.]

### 文　書

私は、アレゲニー・ファミリー・スクリーニング・ツール (Allegheny Family Screening Tool/AFST) の調査を始めてまだ日も浅い頃、ハリスバーグにあるペンシルベニア州立公文書館を訪れた。そこで、私は特に以下の記録のなかに重要な歴史資料を見つけることができた：Records of the Department of Public Welfare, Series RG-23: Boxes 8-1618 Carton 26 (Administrative Correspondence), 8-1618 Carton 61 (Interdepartmental Correspondence), 8-1628 Carton 54 (Interdepartmental Correspondence), and 8-1635 Carton 58 (Interdepartmental Correspondence).

## 5　デジタル上の救貧院

### 刊行物

*Automating Apartheid: U.S. Computer Exports to South Africa and the Arms Embargo*. Philadelphia: NARMIC/American Friends Service Committee, 1984.

Black, Edwin. *IBM and the Holocaust: The Strategic Alliance between Nazi Germany and America's Most Powerful Corporation.* New York: Crown Publishers, 2001. ［エドウィン・ブラック『IBM とホロコースト――ナチスと手を結んだ大企業』小川京子訳　宇京頼三監修 柏書房　2001］

Brennan, William J. "Reason, Passion, and 'the Progress of the Law.' " *Cardozo Law Review* 3 (1988): 3–23.

Cohen, Adam. *Imbeciles: The Supreme Court, American Eugenics, and the Sterilization of Carrie Buck*. New York: Penguin Press, 2016.

Cohn, Cindy. "Amicus Brief of the Electronic Frontier Foundation (Case 14-4104, Document 57)." 2015. https://www.eff.org/files/2015/02/11/eff_ibm_apartheid_amicus_brief_final.pdf. [Accessed June 26, 2017.]

Desilver, Drew. "U.S. Income Inequality, on Rise for Decades, Is Now Highest Since 1928." Pew Research Center, 2013. http://www.pewresearch.org/fact-tank/2013/12/05/u-s-income-inequality-on-rise-for-decades-is-now-highest-since-1928/. [Accessed June 26, 2017.]

Ehrenreich, Barbara. *Fear of Falling: The Inner Life of the Middle Class*. New York: Pantheon Books, 1989. ［バーバラ・エーレンライク『「中流」という階級』中江桂子訳 晶文

Welfare." In *DataBites*. New York City: Data & Society, June 14, 2017. http://listen.datasociety.net/databites-100-series-stats-city-data-driven-approach-criminal-justice-child-welfare/. [Ac- cessed Aug. 1, 2017.]

Smith, Matthew P. "Authorities Take 'Baby Byron.' " *Pittsburgh Post-Gazette*, Dec. 28, 1993: A1, A2.

Smith, Michael. "Building an Interoperable Human Services System: How Allegheny County Transformed Systems, Services and Outcomes for Vulnerable Children and Families." Smithtown, NY: Stewards of Change, 2008.

Stack, Barbara White. "Criticized CYS Policies to Be Studied." *Pittsburgh Post-Gazette*, Sept. 28, 1994: C1, C4.

———. "CYS Failed to Tell Judge Facts in Case." *Pittsburgh Post-Gazette*, Oct. 1, 1994: A1, A3.

———. "CYS, Father Betrays Girl, 2." *Pittsburgh Post-Gazette*, Sept. 4, 1994: A1, A8.

———. "U.S. Probe of Youth Agency Sought." *Pittsburgh Post-Gazette*, Oct. 4, 1994: B1, B4.

TCC Group. "Peer Review Report 1." Wellington, New Zealand: Ministry of Social Development, 2015. https://www.msd.govt.nz/documents/about-msd-and-our-work/publications-resources/research/predictive-modelling/feasibility-study-schwartz-tcc-interim-review.pdf. [Accessed Aug. 1, 2017.]

US Centers for Disease Control and Prevention. "Adverse Childhood Experiences: Looking at How ACEs Affect our Lives and Society." nd. http://vetoviolence.cdc.gov/apps/phl/resource_center_infographic.html. [Accessed July 31, 2017.]

US Department of Health and Human Services and Children's Bureau. "Child Maltreatment 2015." Jan. 19, 2017. https://www.acf.hhs.gov/cb/resource/child-maltreatment-2015. [Accessed Aug. 1, 2017.]

Vaithianathan, Rhema, Tim Maloney, Nan Jiang, Irene De Haan, Claire Dale, Emily Putnam-Hornstein, and Tim Dare. "Vulnerable Children: Can Administrative Data Be Used to Identify Children at Risk of Adverse Outcomes?" Centre for Applied Research in Economics. Auckland, NZ: University of Auckland Business School, Sept. 2012. http://www.msd .govt.nz/documents/about-msd-and-our-work/publications-resources/research/vulnerable-children/auckland-university-can-administrative-data-be-used-to-identify-children-at-risk-of-adverse-outcome.pdf. [Accessed Aug. 1, 2017.]

Vaithianathan, Rhema, Tim Maloney, Emily Putnam-Hornstein, and Nan Jiang. "Children in the Public Benefit System at Risk of Maltreatment Identification Via Predictive Modeling." *American Journal of Preventative Medicine* 45 (3), 2013: 354–59.

Vaithianathan, Rhema, Emily Putnam-Hornstein, Nan Jiang, Parma Nand, and Tim Maloney. "Developing Predictive Models to Support Child Maltreatment Hotline Screening Decisions: Allegheny County Meth- odology and Implementation." Centre for Social Data Analytics, University of Auckland, April 2017. http://www.alleghenycountyanalytics.us/wp-content/uploads/2017/04/Developing-Predictive-Risk-Models-package-with-cover-1-to-post-1.pdf.

http://static.eckerd.org/wp-content/uploads/Eckerd-Rapid-Safety-Feedback-Final.pdf. [Accessed Aug. 1, 2017.]

Ministry of Social Development (New Zealand). "The Feasibility of Using Predictive Risk Modelling to Identify New-Born Children Who Are High Priority for Preventive Services." Feb. 2, 2014. http://www.msd.govt.nz/documents/about-msd-and-our-work/publications-resources/research/predictive-modelling/00-feasibility-study-report.pdf. [Ac- cessed Aug. 1, 2017.]

———. "The White Paper for Vulnerable Children, Volume II." 2012 https://www.mvcot.govt.nz/assets/Uploads/Documents/whitepaper-volume-ii-web.pdf. [Accessed Aug. 1, 2017.]

Niedecker, Stacy. "Byron's Mother Ready for Family to Be Together."*North Hills News Record*, Dec. 30, 1993: A4.

O'Neil, Cathy. *Weapons of Math Destruction: How Big Data Increases In- equality and Threatens Democracy.* New York: Crown, 2016. ［キャシー・オニール『あなたを支配し、社会を破壊する、AI・ビッグデータの罠』久保尚子訳　インターシフト、合同出版 2018］

Pelton, Leroy. "The Continuing Role of Material Factors in Child Maltreatment and Placement." *Child Abuse & Neglect* 41 (2015): 30–39.

Piven, Frances Fox, and Richard A. Cloward. *Regulating the Poor: The Functions of Public Welfare.* New York: Pantheon, 1971.

———. *Poor People's Movements: Why They Succeed, How They Fail.* New York: Vintage, 1978.

Pro, Johnna A. "Baby's Death Puts System in Question." *Pittsburgh Post-Gazette*, Mar. 11, 1994: C1, C7.

The Protect Our Children Committee. "Child Protection Report: Digging Deeper to Understand How Pennsylvania Defines Child Abuse." nd. http://www.protectpachildren.org/files/Child-Protection-Report-On-Defining.pdf. [Accessed July 31, 2017.]

Putnam-Hornstein, Emily, and Barbara Needell. "Predictors of Child Protective Service Contact between Birth and Age Five: An Examination of California's 2002 Birth Cohort." *Children and Youth Services Review* 33 (2011): 2400–07.

Rauktis, Mary E., and Julie McCrae. "The Role of Race in Child Welfare System Involvement in Allegheny County," Pittsburgh, PA: Allegheny County Dept. of Human Services, 2010. http://www.alleghenycountyanalytics.us/wp-content/uploads/2015/12/The-Role-of-Race-in-Child-Welfare-System-Involvement-in-Allegheny-County.pdf. [Accessed Aug. 1, 2017.]

Reich, Jennifer A. *Fixing Families: Parents, Power, and the Child Welfare System*. New York: Routledge, 2005.

Roberts, Dorothy E. *Shattered Bonds: The Color of Child Welfare*. New York: Basic Books, 2002.

Shroff, Ravi. "Stats and the City: A Data-Driven Approach to Criminal Justice and Child

A13.

Gill, Sam, Indi Dutta-Gupta, and Brendan Roach. "Allegheny County, Pennsylvania: Department of Human Services' Data Warehouse." http://datasmart.ash.harvard.edu/news/article/allegheny-county-pennsylvania-department-of-human-services-data-warehouse-4. [Accessed June 27, 2017.]

Gillingham, Philip. "Predictive Risk Modelling to Prevent Child Maltreatment and Other Adverse Outcomes for Service Users: Inside the 'Black Box' of Machine Learning." *British Journal of Social Work* 46 (6), 2016: 1044–58.

———. "Why the PRM Will Not Work." In *Re-Imagining Social Work in Aotearoa New Zealand*, RSW Collective, Oct. 8, 2015. http://www.reimaginingsocialwork.nz/2015/10/why-the-prm-will-not-work/. [Accessed June 28, 2017.]

Harcourt, Bernard E. *Against Prediction: Profiling, Policing, and Punishing in an Actuarial Age*. Chicago: University of Chicago Press, 2007.

Hawkes, Jeff. "After the Sandusky Case, a New Pennsylvania Law Creates Surge in Child Abuse Reports." *Lancaster Online*, Feb. 20, 2015. http://lancasteronline.com/news/local/after-the-sandusky-case-a-new-pennsylvania-law-creates-surge/article_03541f66-b7a3-11e4-81cd-2f614d04c9af.html. [Accessed June 28, 2017.]

Heimpel, Daniel. "Managing the Flow: Predictive Analytics in Child Welfare." *Chronicle of Social Change*, April 6, 2017. https://chronicleofsocialchange.org/analysis/managing-flow-predictive-analytics-child-welfare. [Accessed Aug. 1, 2017.]

Hickey, Kathleen. "Saving Children, One Algorithm at a Time." In *GCN: Technology, Tools, and Tactics for Public Sector IT*, July 26, 2016. https://gcn.com/articles/2016/07/26/child-welfare-analytics.aspx. [Accessed June 28, 2017.]

The Independent Committee to Review CYS. "Report of the Committee to Review Allegheny County Children and Youth Services" (The Murray Report). Submitted to the Advisory Board of Children and Youth Services of Allegheny County, Feb. 17, 1995.

Kelly, John. "Rapid Safety Feedback's Rapid Ascent." *Chronicle of Social Change*, Feb. 28, 2017. https://chronicleofsocialchange.org/child-welfare-2/rapid-safety-feedbacks-rapid-ascent. [Accessed Aug. 1, 2017.]

Kirk, Stacey. "Paula Bennett Rejects That She Knew about 'Lab Rat' Child Abuse Study." http://www.stuff.co.nz/national/politics/70725871/paula-bennett-rejects-lab-rat-child-abuse-study-greenlit-under-her-watch. [Accessed June 26, 2017.]

Kitzmiller, Erika M. "Allegheny County's Data Warehouse: Leveraging Data to Enhance Human Service Programs and Policies." In *Actionable Intelligence for Social Policy*. Philadelphia: University of Pennsylvania, May 2014. https://www.aisp.upenn.edu/wp-content/uploads/2015/08/AlleghenyCounty-_CaseStudy.pdf. [Accessed Aug. 1, 2017.]

Levenson, Michael. "Can Analytics Help Fix the DCF?" *Boston Globe*, Nov. 7, 2015.

Lindert, Bryan. "Eckerd Rapid Safety Feedback: Summary and Replication Information." nd.

Baxter, Joanne. "External Peer Review for *Interim findings on the feasibility of using predictive risk modelling to identify new-born children who are at high risk of future maltreatment (April 2013)*." Wellington, New Zealand: Ministry of Social Development, Aug. 2013.

Belser, Ann. "Baby Byron Given Back to His Mom." *North Hills News Record*, Dec. 28, 1993: A1, A6.

Billingsley, Andrew, and Jeanne M. Giovannoni. *Children of the Storm: Black Children and American Child Welfare*. New York: Harcourt, Brace, Jo- vanovich, 1972.

Birckhead, Tamar. "Delinquent by Reason of Poverty." Juvenile Justice Information Exchange, 2012. http://jjie.org/2012/08/20/delinquent-by-reason-of-poverty/. [Accessed June 26, 2017.]

Bobkoff, Dan. "From Steel to Tech, Pittsburgh Transforms Itself." In *All Things Considered*, NPR, Dec. 16, 2010. http://www.npr.org/2010/12/16/131907405/from-steel-to-tech-pittsburgh-transforms-itself. [Ac- cessed Aug. 1, 2017.]

Bull, John M.R. "County CYS Director Accepts Florida Post." *Pittsburgh Post-Gazette*, Jan. 9, 1995: A1, A2.

Cabrera, Marquis. "Florida Leverages Predictive Analytics to Prevent Child Fatalities—Other States Follow." *Huff Post*, Dec. 21, 2015. http://www.huffingtonpost.com/marquis-cabrera/florida-leverages-predictive_b_8586712.html. [Accessed June 26, 2017.]

Center for the Study of Social Policy. "Predictive Analytics in Child Welfare: A Broader View from the Field." https://www.youtube.com/watch? v=3VaFEWmynYo. [Accessed June 26, 2017.]

Collier, Roger. "New United States Mammogram Guidelines Ignite Debate." *Canadian Medical Association Journal* 182 (2), 2010: E101-E02.

Compac 21 (The Committee to Prepare Allegheny County for the Twenty-first Century). "Preparing Allegheny County for the 21st Century: A Report to the Allegheny County Board of Commissioners." 1996.

Dalton, Erin. "Data Sharing." Actionable Intelligence for Social Policy." http://www.aisp.upenn.edu/wp-content/uploads/2015/11/Dalton-Data-Sharing.pdf. [Accessed June 26, 2017.]

Dare, Tim, and Eileen Gambrill. "Ethical Analysis: Predictive Risk Models at Call Screening for Allegheny County." Centre for Social Data Analytics, University of Auckland, 2016.

Deitrick, Sabina, and Christopher Briem. "Allegheny County Economic Trends 2005." University Center for Social and Urban Research, University of Pittsburgh, 2005. http://ucsur.pitt.edu/wp-content/uploads/2014/11/ACEconomicTrends2005.pdf. [Accessed June 28, 2017.]

Frey, William H., and Ruy Teixeira. "The Political Geography of Pennsylvania: Not Another Rust Belt State." *Brookings Policy Brief*, Brookings Institute, April 15, 2008. https://www.brookings.edu/research/the-political-geography-of-pennsylvania-not-another-rust-belt-state/. [Accessed June 28, 2017.]

Fuoco, Michael A. "Dad Held in Death of Girl, 2." *Pittsburgh Post-Gazette*, Mar. 10, 1994: A1,

Wild, Mark. *Street Meeting: Multiethnic Neighborhoods in Early Twentieth-Century Los Angeles*. Oakland, CA: University of California Press, 2005. Willse, Craig. *The Value of Homelessness: Managing Surplus Life in the United States*. Minneapolis: University of Minnesota Press, 2015.

Wolch, Jennifer, and Michael J. Dear. *Malign Neglect: Homelessness in an American City*. San Francisco: Jossey-Bass Publishers, 1993.

### 文　書

私のロサンゼルスについての理解は、ロサンゼルス公立中央図書館で数回行った非常に興味深い調査により深められた。そこで得られた、才能と熱意に溢れた調査図書館員による助けに感謝している。特に過去の新聞記事のアーカイブと、またロサンゼルスのダウンタウンの有名な開発計画、「セントロポリス」(Centropolis)と「シルバー・ブック」(Silver Book)計画が閲覧できる州政府文書のコレクションに負うところが大きい。また、古地図、特にサンボーン社による火災保険会社用の地図(Sanborn Fire Insurance Maps)、バイスト社の不動産調査地図(Baist' Real Estate Surveys)など、スキッド・ロウの歴史を再構築するのに役立った古地図のコレクションは有り難かった。また、図書館の常設の図書のなかにはランチョ・ロス・アミーゴス・ナショナル・リハビリテーション・センター(Rancho Los Amigos National Rehabilitation Center)の創設百周年を祝う貴重な記念書籍があり、そこにはロサンゼルスの郡立救貧院の唯一現存する写真の幾枚かが含まれていた。

## 4　アレゲニー郡のアルゴリズム

### インタビュー

Carmen Alexander; Karen Blumen; Fred Brown; Marc Cherna; Kim Berkeley Clark; Erin Dalton; Doreen Glover; Patricia Gordon; May Gray; Patrick Grzyb; Tanya Hankins; Amanda Green Hawkins; Mary Heards; Rochelle Jackson; Janine; Tracey McKants Lewis; Laurie Mulvey; Bruce Noel; Kate Norton; Emily Putnam-Hornstein; Marcia Raines; Judy Hale Reed; Ken Regal; Jessie Schemm; Angel Shepherd; Pamela Simmons; Tiffany E. Sizemore-Thompson; Barbara Stack; Rhonda Strickland; Kenneth R. Strother; Rhema Vaithianathan; Catherine Volponi; and Colleen Young

### 刊行物

Ackerman, Jan. " 'Why Did You Do That'." *Pittsburgh Post-Gazette*, Mar. 30, 1994: B-1, B-6.

Allegheny County Department of Human Services. "Predictive Risk Modeling in Child Welfare in Allegheny County: The Allegheny Family Screening Tool." http://www.alleghenycounty.us/Human-Services/News-Events/Accomplishments/Allegheny-Family-Screening-Tool.aspx. [Accessed June 26, 2017.]

*the Underclass*. Cambridge, MA: Harvard University Press, 1993.

McDonald, Jeff. "State Ruling May Aid City Crackdown on Homeless: Courts: Decision Will Support Ventura's Plan to Toughen Municipal Ordinance against Camping in Parks, Officials Say." *Los Angeles Times*, Apr. 25, 1995.

O'Brien, J.C. "Loose Standards, Tight Lips: Why Easy Access to Client Data Can Undermine Homeless Management Information Systems." *Fordham Urban Law Journal* 35 (3), 2008: 673–93.

Office of Los Angeles Mayor Eric Garcetti. "Comprehensive Homelessness Strategy." https://www.lamayor.org/comprehensive-homelessness-strategy. [Accessed Aug. 1, 2017.]

———. "Mayor Eric Garcetti and City Council Approve Emergency Spending on Homeless Housing and Shelter." News Release, Dec. 9, 2015. https://www.lamayor.org/mayor-eric-garcetti-and-city-council-approve-emergency-spending-homeless-housing-and-shelter. [Accessed June 26, 2017.]

OrgCode Consulting Inc. and Community Solutions. VULNERABILITY INDEX SERVICE PRIORITIZATION DECISION ASSISTANCE TOOL (VI-SPDAT), American Version 2.0 for Single Adults, 2015.

Parson, Don. "Los Angeles' 'Headline-Happy Public Housing War.' " *Southern California Quarterly* 65 (3), 1983: 265.

Posey, Jacquie. "Penn Researcher Says Ending Homelessness Is Possible." nd. http://www.upenn.edu/spotlights/penn-researcher-says-ending-homelessness-possible. [Accessed June 26, 2017.]

Rosenberg, Jeremy. "Laws That Shaped L.A.: How Bunker Hill Lost Its Victorians." KCET, https://www.kcet.org/departures-columns/laws-that-shaped-la-how-bunker-hill-lost-its-victorians. [Accessed June 26, 2017.]

Sides, Josh. *L.A. City Limits: African American Los Angeles from the Great Depression to the Present*. Oakland, CA: University of California Press, 2003.

Spivack, Donald R. "Community Redevelopment Agency (CRA)." https://www.scribd.com/document/59101874/History-of-Skid-Row. [Accessed June 26, 2017.]

Stuart, Forrest. *Down, Out, and Under Arrest: Policing and Everyday Life in Skid Row*. Chicago: University of Chicago Press, 2016.

———. "Policing Rock Bottom: Regulation, Rehabilitation, and Resistance on Skid Row." Dissertation, Ph.D., Department of Sociology, University of California, Los Angeles, 2012.

Tsemberis, Sam J. *Housing First: The Pathways Model to End Homelessness for People with Mental Illness and Addiction*. Center City, MN: Hazelden, 2010.

US Commission on Civil Rights. "Understanding Fair Housing." Washington, DC: US Govt. Printing Office, 1973.

White, Magner. "L.A. Shows the World How to End Slums." *Los Angeles Examiner (Special Pullout)*, Oct. 12, 1959: 1–6.

Green, Richard K., Vincent Reina, and Selma Hepp. "2014 USC Casden Multifamily Forecast." In *USC Lusk Center for Real Estate*, 2014. https://lusk.usc.edu/sites/default/files/2014-USC-Casden-Multifamily-Forecast.pdf. [Accessed June 26, 2017.]

Gutierrez, The Honorable Philip S. "*Tony Lavan, et al. v. City of Los Angeles, et al.* Order Issuing a Preliminary Injunction." https://congress.files.wordpress.com/2011/06/lavan-preliminary-injunction-highlights.pdf. [Accessed June 26, 2017.]

Gustafson, Kaaryn S. "The Criminalization of Poverty." *Journal of Criminal Law and Criminology* 99, no. 3 (2009): 643–7160.

Holland, Gale. "Fears Mount over a Homeless Plan That Residents Say Will 'End Venice as We Know It.' " *Los Angeles Times*, Oct. 18, 2016.

———. "L.A. Leaders Are Crafting New Plan to Help Homeless on Skid Row." *Los Angeles Times,* July 15, 2014.

———. "Plan to Turn Cecil Hotel into Homeless Housing Is Withdrawn." *Los Angeles Times*, Apr. 4, 2014.

———. "Treading a Fine Line, L.A. Council Considers Ordinance to Boost Homeless Sweeps." *Los Angeles Times*, Mar. 30, 2016.

———. "Venice Residents Fight over Homeless Housing Project—and Character of the Neighborhood." *Los Angeles Times*, Mar. 11, 2017.

Howard, David B. "Unsheltered: A Report on Homelessness in South Los Angeles." Special Services for Groups, 2008. http://www.ssg.org/wp-content/uploads/Unsheltered_Report.pdf. [Accessed June 26, 2017.]

Huey, Laura. *Negotiating Demands: The Politics of Skid Row Policing in Edinburgh, San Francisco, and Vancouver*. Toronto: University of Toronto Press, 2007.

Irvine, Huston. "Skidrow Serenade." *Los Angeles Times Sunday Magazine*, Mar. 26, 1939: 6, 21.

Littlejohn, Donna. "San Pedro Meeting Erupts over Homeless Storage Center." *Daily Breeze*, Oct. 5, 2016.

Lopez, Steve. "A Corner Where L.A. Hits Rock Bottom." *Los Angeles Times*, Oct. 17, 2005.

Los Angeles Central City Committee. "Centropolis: The Plan for the Central City of Los Angeles." Studies prepared jointly by Los Angeles Central City Committee, Los Angeles City Planning Dept., Traffic Dept., [and others]: 1960.

Los Angeles Department of Mental Health. "Rapid Rehousing: Overview and New Developments." In *9th Annual Housing Institute*, 2016. http://file.lacounty.gov/SDSInter/dmh/246452_RapidRehousing-6-8-16.pdf. [Accessed June 26, 2017.]

Los Angeles Homeless Services Authority. "The Greater Los Angeles Homeless Count." 2017. https://www.lahsa.org/homeless-count/reports. [Accessed June 26, 2017.]

Lyon, David. *Surveillance as Social Sorting: Privacy, Risk, and Digital Discrimination*. New York: Routledge, 2003.

Massey, Douglas S., and Nancy A. Denton. *American Apartheid: Segregation and the Making of*

## 文 献


Aron, Hillel. "L.A.'s Culture War Over the Last True Skid Row in America." *LA Weekly*, July 24, 2014.

Barragan, Bianca. "Downtown LA Vacancy Rate Hits 17-year High," *Curbed Los Angeles*, Sept 15, 2017. https://la.curbed.com/2017/9/15/16316040/downtown-la-high-vacancy-rate-rent. [Accessed Sept. 21, 2017.]

———. "Historic South-Central Has the Most Crowded Housing in the US." *Los Angeles Curbed*, March 10, 2014.

Blasi, Gary, and Forrest Stuart. "Has the Safer Cities Initiative in Skid Row Reduced Serious Crime?" 2008. http://wraphome.org/wraparchives/downloads/safer_cities.pdf. [Accessed June 26, 2017.]

Boden, Paul. "The Devastating Impacts of Safer Cities Policing in Skid Row." *Huffington Post*, 2011. http://www.huffingtonpost.com/paul-boden/on-homeless-memorial-day-_1_b_811966.html. [Accessed Aug. 1, 2017.]

Boyle, Hal. "Skid Row: The West's Bowery." *Evening Independent*, June 14, 1947: 10.

Culhane, Dennis P. "We Can End Homelessness." *Penn Top Ten*, 2016. http://www.penntopten.com/wp-content/uploads/2016/05/Top-10-Homelessness-Essay.pdf. [Accessed June 26, 2017.]

Cunningham, Mary, Sarah Gillespie, and Jacqueline Anderson. "Rapid Re-Housing: What the Research Says." New York: Urban Institute, 2015. http://www.urban.org/sites/default/files/publication/54201/2000265-Rapid-Re-housing-What-the-Research-Says.pdf. [Accessed June 26, 2017.]

Davis, Mike. "Afterword—a Logic Like Hell's: Being Homeless in Los Angeles." *UCLA Law Review* 39 (Dec. 1991): 325–27.

———. *City of Quartz: Excavating the Future in Los Angeles*. New York: Verso, 1990.

DiMassa, Cara Mia. "Little Tokyo Residents Resent Mental Health Facility." *Los Angeles Times*, Feb. 21, 2008.

Downtown Center Business Improvement District. "Downtown Los Angeles Demographic Study 2013." http://www.downtownla.com/survey/2013/results/DTLA-Demo-Study-2013.pdf. [Accessed March 3, 2016.]

Eng, Lily. "Chief Praised, Rebuked in Crackdown on Homeless." *Los Angeles Times*, Aug. 22, 1990.

Gandy, Oscar H. *The Panoptic Sort: A Political Economy of Personal Infor- mation*. Boulder, CO: Westview Press, 1993. ［O・H・ガンジー Jr.『個人情報と権力——統括選別の政治経済学』江夏健一監訳　同文館出版　1997］

Gerry, Sarah. "*Jones v. City of Los Angeles*: A Moral Response to One City's Attempt to Criminalize, Rather Than Confront, Its Homelessness Crisis." *Harvard Civil Rights-Civil Liberties Law Review* 42 (2007): 239–51.

State of Indiana. "Request for Proposals 6-58: Eligibility Determination Services." Department of Administration and Indiana Family and Social Service Administration. Indianapolis, IN: 2006.

Taylor, Steve. "Border Lawmakers: Cancellation of Accenture Contract Was Long Overdue." *Rio Grande Guardian*, Mar. 13, 2007.

Welch, Matt, Joshua Swain, and Jim Epstein. "Mitch Daniels on How to Cut Government & Improve Services." *Reason*, May 19, 2015.

"'Welfare Queen' Becomes Issue in Reagan Campaign," *New York Times*, Feb. 15, 1976, 51. Reprinted from the *Washington Star*, no author credited.

Werner, Nick. "Welfare Troubles Prompt Meeting." *Star Press*, Apr. 23, 2008, 3A.

### 裁判史料

Brief of Appellants: *Sheila Perdue v. Anne W. Murphy*, No. 49A02-1003-PL-00250 (Indiana Court of Appeals 2010).

Complaint for Damages and Declaratory Relief: *State of Indiana v. International Business Machines Corporation* (Marion County Court 2016). Finding of Fact, Conclusions of Law, and Judgement for IBM, *State of Indiana v. International Business Machines Corporation* (Marion County Court, 2012).

Findings of Fact, Conclusion of Law, and Summary Judgment: *Sheila Per- due, et al. v. Anne W. Murphy*, No. 49D10-0803-PL-013340 (Marion Superior Court 2010).

*Goldberg v. Kelly*, No. 397 U.S. 254, 62 (United States District Court for the Southern District of New York 1970).

Plaintiff Complaint: *International Business Machines v. The State of Indiana* (Marion Circuit/Superior Court 2010).

*Sheila Perdue, et al. v. Michael A. Gargano, et al.*, No. 49S02-1107-PL-437 (Indiana Supreme Court 2012).

*State of Indiana v. International Business Machines Corporation*, No. 49S02-1408-PL-00513 (Indiana Supreme Court 2016).

## 3　天使の街のハイテクホームレス事情

### インタビュー

Jose-Antonio Aguilar; T.C. Alexander; Gary Blasi; Gary Boatwright; Lou Contreras; Devin Desjarlais; General Dogon; Bob Fitzgerald; Kris Freed; Maria Funk; John Horn; Quanetha Hunt; Deon Joseph; Rachel Kasselbrock; Hamid Khan; Chris Ko; Veronica Lewis; Hazel Lopez; Tracy Malbrough; Patricia McHugh; William Menjivar; Christina Miller; Robert Mitchell; Ana Muñiz; Richard Renteria; Tiffany Russell; Molly Rysman; Al Sabo; James Smith; Monique Talley; Tanya Tull; Nathaniel VerGow; Danielle Wildkress; Jennifer Wolch

2005. http://www.in.gov/fssa/transformations/pdf/Eligibility Modernization_ An Indiana Solution.pdf. [No longer accessible.]

Jarosz, Francesca, Heather Gillers, Tim Evans, and Bill Ruthhart. "Rollout of Welfare Changes Halted." *Indianapolis Star*, July 31, 2008, A1, A11.

Kusmer, Ken. "IBM Releases Plan for Fixing Indiana's Welfare Problems." *News and Tribune*, July 24, 2009. http://www.newsandtribune.com/news/local_news/ibm-releases-plan-for-fixing-indiana-s-welfare-problems/article_eb1cf1cf-fdd4-5b99-b14b-0c26f b175708.html. [Accessed July 27, 2017.]

Leadership Conference on Civil Rights. "Justice on Trial: Racial Disparities in the American Criminal Justice System." Washington, DC: 2000. https://web.archive.org/web/20161007113926/http://www.protect civilrights.org/pdf/reports/justice.pdf. [Accessed July 27, 2017.]

Linville, Erin, and Indiana Family & Social Services Administration. "Eligibility Modernization: The Need for Change." 2006.

"Mitch Daniels: The Right Stuff." *Economist*, Apr. 19, 2010.

Murray, John. "Disputed Welfare Practices Don't Hold up in Court." *Indianapolis Star*, Apr. 1, 2010.

"Numbers Don't Support State's Claim That All Is Well." *Star Press* (Muncie), May 18, 2008, 2D.

Overmyer, Beth. "Medicaid Enrollment & Modernization–What You Should Know!" Indiana Council of Community Mental Health Centers presentation, 2009.

Riecken, Rep. Gail. "FSSA Disclosure, Transparency, Evaluation Must Be Priorities." *Fort Wayne Journal Gazette*, May 21, 2010, 13A.

Rowe, Gretchen, Carolyn O'Brien, Sam Hall, Nancy Pindus, Lauren Eyster, Robin Koralek, and Alexandra Stanczyk. "Enhancing Supplemental Nutrition Assistance Program (SNAP) Certification: SNAP Modernization Efforts: Final Report." Alexandria, VA: US Department of Agriculture, Food and Nutrition Service, Office of Research and Analysis, 2010.

Roysdon, Keith. "Once-Mighty Borg-Warner Plant Sits Empty, Waiting in Muncie." *Indiana Economic Digest*, Mar. 23, 2015.

Schneider, Mary Beth. "Audit of FSSA Finds 185 Problems." *Indianapolis Star*, June 16, 2005.

Schneider, Mary Beth, and Tim Evans. "Shake-Up Pro Will Take Over the FSSA." *Indianapolis Star*, Dec. 8, 2004.

———. "Ex-Local Official to Head the FSSA." *Indianapolis Star,* Dec. 8, 2004, A1, A8

Schneider, Mary Beth, and Bill Ruthhart. "Daniels: Critics Were Right." *Indianapolis Star*, Oct. 16, 2009, A1, A15.

Sedgwick, Weston. "Governor Accepts Recommendation to Modernize FSSA Eligibility Processes." News release, Nov. 29, 2006.

Soss, Joe, Richard C. Fording, and Sanford Schram. *Disciplining the Poor: Neoliberal Paternalism and the Persistent Power of Race*. Chicago: University of Chicago Press, 2011.

## 文　献


"Bill Would Slow FSSA Rollout." *South Bend Tribune*, Jan. 21, 2009.

Bradner, Eric. "Agency Tests a Nun's Faith (Indiana Welfare Agency in Disarray)." *Courier Press*, Mar. 20, 2009.

Burdick, Betsy. "Indiana State Government's Performance Report, July-December 2007." 2008.

Carr, Mike, and Rich Adams. "The Hybrid System." http://www.aphsa.org /content/dam/aphsa/pdfs/N W I/2012-07-Business-Model-for-Hybrid-System-Integration.pdf. [Accessed June 23, 2017.]

Cermak, Joe. "Local Representative Wants Legislators to Change Modernized Welfare." *NewsLink Indiana*, May 16, 2008.

Cole, Eric, and Sandra Ring. *Insider Threat: Protecting the Enterprise from Sabotage, Spying, and Theft*. Rockland, MA: Syngress, 2006.

Corbin, Bryan. "Bill Filed to Halt Further Expansion of Indiana's New Welfare Eligibility Program." *Indiana Economic Digest*, Jan. 19, 2009.

———. "Welfare Gripes Persist." *Evansville Courier Press*, Dec. 29, 2008.

Creek, Julie. "Losing the 'Human Factor': State Focuses on Technology in Privatizing Key Welfare Duties." *Fort Wayne Journal Gazette*, May 14, 2006, 13A.

Daniels, Mitch. "Editorial: FSSA Contract with IBM Is Obvious Answer to Obvious Need." *South Bend Tribune*, Jan. 3, 2007. http://articles.south bendtribune .com/2007-01-03/news/26769021_1_welfare-system-fssa-indiana-economy. [Accessed June 28, 2017.]

Davis, Martha F. *Brutal Need: Lawyers and the Welfare Rights Movement, 1960–1973*. New Haven, CT: Yale University Press, 1993.

Ernst, Rose, Linda Nguyen, and Kamilah C. Taylor. "Citizen Control: Race at the Welfare Office." *Social Science Quarterly* 94, no. 5 (2013): 1283–307.

"FSSA Releases Details of New Eligibility System—the Hybrid System." News release, Dec 14, 2009. http://blog.ihca.org/2009/12/fssa-releases-details-of-new.html. [Accessed Sept. 13, 2017.]

Greenhouse, Linda. "New Look at an 'Obscure' Ruling, 20 Years Later." *New York Times*, May 11, 1990.

Harvey, Roger. "Church Leaders Charged with Food Stamp Fraud." Channel 13 WTHR, May 9, 2006.

Herbers, John. "Reagan Called Warm to Welfare-Work Plan." *New York Times*, Feb. 23, 1987.

Higgins, Will. "Falling through Welfare's Cracks." *Indianapolis Star*, July 20, 2009, A1, A4.

Holtz, Maribeth. "Hundreds Line Up to Share Their FSSA Complaints." *Chronicle Tribune*, May 14, 2008.

Indiana Family and Social Services Administration (FSSA). Monthly Management Reports. http://www.stats.indiana.edu/fssa_m/index.html. [Accessed Aug. 3, 2017.]

Indiana Inter-Agency Review Committee. "Eligibility Modernization: An Indiana Solution." June

Chicago Press, 1938.
"Shot Himself: Financial Troubles Drove Calvin B. Dunham to End His Life with a Pistol Ball." *Illustrated Buffalo Express*, Jan. 19, 1896.
Smith, Bruce. "Poor Relief at the St. Joseph County Poor Asylum, 1877–1891." *Indiana Magazine of History* 86, 2 (1990): 178–96.
Trattner, Walter I. *From Poor Law to Welfare State: A History of Social Welfare in America,* 6th ed. New York: Free Press, 1999.
Wagner, David. *Ordinary People: In and Out of Poverty in the Gilded Age*. New York: Routledge, 2016.
Watkinson, James D. "Rogues, Vagabonds, and Fit Objects: The Treatment of the Poor in Antebellum Virginia." *Virginia Calvacade* 49, Winter 2000: 16–29.
Weise, Arthur James. *Troy's One Hundred Years: 1789–1889.* London: Forgotten Books, 2015.
*Welfare Management System: A Proposed Design and Implementation Plan*. Albany: New York Dept. of Social Services, 1975.
Wyman, George K. "Nationwide Demonstration Project Newsletter." Albany: New York State Dept. of Social Services, 1971.
Yates, John Van Ness. "Report of the Secretary of State in 1824 on the Relief and Settlement of the Poor." In *Annual Report for the Year 1900,* vol. 1, New York State Board of Charities, 937–1145. Albany, NY: 1824.

### 未発表文献

ニューヨーク州内のデジタル上の救貧院の興隆についての調査の大半はニューヨーク州立公文書館の素晴らしいコレクションから情報を得ている。重要な情報は以下の記録を参照：Record 15000-88 Boxes 29 and 30: Welfare Programs: Welfare Administration Computerization Projects.

## 2　アメリカの「心の故郷」で行われた福祉給付審査の自動化

### インタビュー

Jamie Andree; Michelle Birden; Glenn Cardwell; John Cardwell; Karen Francisco; Dennis Frick; Fred Gilbert; Patty Goff; Jane Porter Gresham; Chris Holly; Denny Lanane; Senator Tim Lanane; Ruth Lawson; Gene Lushin; Marcia; Maria Martino; Adam Mueller; Kim Murphy; Ginny Nilles; Matt Pierce; Gavin Rose; Dan Skinner; Jeff Stewart; Kim and Kevin Stipes; Marilyn "Kay" Walker; Terry R. West; Myra Wilkie; Lindsay Williams (Kidwell); Kyle Wood

*One: The Committee, to Whom Was Referred, at the Last Session of the General Court, the Consideration of the Paupers Laws of This Commonwealth, with Directions to Report, Whether Any, and If Any, What Amendments, or Alterations May Be Made Therein, with Leave to Report by Bill, or Otherwise, Ask Leave to Report*. Boston: Russell & Gardner, 1821.

Mink, Gwendolyn. *The Wages of Motherhood: Inequality in the Welfare State, 1917–1942*. Ithaca, NY: Cornell University Press, 1995.

Nadasen, Premilla. *Rethinking the Welfare Rights Movement*. New York: Routledge, 2012.

———. *Welfare Warriors: The Welfare Rights Movement in the United States*. New York: Routledge, 2005.

Nadasen, Premilla, Jennifer Mittelstadt, and Marisa Chappell. *Welfare in the United States: A History with Documents, 1935–1996*. New York: Routledge, 2009.

New York Legislature, Senate Select Committee Appointed to Visit Charitable Institutions. *Report of Select Committee Appointed to Visit Charitable Institutions Supported by the State and All City and County Poor and Work Houses and Jails of the State of New York: Transmitted to the Legislature, January 9, 1857*. In Senate; 1857, No. 8; Senate Document (New York State). Albany, NY: C. Van Benthuysen, printer to the legislature, 1857. New York State Department of Social Services. *Welfare Management System: A Proposed Design and Implementation Plan*. Albany, NY: Department of Social Services, 1975.

Orwig, Timothy T. "Three Nineteenth-Century Massachusetts Almshouses and the Origins of American Poorhouse Architecture." Masters Thesis, Boston University, 2001.

"Our County Institutions." *Troy Daily Whig*, Feb. 6, 1857, 1.

Peel, Mark. "Charity Organization Society." In *Encyclopedia of American Urban History*, David R. Goldfield, ed. Thousand Oaks, CA: Sage Publications, 2007.

Piven, Frances Fox, and Richard A Cloward. *Regulating the Poor: The Functions of Public Welfare*. New York: Pantheon, 1971.

Quadagno, Jill S. *The Color of Welfare: How Racism Undermined the War on Poverty*. New York: Oxford University Press, 1994.

Reese, Ellen. *Backlash against Welfare Mothers: Past and Present*. Oakland, CA: University of California Press, 2005.

"Revelations Promised: Alleged Mismanagement of the Rensselaer County Poorhouse." *Albany Express*, Dec. 5, 1885, 1.

Rezneck, Samuel. "The Depression of 1819: A Social History." *American Historical Review* 39, 1 (1933): 30–31.

Richmond, Mary Ellen. *Social Diagnosis*. New York: Russell Sage Foundation, 1917.［メアリー・E・リッチモンド『社会診断』杉本一義監修　あいり出版　2012］

Rockefeller, Nelson A. *Public Papers of Nelson A. Rockefeller, Fifty-Third Governor of the State of New York*. Albany, NY: New York State Ar- chives, 1959.

Schneider, David M. *The History of Public Welfare in New York State*. Chicago: University of

Grauer, Anne L., Vanessa Lathrop, and Taylor Timoteo. "Exploring Evidence of Nineteenth Century Dissection in the Dunning Poorhouse Cemetery." In *The Bioarchaeology of Dissection and Autopsy in the United States*, Kenneth C. Nystrom, ed. Switzerland: Springer International Publishing, 2017: 301–13.

Green, Elna C. *This Business of Relief: Confronting Poverty in a Southern City, 1740–1940*. Athens, GA: University of Georgia Press, 2003.

Greenberg, David H., Wolf Douglas, and Jennifer Pfiester. *Using Computers to Combat Welfare Fraud: The Operation and Effectiveness of Wage Matching*. New York: Greenwood Press, 1986.

Gustafson, Kaaryn S. *Cheating Welfare: Public Assistance and the Criminalization of Poverty*. New York: New York University Press, 2011.

Holcomb, Charles. "Rocky to Thin 'Welfare Gravy.' " *Knickerbocker News*, Mar. 16, 1971, 1A, 5A.

*In the Matter of an Inquiry into the Administration, Discipline, and Moral Welfare of the Rensselaer County Poorhouse*. Albany, NY: New York State Archives, 1905.

Jackson, Larry R., and William A. Johnson. "Protest by the Poor: The Welfare Rights Movement in New York City." New York: RAND Institute, 1973.

Katz, Michael B. *In the Shadow of the Poorhouse: A Social History of Welfare in America*. New York: Basic Books, 1996.

———. *The Undeserving Poor: From the War on Poverty to the War on Welfare*. 1st ed. New York: Pantheon Books, 1990.

Katz, Michael B., and the Committee for Research on the Urban Under- class Social of the Science Research Council . *The "Underclass" Debate: Views from History*. Princeton, NJ: Princeton University Press, 1993.

Kennedy, Howard. "Policy Due on 'Night Raid' Checking of Welfare Cases," *LA Times*, Feb. 18, 1963, 1.

Killgrove, Kristina. "How Grave Robbers and Medical Students Helped Dehumanize 19th Century Blacks and the Poor." *Forbes*, July 13, 2015. https://www.forbes.com/sites/kristinakillgrove/2015/07/13/dissected-bodies-and-grave-robbing-evidence-of-unequal-treatment-of-19th-century-blacks-and-poor/#1c2632f66d12. [Accessed July 27, 2017.]

"Leasing the County Farm and Stone Quarry on the Same." *Troy Daily Whig*, Feb. 8, 1869, 1.

Lombardo, Paul. "Eugenics Sterilization Laws." Dolan DNA Learning Center, Cold Spring Harbor Laboratory. http://www.eugenicsarchive.org/html/eugenics/essay8,fs.html. [Accessed June 23, 2017.]

Lombardo, Paul A. *Three Generations, No Imbeciles: Eugenics, the Supreme Court, and* Buck v. Bell. Baltimore: Johns Hopkins University Press, 2008.

Massachusetts General Court Committee on Paupers Laws and Josiah Quincy. *Commonwealth of Massachusetts: In the Year of Our Lord One Thousand Eight Hundred and Twenty*

in-returns-from-joint-efforts-to-combat-health-care-fraud.html.
Xerox Corporation. "Public Welfare Agency Burdened by Paper Processes. Xerox Delivered Needed Relief." In *Case Study: Government*, nd. http://docushare.xerox.com/pdf/PADeprof PublicWelfare-CS.pdf. [Accessed May 5, 2015.]

## 1　救貧院からデータベースへ

### 文　献

Almy, Frederic. *Relief: A Primer for the Family Rehabilitation Work of the Buffalo Charity Organization Society*. New York: Charity Organization Dept. of the Russell Sage Foundation, 1910.

Ambrose, Jay. "Welfare Clients—Victims or Villains?" *Knickerbocker News*, Feb. 25, 1971, 1-A, 4-A.

Axelrod, Donald. "Memo to Richard L. Dunham: Welfare Requests for Your Discussion at Governor's Staff Meeting." Albany, NY: New York State Archives, 1971. Record 15000-88, Box 30: Welfare Programs: Welfare Administration Computerization Projects.

Bailis, Lawrence Neil. *Bread or Justice: Grassroots Organizing in the Welfare Rights Movement*. Lexington, MA: Lexington Books, 1974.

Bellesiles, Michael A. *1877: America's Year of Living Violently*. New York: New Press, 2010.

"Body Speculators in Troy." *New York Times*, Feb. 3, 1879, 1.

Bolton, Charles C. "Farmers without Land: The Plight of White Tenant Farmers and Sharecroppers." *Mississippi History Now*, 2004. http://www.mshistorynow.mdah.ms.gov/articles/228/farmers-without-land-the-plight-of-white-tenant-farmers-and-sharecroppers. [Accessed Sept. 13, 2017.]

"Children of the Poor House." *The Standard* (Syracuse, NY), Jan. 21, 1856.

Clement, Priscilla Ferguson. *Welfare and the Poor in the Nineteenth-Century City: Philadelphia, 1800–1854*. Rutherford, NJ: Fairleigh Dickinson University Press, 1985.

Crannell, Linda. "The Poorhouse Story." http://www.poorhousestory.com/.

Dawes, Sharon S. *New York's Welfare Management System: The Politics of Information*. Nelson A. Rockefeller Institute of Government, State University of New York, 1986.

Du Bois, W.E.B. *The Philadelphia Negro*. Publications of the University of Pennsylvania, No. 14. Series in Political Economy and Public Law. Millwood, NY: Kraus-Thomson Organization Ltd., 1973.

*Federal Government Information Technology: Electronic Record Systems and Individual Privacy*. Congress of the United States, Office of Technology Assessment, 1986.

Gilens, Martin. "How the Poor Became Black: The Racialization of American Poverty in the Mass Media." In *Race and the Politics of Welfare Reform*, Sanford F. Schram, Joe Soss, and Richard C. Fording, eds. Ann Arbor: University of Michigan Press, 2003: 101–30.

ころでは、引用になっている。引用は時として明確さのために編集されている。インタビューの対象者の話で引用として述べられていないものは、対象者の過去のある出来事の記憶か、インタビューの書き起こしや私のメモ上のもっと長い会話記録を言い換えたものである。

本書では、何年も前の学術調査に匿名で参加してもらったある人物の名前を仮名（ドロシー・アレン）にしている。また本人からの依頼でファーストネームのみを使用している例も一つある。また、第４章でも述べているように、スティーブン、クシストフも仮名である。その他の、発言を引用している個人の姓名はすべて彼らのフルネームが記されている。

編集の最終段階で、私は原稿の事実確認を専門のファクト・チェッカーに依頼した。彼女の洞察力、注意力、そして多大な努力は私がここで語ることのできたストーリーには欠かせないものだった。彼女は私の歴史に関する調査をチェックしてくれ、また、身元や出来事の確認のため、情報元である人々と話をし、インタビューの記録を読み、公聴会のビデオを観て、新聞の記事を読み、私の調査メモを丹念に読んでくれた。

## 序章：危険信号

### インタビュー

Dorothy Allen

### 文　献


Federal Bureau of Investigations. "What We Investigate: Health Care Fraud." https://w ww.fbi.gov/investigate/white-collar-crime/health-care-fraud.

Moretto, Mario. "LePage Releases EBT Data Showing Transactions at Strip Clubs, Bars, Smoke Shops." *Bangor Daily News*, Jan. 7, 2014.

National Health Care Anti-Fraud Association. "The Challenge of Health Care Fraud." https://www.nhcaa.org/resources/health-care-anti-fraud-resources/the-challenge-of-health-care-fraud.aspx.

State of Maine. "EBT Transaction Data." 2014. https://docs.google.com/file/d/0B2MlKOvJIQRGRnItZGVzaXllY0U/edit. [Accessed Sept.13, 2017.]

State of Maine House of Representatives. *Committee Amendment "A" to H.P. 725, L.D. 1030, Bill, "an Act to Require That Electronic Benefits Transfer System Cash Benefits Are Used for the Purpose for Which the Benefits Are Provided."* 126th Legislature, H.P. 725, L.D. 1030.

Tice, Lindsay. "Mainers Using EBT Cash in Unusual Places." *Bangor Daily News*, Jan. 19, 2014.

US Department of Health and Human Services. "Departments of Justice and Health and Human Services Announce over $27.8 Billion in Returns from Joint Efforts to Combat Health Care Fraud." News Release, Mar. 19, 2015. http://www.hhs.gov/about/news/2015/03/19/departments-of-justice-and-health-and-human-services-announce-over-27-point-8-billion-

# 典拠と手法

以下に掲載される付記は、より正確な情報の出処と研究過程における透明性を提供するとともに、私の思考には重要な影響をもたらしながら、本文中には必ずしも直接使われてはいない資料のリストを読者に供給することを目的としている。コンピューターによる意思決定の自動化、アルゴリズムの説明責任、そして新しい形式のデジタル上の差別についての目覚ましい研究は相次いで発表されている。これから以下に述べる事柄がデータ時代の将来と自動化による不平等の危機、それぞれの深い理解のために、読者の手助けとなることを願っている。

私はここで、はっきりと本文中で引用されたものから、そうでないものまで、行われたインタビューのすべてを掲載している。それぞれの話を聞かせてくれたすべての人々の寛大さに深く感謝している。私の理解に果たしたそれらの貢献は、なくてはならないものだった。そのなかで、ここに含まれないことを選択した一握りのインタビュー対象者の記録は、もちろんここには記されてはいない。

それぞれの土地での調査は、まず、対象とした各システムによりもっとも直接的な影響を受けた家庭と緊密な関わりを持った組織に連絡を取ることから始めた。インディアナ・リーガル・サービシズ、米国自由人権協会（ACLU）インディアナ州支部、そしてジェネレーション・プロジェクトが、申請過程の最新化で福祉給付を失った人々に私を引き合わせてくれた。ロサンゼルス・コミュニティ・アクション・ネットワーク、ダウンタウン・ウィメンズ・センター、サウスロサンゼルスにあるパスウェイズ・トゥー・ホームのシェルターが、統合登録システムに登録したことのあるホームレスの人々に私を引き合わせてくれた。アレゲニー郡全域の家庭支援センターのネットワークが、アレゲニー・ファミリー・スクリーニング・ツールにより査定されたことのある親たちに私を引き合わせてくれた。

私は対象人物と直接会ってインタビューを行う方を好む。インディアナ州へは長期の調査滞在のため二度足を運んだ。1回目が2014年12月で、2度目が2015年3月だった。ロサンゼルスには調査のために5回足を運んだ。2015年1月、2015年5月から6月、2015年12月、2016年2月、そして2016年5月だ。アレゲニー郡へは4度調査に向かった。2016年の7、8、9、11月だった。一番短い滞在期間は6日間、一番長いものは1カ月近くになった。幾つかの捕捉のためのインタビューは電話で行った。非常に稀なことだが、電話、あるいはビデオ通話のみでインタビューを行ったケースもあった。

本書で使われたインタビューは逐語的に書き起こしている。長さの関係で部分的に文字に起こしたものも二、三ある。インタビューの内容が本文中で直接使われていると

## 著者紹介

### ヴァージニア・ユーバンクス（VIRGINIA EUBANKS）

ヴァージニア・ユーバンクスはニューヨーク州立大学オールバニー校政治学科准教授。主な著作に『デジタル・デッドエンド：情報時代において社会正義を守るには』（Digital Dead End: Fighting for Social Justice in the Information Age）、その他アレシア・ジョーンズとの共同編集で『誰にも私を操らせない：バーバラ・スミスの40年間の活動の歩み』（Ain't Gonna Let Nobody Turn Me Around: Forty Years of Movement Building with Barbara Smith）（注：Ain't Gonna Let Nobody Turn Me Around は一九六〇年代公民権運動時によく歌われたフォークソングの題名）などがある。彼女のテクノロジーと社会正義に関する記事は『サイエンティフィック・アメリカン』、『ネイション』、『ハーパーズ』、『ワイアード』などにも掲載されている。過去20年間、ユーバンクスはコミュニティ・テクノロジーと経済的正義に関連する運動に従事してきた。アワ・データ・ボディーズ・プロジェクトの創設者の一人であり、2016年から2017年度の新米国研究機構の特別研究員。ニューヨーク州トロイ在住。

## 訳者紹介

### ウォルシュあゆみ

神戸女学院大学文学部英文学科卒。

2002年～2005年、2008年～2017年アメリカ在住。

産業・映像・出版翻訳業。

## 解説者紹介

### 堤未果（つつみ・みか）

国際ジャーナリスト。ニューヨーク州立大学国際関係論学科卒業。

ニューヨーク市立大学院国際関係論学科修士号。国連、米国野村證券を経て現職。

米国の政治、経済、医療、福祉、教育、エネルギー、農政など、
徹底した現場取材と公文書分析による調査報道を続ける。

TV, ラジオ、新聞などメディア出演多数。

2006年に『アメリカ弱者革命』で日本ジャーナリスト会議黒田清賞。

2008年『ルポ貧困大国アメリカ』（3部作）で中央公論新書大賞。

2009年に日本エッセイストクラブ賞。

2010年「岩波書店100周年～読者が選ぶ岩波本」で著書二冊がトップ10入り。

多数の著書は海外でも翻訳されている。

『沈みゆく大国アメリカ（2部作：集英社）』『政府は必ず嘘をつく（2部作：角川書店』『社会の真実のみつけ方』（岩波ジュニア新書）、『日本が売られる』（幻冬舎新書）、『デジタルファシズム』（NHK新書）等多数。

JIMBUN SHOIN Printed in Japan
ISBN978-4-409-24138-7 C1036

格差の自動化
――デジタル化がどのように貧困者をプロファイルし、取締り、処罰するか

二〇二一年九月二〇日　初版第一刷印刷
二〇二一年九月三〇日　初版第一刷発行

著　者　ヴァージニア・ユーバンクス
訳　者　ウォルシュあゆみ
解　説　堤　未果
発行者　渡辺博史
発行所　人文書院
〒六一二-八四四七
京都市伏見区竹田西内畑町九
電話〇七五（六〇三）一三四四
振替〇一〇〇〇-八-一一〇三

装丁　濱崎実幸
印刷・製本　モリモト印刷株式会社

乱丁・落丁本は送料小社負担にてお取替いたします。

http://www.jimbunshoin.co.jp/

好評既刊書

中野耕太郎著

## 戦争のるつぼ　1760円

──第一次世界大戦とアメリカニズム

「民主主義の戦争」はアメリカと世界をどう変えたのか。戦時下における、人種・エスニック問題の変容ほか戦争と国民形成にまつわる問題群を明らかにし、現在に続くアメリカの「正義の戦争」の論理と実像に迫る。

ロビン・D・G・ケリー著　高廣凡子・篠原雅武訳

## フリーダム・ドリームズ　4950円

──アメリカ黒人文化運動の歴史的想像力

虐げられた者たちが抱いた無数の夢を、もう一度、そして何度でも辿ること。かつて人々を鼓舞し、ついえていった黒人運動の歴史を呼び覚まし、そのラディカルな想像力を、世紀を越え大陸を越え、紡ぎ、未来へつなぐ圧倒的な希望の水脈。

シンシア・エンロー著　望戸愛果訳

## バナナ・ビーチ・軍事基地　6380円

──国際政治をジェンダーで読み解く

性産業、食品加工工業、軍事基地、観光産業、家事労働、外交の場まで――世界の不平等が凝縮された場所から、国境を越えて女性が連帯し、平等で平和な社会を実現するには。背景の異なる様々な女性の声に耳をすませた鮮やかな政治学的分析。

ヴァーツラフ・ハヴェル著　阿部賢一訳

## 力なき者たちの力　2200円

東欧の民主化から30年、人権と自由を考えるために今なお重要なテクスト。「力のない人びと」の可能性とは？本邦初訳！

価格は総額　2021年9月現在　税は10%